Le droit aujourd'hui

La collection « Le droit aujourd'hui » regroupe des études juridiques concernant des problèmes d'actualité nationale et internationale, dans divers domaines (éthique, politique, questions de société...).

Déjà parus

Moustapha Kamara, Jean Baptiste Bertrand, avec la collaboration de Samba Thiam et Isabel Falconer, *Le contentieux international du transfert des joueurs, Football et autres sports collectifs, Nouvelle édition revue et augmentée,* 2020.

Béatrice Blohorn-Brenneur (dir.), *Médiation, cultures et religions*, 2020.

Marion Brosset Briand, Antonin Crinon, Élodie Delacoure et Émilie Delcher (dir.), *Le nombre et le droit*, 2020.

Mickaël Le Borloch, *L'application du droit d'auteur aux hyperliens, Analyse de droit français et de droit américain*, 2019.

Romain Feydel, *La société de libre partenariat. Régime juridique et fiscal*, 2019.

Arafat Abi, *La protection des droits des migrants, Interactions entre la protection des droits de l'homme et la protection diplomatique et consulaire*, 2019.

Georges Labrecque, *Les cours d'eau internationaux. Étude jurisprudentielle*, 2019.

Fabien Bottini, *Droits fondamentaux et crise(s) des solidarités*, 2019.

Hadi Azari, *La demande reconventionnelle devant la Cour internationale de Justice,* 2018.

Claire Joachim, *Protection de la qualité des eaux douces au canada et dans l'union européenne, Le partage des compétences,* 2018.

Ianjatiana Randrianandrasana, *Le droit de la protection de la nature à Madagascar : entre centralisme et consensualisme*, 2018.

Wendkouni Judicaël Djiguemdé, *L'aménagement conventionnel de la société commerciale en droit français et en droit OHADA*, 2018.

NONCE APOSTOLIQUE ET AMBASSADEUR

5-7, rue de l'École-Polytechnique, 75005 Paris

http://www.editions-harmattan.fr

ISBN : 978-2-343-20041-5
EAN : 9782343200415

Baowendsida Noël NANA

NONCE APOSTOLIQUE ET AMBASSADEUR

Quels profils juridiques ?

Préface de Patrick Valdrini

L'Harmattan

DÉDICACE

À Thierry SENOBLE

REMERCIEMENTS

J'exprime ma profonde gratitude au Seigneur, aux professeurs Vincenzo BUONOMO, Recteur de l'Université Pontificale du Latran et directeur de ma thèse, Emile KOUVEGLO et Patrick VALDRINI, co-directeurs. Ce travail est le fruit de votre accompagnement scientifique et académique.

Merci à Marie-José BENEJAM, à Dominique LAPPARAT et Pascaline VERLINDEN pour leurs lectures et corrections. Merci à monsieur et madame MONTANIER, aux Religieux de saint Vincent de Paul. Merci à vous tous qui avez rendu possible cette publication par vos soutiens multiformes.

SOMMAIRE

SIGLES ET ABRÉVIATIONS

AA. VV.	*Auctores varii*
AAS	*Acta Apostolicae Sedis*
Art.	Article
C.I.J.	Cour Internationale de Justice
C.P.I.	Cour Pénale Internationale
Can / Cann.	Canon / Canons
Cf.	Confert
CIC	*Codex Iuris Canonici*
Const. Apost.	*Constitutio Apostolica*
Const.	*Constitutio*
Const. Dogm.	*Constitutio Dogmatica*
Const. Pastor.	*Constitutio Pastoralis*
Cur. / Curr.	*Curator / Curatores*
Dir.	Sous la direction de
I.C.J.	*International Court of Justice*
Litt. Apost.	*Litterae apostolicae*
Litt. Encycl.	*Litterae Encyclicae*
M.P.	*Motu Proprio*
N.	Numéro
OCDE	Organisation de Coopération et de Développement Economique
OMC	Organisation Mondiale du Commerce
ONU	Organisation des Nations Unies
OSCE	Organisation pour la Sécurité et la Coopération en Europe
RES.	Résolution
T.	Tome
UN	United Nations
Vol.	Volume

PRÉFACE

L'ouvrage que nous préfaçons est une recherche universitaire présentée devant un jury de l'*Institutum utriusque iuris* de l'Université pontificale du Latran à Rome, un écrit pédagogique et méthodique, grâce auquel l'auteur, Baowendsida Noël Nana, a obtenu le titre de docteur *in utroque iure*. Il sera une aide précieuse pour qui cherche à comprendre l'activité diplomatique du Saint-Siège, à la fois traditionnelle car elle a ses racines dans les relations entre Primat de l'Église catholique et empereurs d'Orient, et profondément rénovée depuis le Concile Vatican II. Celui-ci, en une proposition sommaire, avait demandé que « la fonction des légats du Pontife romain soit déterminée de façon plus nette » (*Christus Dominus*, 9). Paul VI suivit cette orientation et publia le *Motu proprio Sollicitudo omnium Ecclesiarum* du 24 juin 1969. L'actuel Code de droit canonique l'a repris dans ses cann. 362-367, renversant l'ordre des éléments constitutifs de la mission des légats connu du Code de droit canonique précédent. Pour ce dernier, l'activité diplomatique des nonces était leur mission principale et secondement celle d'informer le Pontife romain sur l'état des diocèses d'un pays. Dans le Code actuel, leur premier rôle est de représenter le Pontife romain auprès des Églises particulières. Depuis cette transformation, les deux dimensions essentielles de l'office, ecclésiale et diplomatique, ont trouvé, un nouvel équilibre que l'étude des discours des divers Papes devant les nonces met en relief.

Ainsi François insiste-t-il sur les aspects religieux et ecclésiologiques de leurs fonctions. Le 13 juin 2019, il tenait un discours au contenu préceptif, décrivant des aspects de la vie personnelle des nonces, expression de leur contribution « délicate et importante » à la mission de l'Église et du Pontife romain (*Bollettino della Sala Stampa della Santa Sede*, 13 juin 2019). Quelques années auparavant, il avait décrit leur fonction comme une médiation en vue de réaliser la communion entre le Pontife romain et les Églises locales (*Bollettino*, 21 juin 2013). Une même volonté est apparue dans la volonté d'introduire dans la formation des futurs légats « qui seront appelés à collaborer avec les représentants pontificaux et, à la suite, envoyés du Saint-Siège auprès des Nations et des Églises particulières », une année de stage dans des diocèses de régions où ces dernières sont dans des situations missionnaires. Le Pape entend que la formation permette à ceux qui le représenteront « d'affronter positivement ces défis croissants pour l'Église et le monde ». Ils doivent acquérir, «en plus de leur solide formation sacerdotale et pastorale » et de leur « formation spécifique » qui est celle de diplomate, « une expérience personnelle de mission en dehors de leur propre diocèse d'origine, en partageant avec les Églises missionnaires une période de cheminement avec leur communauté, en participant à leur activité quotidienne d'évangélisation » (*Lettera del Santo Padre al Presidente della Pontificia Accademia Ecclesiastica sulle nuove indicazioni per la formazione dei sacerdoti candidati al servizio diplomatico della Santa Sede*, 17 février 2020).

Le fait que soient mises en valeur les dimensions spirituelles et pastorales des représentants du Pontife romain contraint l'auteur à poser la question des conséquences de cette transformation sur la compréhension du principe de liberté religieuse par l'Église catholique. La Déclaration *Dignitatis humanae* du Concile Vatican II revendique la liberté religieuse comme « un principe fondamental dans les relations de l'Église avec les pouvoirs publics et tout l'ordre civil (*Dignitatis humanae*, 13) et le can. 362 du Code de droit canonique affirme le droit natif et indépendant (*ius nativum et independens*) de l'Église de nommer des légats auprès des Églises particulières ainsi que des États et des autorités publiques. L'Église ne revendique pas ce droit pour elle-même ou mieux pour assurer jalousement son propre développement. Quel est alors le fondement de cette action qui soit acceptable par tous comme une nécessité pour la vie internationale ? Le même Concile affirme que « la communauté des chrétiens se reconnaît réellement et intimement solidaire du genre humain et de son histoire » (*Gaudium et spes*, 1). Les légats pontificaux sont des acteurs particuliers de cette mission. Dans leur service diplomatique, ils sont acteurs de la progression concrète et historique du dessein de Dieu dont, avec leur statut personnel de membres du Collège épiscopal et leur statut de fonction de représentants du Primat de l'Église, ils sont responsables devant Dieu.

Prof. Patrick Valdrini,
Professeur émérite de la Pontificia Università Lateranense (Rome)
Recteur émérite de l'Institut Catholique de Paris

INTRODUCTION GÉNÉRALE

Considérations préliminaires

Le Saint-Siège et la communauté politique entretiennent réciproquement un faisceau de relations et de coopération multidimensionnelle qui s'est intensifiée notamment depuis la seconde guerre mondiale. Parmi les multiples institutions qui ont favorisé le développement et l'expansion de ces relations internationales, la diplomatie occupe une place de choix. En effet, abandonnant progressivement l'étroitesse des modèles archaïques et s'ouvrant au vaste champ de possibilités qu'offraient les nouvelles exigences de l'histoire contemporaine aussi bien au niveau bilatéral que multilatéral, la diplomatie est devenue l'instrument privilégié de coopération entre les Etats mais aussi avec les Organisations internationales. Dans ce contexte, les figures de l'ambassadeur et du nonce apostolique, en tant que « chefs de la mission diplomatique », le premier pour l'Etat et le second pour le Saint-Siège, revêtent une prépondérance particulière. Ils sont les principaux protagonistes de l'activité diplomatique des institutions qu'ils représentent et influencent la politique non seulement extérieure mais aussi intérieure de leurs Etats ou institutions.

Une vision renouvelée de ces deux acteurs de la scène internationale, qui se veut pertinente, doit nécessairement tenir compte des phénomènes de la globalisation et de la laïcité, qui façonnent le tissu culturel de nos sociétés, avec des conséquences socio-économiques et géopolitiques ni marginales ni insignifiantes. La globalisation comporte la diffusion de « standards » communément admis dans l'ensemble de la

Communauté internationale mais pose en même temps la question identitaire de chaque composante. Quant à la laïcité, elle met en relief la question du phénomène religieux qu'elle entend pourtant reléguer à la sphère du privé. A ce sujet, la profonde crise des convictions, des valeurs et des idées n'offre-t-elle pas à l'activité diplomatique une nouvelle opportunité qui constitue à la fois un défi ? D'où l'urgence d'une vision renouvelée des figures de l'ambassadeur et du nonce apostolique, passées au filtre de la globalisation et de la laïcité. Dans un premier temps, cela revient à poser le problème de leurs identités respectives et dans un second temps, plus que de dégager une approche diplomatique du phénomène religieux, il serait intéressant d'élucider l'importance du phénomène religieux dans les relations diplomatiques. Telle est la problématique qui a prévalu à la formulation de l'objet de notre étude : « Le nonce apostolique et l'ambassadeur, quels profils juridiques ? ».

Objet et intérêt de l'étude

La comparaison de la figure du nonce apostolique et de l'ambassadeur, sur la base des textes normatifs (traités et conventions) qui régulent leurs activités dans le droit international, permet d'appréhender la spécificité de leurs profils juridiques, répondant ainsi à la question de leurs identités propres qui déterminent ensuite la nature de leurs diplomaties. S'il est évident que le nonce et l'ambassadeur sont tous les deux des diplomates, le sont-ils de la même manière et dans le même but, l'un pour le Saint-Siège et l'autre pour l'Etat ? Ont-ils donc des éléments communs ? Qu'est-ce qui fonde leurs différences ?

L'angle d'attaque de ces différentes questions pourrait varier selon qu'on les aborde du point de vue de la sociologie ou des relations internationales ou des sciences politiques ou du droit. Ces différents points de vue forment des branches académiques autonomes. L'approche de notre étude se veut plutôt juridique, toutefois dans une démarche intégrative des sciences sus citées afin d'arriver à une vision unitaire même si elle n'est pas exhaustive. Les études antérieures qui touchent aux fonctions du nonce et de l'ambassadeur, les situaient dans une approche institutionnelle (*ratione institutionis*), partant du profil institutionnel pour aboutir au profil personnel.

Notre étude, dans le but d'affirmer la centralité de la personne, amorce une approche *ratione personae :* partir de la personne pour aboutir aux institutions afin de les renouveler de l'intérieur. Nous ne nous situons guère dans la dialectique de l'œuf et de la poule en nous demandant qui est premier dans l'ordre chronologique entre l'ambassadeur et l'ambassade, ou entre le nonce et la nonciature. La préoccupation majeure consiste dans l'élaboration d'une nouvelle vision de la diplomatie pontificale et étatique, à partir des profils juridiques des acteurs que sont le nonce et l'ambassadeur. A terme, en mettant en lumière les principes inspirateurs de l'activité diplomatique du Saint-Siège et des Etats, nous relèverons les grands chantiers de l'humanité auxquels doit se mesurer toute diplomatie et qui sont les terrains de la rencontre du nonce et de l'ambassadeur. Naturellement, il découlera de cette confrontation une éthique des relations internationales, en particulier des relations diplomatiques. Cela impose à notre recherche une méthodologie singulière.

Méthodologie de recherche

Comme instrument d'investigation, nous utiliserons la méthode historico-juridique qui nous semble un excellent outil d'analyse critique de l'objet de notre étude. Elle nous aidera à approfondir l'excursus spatio-temporel des figures de l'ambassadeur et du nonce apostolique sans oublier la nécessité d'actualiser le contenu de ces concepts afin d'offrir à l'activité diplomatique contemporaine une opérativité et une efficacité certaine que nous pouvons résumer en trois mots : évolution, actualisation et renouveau.

En outre, l'outil de la comparaison, qui met face-à-face l'ambassadeur et le nonce, ne peut faire l'économie des fondements théologiques et ecclésiologiques de la diplomatie pontificale, en conformité avec l'esprit du concile Vatican II dont le *Codex Iuris Canonici* (CIC) de 1983 est l'expression juridique (*ad concilium ad codicem*, Lonergan).

Enfin, l'approche systématique garantit une vision globale plus ample en situant chacune des institutions diplomatiques dans un ensemble qui forme un tout et qui contribue à une meilleure compréhension des relations ou des interactions réciproques.

Structure

La structure de notre travail obéit à une répartition tripartite encadrée d'une introduction générale et d'une conclusion. La première partie (I) consiste en un parcours historico juridique des relations diplomatiques dans le droit international en mettant en exergue la figure de l'ambassadeur. La deuxième partie (II) traite du Saint Siège et la Communauté internationale en mettant le focus sur la figure du nonce apostolique. La troisième partie (III) confronte les figures de l'ambassadeur et du nonce pour mettre en lumière les caractéristiques de leurs diplomaties en lien avec la laïcité et la liberté religieuse. On y parle de diplomatie plurielle.

CHAPITRE I

Les relations diplomatiques dans le droit international

La locution « relations diplomatiques » dérive étymologiquement des mots *« relatio »* (rapport en latin) et *« diploma »* (en grec, document contenant les instructions données aux émissaires des cités dans l'antiquité)[1]. Ainsi les relations diplomatiques pourraient se définir comme « les relations que les Etats entretiennent par l'intermédiaire des agents diplomatiques qu'ils accréditent les uns auprès des autres »[2]. La diplomatie nait du besoin des communautés humaines de communiquer et de traiter réciproquement les unes avec les autres[3]. En l'état actuel des connaissances, même si R. Cohen et R. Westbrook[4] signalent la découverte en Egypte d'un document d'archive diplomatique du XIVème[5] ou du XIIIème

---

[1] Cf. D. Battistella - F. Petiteville - M.-C. Smouts - P. Vennesson (dir), *Dictionnaire des relations internationales*, Dalloz, Paris 2012, p. 125.

[2] G. Cornu, *Vocabulaire juridique*, Presses Universitaires de France, Paris 1987, p. 879.

[3] Cf. E. Tawil, *Relations internationales*, Magnard-Vubert, Paris, 2017, pp. 255-267.

[4] Cf. R. Cohen, R. Westbrook, *Amarna Diplomacy, The beginnings of international relations*, Johns Hopkins University Press, Baltimore, 2000, pp. 42-98.

[5] Il est fait précisément mention de la découverte des lettres d'Amarna dans l'ancienne Egypte. Ces lettres rapportent sur des tablettes d'argile quelques notifications à caractère diplomatique, sous le règne d'Akhenaton (1369-1353, av. J.C.). Dans un contexte politique mouvementé, les rois les plus influents

siècle avant Jésus-Christ, le premier système diplomatique connu serait celui des cités de la Grèce antique dont Thucydide donne une description. « L'échange de représentants entre les cités grecques était fréquent et obéissait à un certain protocole. Il s'agissait de missions brèves, confiées à des envoyés sans titre permanent »[6]. A cette époque la diplomatie était donc itinérante et *ad hoc*. Elle ne s'institutionnalisera qu'à partir du

---

de l'époque s'adressaient des lettres et des présents, portés au roi étranger par des messagers ou ambassadeurs. Dans ces lettres, ils s'appelaient l'un l'autre : « mon frère » et, parmi les cadeaux les plus prestigieux, il y avait les mariages diplomatiques : les rois donnaient leurs filles ou leurs sœurs en mariage à d'autres rois en vue de consolider les liens et ainsi former des alliances. On a par exemple les mariages d'Amenhotep III avec la fille du roi de Babylone Kadashman-Enlil 1er et du roi du Mitanni Tushratta. On trouve dans les lettres d'Amarna la liste de la dot envoyée en Egypte. Cf. URL : < http://dictionnaire.sensagent.leparisien.fr/Lettres%20d'Amarna/fr-fr/ >, consulté le 14 mars 2016, à 11h30. Pour montrer la nouveauté des lettres d'Amarna et ce qu'elles représentent pour la science des relations internationales, au chapitre 4, Rodolfo Ragionieri écrit ceci : *« The Amarna Age represents an exciting challenge for the scholar of international relations (IR) because it opens a window on the formation of the first significant, extended international society in the history humankind. This process took place in a political, ideological, and economic environment totally different from that which favored the expansion of the states of Christian Europe into our present international society. This poses two major questions. The first is whether we can apply modern research concepts to the international politics of other ages and cultural milieus. Specifically, how should a political scientist approach the diplomatic correspondence of the second millennium B.C.E.? The second, there is no consensus among IR theorists either on the idea of an international society or on its process »* (R. COHEN, R. WESTBROOK, *Amarna Diplomacy, The beginnings of international relations*, Johns Hopkins University Press, Baltimore, 2000, p. 42). Il est hors de doute que la diplomatie d'Amarna ne peut guère être comparée à celle des cités grecques à cause de la systématisation et de la diversité des contextes. Cohen et Westbrook l'admettent à demi-mot. Ils écrivent: *« Diplomacy in the Amarna Age cannot be compared to the system of resident embassies but should be understood in the context of the effective means, requirements, and assumptions of the time...Clearly, diplomacy mainly took the form of correspondence, with all its protocol and formal expressions. The safety of messengers was an important aspect of this institution, even though, as usual, we observe this rule in its infringement and when messengers are not permitted to report home »* (*ibid*., p. 52).

[6] D. BATTISTELLA - F. PETITEVILLE - M.C. SMOUTS - P. VENNESSON (dir), *Dictionnaire des relations internationales*, p. 125.

XVIème siècle avec la création des ministères des affaires étrangères et des ambassades[7].

Cela engendrera dans la littérature deux conceptions de la notion de diplomatie. L'une, plus extensive, l'identifie à la politique étrangère tout court. L'autre, plus restrictive, la désigne comme une pratique parmi d'autres de la politique étrangère, caractérisée par l'art de la négociation pacifique en opposition à l'usage de la force, des conflits armés ou des sanctions auxquels auraient recouru d'autres pratiques de la même politique étrangère. Il va sans dire que, de nos jours, la complexité des relations entre les Etats, conjonction du bilatéralisme et du multilatéralisme, a rendu flexible et englobante la notion de diplomatie au point que la frontière, désormais poreuse entre ces deux conceptions traditionnelles, a perdu de son acuité. Un autre facteur déterminant ayant œuvré en faveur de cette vision unitaire et conciliatrice concerne tout le mouvement de la codification du droit diplomatique, advenu depuis la paix westphalienne[8] le 24 octobre 1648 jusqu'aux

---

[7] Cf. E. PLEBANI- E. VALERI- P. VOLPINI, *Diplomazie, linguaggi, negoziati e ambasciatori fra XV e XVI secolo,* FrancoAngeli, Milano, 2017. Les auteurs mettent en relief les écrits des ambassadeurs donnant certaines informations dans leurs lettres diplomatiques. Ils s'intéressent aussi aux crises territoriales qui ont secoué la cité de Florence notamment la guerre de Ferrara (1482-1484) avec le jeu des alliances et le positionnement de la papauté. Le livre traite également de la mission de l'ambassadeur, homme de lettres, Baldassare Castiglione en Espagne durant la guerre d'Italie (1524-1529). Il y a enfin la présence des princes et l'imbrication des intérêts économiques avec les raisons diplomatiques, surtout les tractations entre la France et l'Empire.

[8] La Westphalie est une province occidentale de l'Allemagne. Les traités qui y furent signés en 1648 mirent fin à la guerre de trente ans qui s'est soldée par l'émiettement de l'Allemagne. Les deux grands vainqueurs du conflit sont la Suède, principale puissance de la mer Baltique et son allié, la France, désormais débarrassée des rivaux dans la partie occidentale de l'Europe. La conférence de Westphalie marque un tournant décisif et révolutionnaire dans les relations internationales et diplomatiques, car, pour la première fois, se sont rassemblées autour d'une table de négociation les grandes puissances d'Europe. Les relations entre les Etats furent dominées par le principe du respect de la souveraineté de chaque Etat. Ces traités marquent aussi la rupture avec le Moyen-Age, où l'unité de l'Europe s'était faite autour de la chrétienté par la profession commune de la même foi, sous la haute autorité du Souverain Pontife. Désormais, chaque roi est souverain chez lui, même en ce concerne la religion. De surcroît, le prince peut imposer à son peuple sa

congrès de Vienne de 1815[9] et surtout celui de 1961 sur les relations diplomatiques auquel s'ajoute la convention sur les

---

religion selon le principe du *cujus regio, ejus religio (*tel souverain, telle religion). L'enjeu est important au regard de la montée du luthérianisme et du calvinisme. Le Pape Innocent X s'est opposé à ce principe mais ne fut pas entendu. Nous sommes déjà à une phase d'émancipation des princes par rapport à la papauté. Deux sont les traités de Westphalie dont les principaux protagonistes furent le chancelier suédois Axel Oxenstierna qui a mis en œuvre les réformes du roi Gustave Adolphe, et le cardinal Mazarin pour le compte des intérêts français. Le premier traité fut signé le 6 août 1648, à Osnabrück entre l'empereur d'Allemagne, la Suède et les puissances occidentales *(instrumentum pacis osnabrugensis).* Le second fut signé 8 septembre 1648 entre l'empereur et la France *(instrumentum pacis monasteriensis).* Ces traités furent promulgués le 24 octobre 1648. Cf. URL : < https://www.herodote.net/24_octobre_1648-evenement-16481024.php >, consulté le 14 mars 2016, à 12h15. Voir aussi P. BOUGEANT, *Histoire du Traité de Westphalie, ou des Négociations*, vol.4, Forgotten Books, Paris, 1951, pp. 5-486. Il est écrit en vieux français et rapporte les péripéties des négociations entamées depuis 1643 et qui aboutiront aux traités finaux de Westphalie en 1648. Ce livre a l'intérêt de montrer les différentes positions défendues par les puissances notamment l'Espagne, la France, la Suède, l'Allemagne ainsi que le Pape. Il aborde aussi la question des deux couronnes : celle temporelle et celle spirituelle. Pour montrer l'importance du traité de Westphalie, François Costantini soutiendra qu'« au-delà de la lettre du simple accord de la paix et du règlement diplomatique conséquent, le traité de Westphalie fonde en Europe un véritable système diplomatique, politique et stratégique s'appuyant sur l'équilibre et débouchant sur la promotion de la souveraineté des Etats. Jusqu'à faire, à l'époque, l'admiration des juristes et des diplomates japonais […] » (F. COSTANTINI, *Les relations internationales en fiches,* Ellipses Editions Marketing S. A., Paris, 2009, p. 23). A Westphalie, on parlait surtout d'équilibre, car, à l'époque, le concept antagoniste de sécurité collective n'avait pas encore vu le jour, du moins, il n'était pas encore arrivé à maturité. Pour cela, il a fallu attendre la fin de la première guerre mondiale (1914-1918).

[9] Les puissances européennes, après 20 ans de guerre, ont décidé de se retrouver à Vienne pour redessiner le nouvel ordre pacifique de l'Europe. Convoquées le 18 septembre 1814, les négociations n'ont commencé que le 1er novembre et ont abouti à la conclusion d'un accord dans l'acte final du congrès de Vienne, le 9 juin 1815, six jours avant la défaite définitive de Napoléon, à la bataille de Waterloo (le 18 juin 1815). Ce congrès de Vienne avait pour objectif de reconstruire l'Europe déchirée par les guerres révolutionnaires et napoléoniennes. Les grandes puissances de l'époque étaient au nombre de quatre : l'Autriche, la Grande Bretagne, la Prusse et la Russie. L'Autriche était représentée par Metternich, assisté de Friedrich von Gentz ; l'Angleterre par le Foreign Secretary Lord Castlereagh, qui fut

relations consulaires (1963). L'étude de la convention de Vienne[10] s'avère incontournable si l'on veut comprendre en profondeur les dynamiques de l'activité diplomatique et son encadrement juridique.

1.1 LA CONVENTION DE VIENNE (1961)

Les présupposés nécessaires du droit diplomatique sont l'indépendance et la souveraineté[11] reconnues à tous les Etats et

---

substitué en février 1815 par Wellington et Lord Clancarty ; la Prusse était représentée par son chancelier Hardenberg et Wilhelm von Humboldt ; la Russie, par les ministres Nesselrode et Razoumovski, les porte-paroles du tsar Alexandre 1er. Ces puissances entendaient régler les problèmes seulement de leur propre point de vue. Pourtant, ont surgi entre elles des divergences cristallisées en deux positions opposées, donnant lieu à deux blocs face à face : d'une part, la Russie veut mettre le royaume de Pologne sous sa domination et la Prusse souhaite étendre son influence en Allemagne par l'annexion de la Saxe. D'autre part, l'Angleterre s'oppose à l'extension de l'influence russe sur la Pologne, et l'Autriche refuse l'influence prussienne sur l'Allemagne. L'habile négociateur Talleyrand, représentant la France de Louis XVIII, saura exploiter ces rivalités entre les vainqueurs et réussira ainsi à donner à la France une place importante à ce congrès. La France y a fait entrer d'autres pays comme l'Espagne, le Portugal et la Suède. On distingue deux temps majeurs à savoir le premier traité de Paris du 30 mai 1814 annonçant le second traité au congrès de Vienne en 1815. (Cf. F. COSTANTINI, *Les relations internationales en fiches*, p. 37). Henri Kissinger, qui a fait sa thèse de doctorat sur l'ordre diplomatique européen né de la défaite napoléonienne, soutient qu'au congrès de Vienne de 1815, les logiques d'empire, d'ordre ou d'équilibre ont largement pris le pas sur les logiques indépendantistes, souverainistes et nationalistes : « Que les accords de Vienne soient entérinés par tous n'est pas un hasard heureux. Tout au long de ces années de guerre, Castlereagh et Metternich n'ont cessé de répéter qu'ils visaient à la stabilité, non à la vengeance, qu'il s'agissait moins d'écraser l'ennemi que de l'amener à accepter des bornes à sa volonté de puissance » (in *ibidem*).

[10] Cf. A.M. SMOLINSKA (dir), *Droit international des relations diplomatiques et consulaires,* Editions Bruylant, Bruxelles, 2015, pp. 7-83.

[11] La doctrine traditionnelle du droit présente l'Etat comme étant composé de trois éléments : un territoire, une population, un appareil politique et administratif. Cependant ces caractéristiques se retrouvent dans d'autres entités qui ne sont pourtant pas des Etats : provinces, régions, territoires sous mandat ou sous tutelle. Alors pour qu'il y ait Etat, il faut nécessairement les éléments de la souveraineté et de l'indépendance. (Cf. J. F. GUILHAUDIS,

organisations internationales selon le principe de *« superiorem non recognoscens »* sans pour autant nier les principes d'égalité et de réciprocité qui conditionnent l'exercice du *« ius legationis »* ou plus précisément du *« ius contrahendi »*. Telles sont les clés de lecture de la convention de Vienne.

1.1.1 Le *Ius legationis* et la convention de Vienne (1961)

Le *« ius legationis »* est le droit originaire des Etats et organisations internationales de se mettre en relation avec d'autres en y envoyant leurs représentants. Il semble un attribut unilatéral des Etats souverains. Au congrès de Westphalie, la coutume de constituer les délégations permanentes fut instituée comme la norme dans la conduite des affaires internationales parmi les Etats souverains. Par la suite furent rédigés des règlements détaillés en ce qui concerne les immunités et privilèges des ambassadeurs, de leurs familles et du personnel diplomatique, l'inviolabilité des locaux des ambassades et enfin l'exemption des taxes fiscales. Parmi les rédacteurs de ces règlements embryonnaires, figure Hugo Grotius, considéré justement le père de la diplomatie moderne[12]. Mais le premier instrument international de codification du droit diplomatique se trouve dans le règlement adopté au congrès de Vienne en 1815. Il visait à simplifier les règles de préséance pour la classification des chefs de missions diplomatiques. Quant à la codification des immunités et privilèges, elle ne commencera réellement qu'en 1928 entre les Etats de l'Union Panaméricaine, lors de la convention de la Havane, qui, toutefois, ne reflétait guère avec exactitude la pratique coutumière ni dans sa terminologie ni dans ses règles.

Relations internationales contemporaines, 4ème édition augmentée, LexisNexis, Paris, 2017, p. 68).

[12] D'autres auteurs sont à mentionner : Bynkershoek (1721) et Vattel (1758). En ce qui concerne les relations internationales, sont souvent cités Vitoria, Gentilis, Suarez, Grotius, Zouk, Pufendorf, Bynkershoek, Wolf, Vattel, Martens. Cf. UNIVERSITÉ PANTHÉON-ASSAS, *Les fondateurs du droit international,* Editions Panthéon Assas, Paris, 2014, p.7-20. Le reste de l'ouvrage, par la suite, consacre une étude à chacun des auteurs cités (pp. 39-453).

Après la seconde guerre mondiale, la création de la Commission du droit international au sein de l'ONU (Organisation des Nations Unies), fut un moment décisif en ce sens que le 5 décembre 1952, sur instigation de la Yougoslavie, l'Assemblée générale a demandé expressément à la Commission[13] de faire de la codification du droit diplomatique une priorité. Ceci ouvrait la voie à « une codification globale confirmant les règles de droit international acceptées comme étant bien établies, sinon universellement respectées »[14]. Les travaux préparatoires à la convention de Vienne ont suivi les normes de procédure des Nations Unies pour la codification du droit international. Les invitations furent envoyées non à tous les Etats mais aux seuls Etats membres de l'ONU. En 1957, le rapport de l'ancien conseiller à la cour suprême de Suède, M.A.E.F. Sandström, en sa qualité de Rapporteur spécial nommé par la Commission, devait servir de base au projet d'articles de la future convention sur les « relations et les immunités diplomatiques ». Il est à noter que la commission de droit international a tenu compte des remarques et amendements apportés par vingt et un gouvernements concernant le rapport, elle a établi une liste révisée et élargie d'articles et recommandé que ces derniers soient assumés en une résolution de l'Assemblée Générale en vue de la convention. Au final, quatre-vingt-un Etats[15], y compris le Saint-Siège, ont participé à la conférence de Vienne qui eut lieu du 2 mars au 14 avril 1961 et la signature de la convention s'est faite le 18 avril. Invitées par l'Assemblée générale, trois institutions spécialisées à savoir l'OIT, la FAO et l'UNESCO y ont envoyé des observateurs pour les représenter, de même que l'Agence internationale de l'énergie atomique et deux organisations intergouverne-

[13] Lors de la septième session de l'Assemblée générale sur les questions juridiques.

[14] E. DENZA, *United Nations Audiovisual library of international law*, 2012, p. 2, in URL : < http://legal.un. org/avl/pdf/ha/vcdr/vcdr_f.pdf >, consulté le 16 décembre 2017 à 12h32.

[15] Ce sont 29 Etats européens, le Saint-Siège inclus, 19 Etats asiatiques, 18 Etats américains, 14 Etats africains, et l'Australie. Cf. A. J. KYELEM de TAMBELA, *Relations diplomatiques et souveraineté,* L'Harmattan, Paris, 2007, p. 22, note 16.

mentales, la Ligue arabe et le Comité juridique consultatif afro-asiatique[16]. Dans son discours inaugural, afin de mettre en exergue la grande importance de la convention de Vienne (1961), le juriste internationaliste autrichien, le professeur Verdross, a relevé qu'à la différence de celle de Vienne 1815 qui a délibéré « en face de l'Europe », celle de 1961 délibérait « en face de l'humanité »[17]. Cela lui donne un caractère universel et une stabilité, en garantie de la certitude de droit.

Mais la révolution copernicienne opérée dans la convention de Vienne 1961 tient surtout à la façon dont elle a résolu la question primordiale de savoir sur quelles bases reposent l'établissement de relations diplomatiques et la question des missions permanentes. En effet, le projet présenté par le Rapporteur spécial Sandström devant la Commission de Droit International, relativement au *ius legationis* précisait : « Si deux Etats ayant le droit de légation sont d'accord pour établir entre eux des relations diplomatiques permanentes, chacun d'eux peut établir auprès de l'autre une mission diplomatique »[18]. De façon subtile et nuancée, la formule, même si elle a trait avec le droit de légation, le vide substantiellement de son acception traditionnelle, en subordonnant à l'accord mutuel des Etats, l'instauration des relations diplomatiques et l'établissement des missions diplomatiques permanentes. Cette base contractuelle des relations diplomatiques *(ius contrahendi)* est importante parce qu'elle est réaliste et correspond à la pratique internationale. Cependant, elle contraste fortement avec la théorie générale du droit de légation et l'article 1er de la convention de la Havane qui stipule : « Les Etats ont le droit de se faire représenter les uns auprès des autres par des fonctionnaires diplomatiques »[19]. Mais l'exercice de ce droit

---

16 Cf. C.A. COLLIARD, *La convention de Vienne sur les rapports diplomatiques*, in *Annuaire français de droit international,* volume 7, 1961, p. 4, in URL : < http://www.persee.fr/doc/afdi_0066-3085_1961_num_7_1_1076 >, consulté le 14 mars 2016 ; voir C.A. COLLARD - A. MANIN, *Droit International et Histoire Diplomatique, documents choisis, tome premier,* Editions Montchrestien, Paris 1971, pp. 262-274.

17 C.A. COLLIARD, *La convention de Vienne,* p. 4.

18 C.A. COLLIARD, *La convention de Vienne*, p. 9.

19 *Ibidem.*

n'est pas une décision unilatérale, il est soumis au consentement de l'autre Etat. L'article 2 de la convention reprend le projet de la Commission du droit international et affirme formellement la base contractuelle des rapports diplomatiques[20]. Cela en conformité avec la convention sur les traités de Vienne de 1969 qui suppose une symétrie des rapports fondée non plus sur la notion de puissance comme les Puissances européennes de Vienne 1815, mais sur la notion d'égalité souveraine[21] des Etats et sur celle des fonctionnaires diplomatiques. L'égalité[22] et la symétrie des rapports sont un prélude à la reconnaissance de la valeur de la démocratie dans le monde international actuel. La convention sur les relations diplomatiques est donc témoin des changements intervenus au cours de ces dernières décennies, *(non novum sed nove).* Une fois résolue la question de la base

---

[20] L'article 2 de la convention cite : « L'établissement des relations diplomatiques entre Etats et l'envoi de missions diplomatiques permanentes se font par consentement mutuel » (I. CARDINALE, *Le Saint-Siège et la diplomatie,* Desclée & Co, Tournai, 1962, p. 275). A la fin du livre, l'auteur a mis, en appendice VII, le texte de la convention de Vienne de 1961 sur les relations diplomatiques.

[21] A ce sujet, la critique que Jean François Guilhaudis fait de la présentation traditionnelle de la notion d'Etat est digne d'intérêt. Il affirme que présenter l'Etat seulement en ces trois éléments de composition (territoire, population, appareil politique et administratif) ainsi que sous l'angle de la souveraineté ou de l'indépendance, est lacunaire en ce sens que cette présentation fait de l'Etat une réalité solitaire et ne rend pas assez compte des interactions nécessaires avec les autres Etats ou entités. Pour solutionner le problème, l'auteur propose plutôt de mettre l'accent sur le rôle de l'Etat de sorte à le situer dans un ensemble : « Cette présentation habituelle, dit-il, n'est certes pas fausse mais elle ne permet pas de bien faire percevoir ce qu'est l'Etat, dans les relations internationales puisqu'elle le présente comme s'il était solitaire, hors contexte. Si on considère son rôle et dit que l'Etat est répartiteur d'espaces…expression d'un groupe… [et qu'il] organise une collectivité, la notion s'enrichit et se précise. On perçoit aussitôt qu'il fait partie d'un tout, d'un ensemble, que dans cet ensemble il a un rôle précis et que, inévitablement, sa souveraineté ne peut être que relative et limitée » (J. F. GUILHAUDIS, *Relations internationales contemporaines*, p.68).

[22] Roland Drago note que l'égalité juridique ne nie guère les inégalités de fait. Il montre que les Etats en voie de développement ont utilisé ce concept d'égalité juridique pour atténuer et même se soustraire à « la dictature internationale des grandes puissances » (in A. J. KYELEM de TAMBELA, *Relations diplomatiques et souveraineté,* p.22).

contractuelle des relations diplomatiques, il est opportun de se demander ce qu'est en définitive une mission diplomatique.

1.1.2 La mission diplomatique

C'est en partant du préambule[23] de la convention de Vienne de 1961, formée elle-même d'un corpus de cinquante-trois (53) articles, que l'on peut cerner la *ratio* de la mission diplomatique. Ce préambule, initialement absent du projet de la Commission, a été adopté le 10 avril par la conférence en sa commission plénière, après quelques légères modifications apportées à un texte élaboré par la Birmanie, le Ceylan, l'Inde, l'Indonésie et la République arabe unie. Dans sa structure, il s'articule en cinq (5) paragraphes desquels émergent trois points majeurs : d'abord il pose la base sociologique qui sous-tend le statut des agents diplomatiques en affirmant l'existence de règles coutumières reconnues, stratifiées et sédimentées depuis plus de deux cents ans d'histoire des relations diplomatiques. Ici, le préambule affirme que ces règles coutumières doivent continuer à règlementer les questions non contemplées expressément par la convention (§1 et §5). Ensuite, il énonce le principe juridique fondamental de la convention, celui de l'égalité souveraine des Etats[24] que nous avons déjà évoqué et

---

[23] Le choix des mots introduisant chacun des cinq paragraphes du préambule n'est pas anodin car il vise à asseoir les relations diplomatiques sur des bases juridiques certaines en tenant compte de l'histoire et des objectifs assignés à cette typologie relationnelle entre les Etats. Les paragraphes commencent respectivement par les mots : « Rappelant », « Conscients », « Persuadés », « Convaincus », « Affirmant ». Ce sont des vocables qui expriment la mémoire collective, l'engagement et la coopération de chaque Etat. (Cf. I. CARDINALE, *Le Saint-Siège et la diplomatie,* p. 274).

[24] Comme nous l'avons vu, la souveraineté est le critère de l'Etat : « A l'origine, son rôle était essentiellement de consolider l'existence des Etats qui s'affirmaient en Europe contre la double tutelle du Pape et du Saint-Empire romain germanique. Jusqu'au XVIIIème siècle, approuvés et encouragés par Jean Bodin, Vattel et les plus grands philosophes de leurs temps, les monarques y puisèrent la justification de leur absolutisme » (P. DAILLIER – M. FORTEAU – A. PELLET, *Droit international public,* 8ème édition, LGDJ-Lextenso éditions, Paris, 2009, p. 466). Pour bien comprendre la notion de souveraineté, il est indispensable de cerner la pensée d'un des pionniers de sa

qui détermine le statut des privilèges accordés aux missions diplomatiques en tant que représentant des Etats et non dans le dessein d'avantager des individus[25](§2 et §4). Enfin, le préambule définit la finalité politique de la convention en étroite liaison avec la charte des Nations Unies pour le règlement pacifique des conflits, le maintien de la paix et de la sécurité internationale, sans oublier de favoriser le développement de relations amicales entre les Etats, excluant toute discrimination en fonction de leurs régimes constitutionnels ou sociaux. La mission diplomatique a pour objectif non seulement une culture de la coexistence pacifique, mais surtout l'instauration et la sauvegarde de relations amicales.

La convention de Vienne entend par mission diplomatique

> « un ensemble de personnes nommées par un Etat dit accréditant pour exercer, sous l'autorité d'un chef de mission, des fonctions de

---

théorisation, Jean Bodin (1530-1596). Royaliste, au service de la politique du roi, il lui importait de fournir à l'action du roi une assise juridique de façon à consolider le pouvoir de ce dernier. Dans son œuvre, *Les six livres de la république,* publiée en 1597, il conceptualise l'Etat qu'il appelle la *« res publica »*, donc la république et qu'il définit comme le droit gouvernement de plusieurs ménages ainsi que de ce qui leur est commun, avec puissance souveraine. Sans prendre position pour une préférence, il affirme que la souveraineté peut appartenir au prince ou au peuple et doit être une et indivisible, perpétuelle et suprême. Selon Jean Bodin, inventeur de la souveraineté étatique, le concept de souveraineté revêt un aspect interne (souveraineté dans l'Etat) et un aspect externe (souveraineté de l'Etat). C'est par ce principe de la souveraineté ainsi formalisé que Jean Bodin tenta de justifier juridiquement la double lutte du roi de France contre le Pape et l'Empire (à l'externe) et contre la féodalité (à l'interne). (Cf. *Ibid.,* p. 60). Aussi, comme l'a fait l'arbitre Max Huber, dans l'affaire de *l'île de Palmes,* il y a une tendance à assimiler la souveraineté à l'indépendance : « La souveraineté entre les Etats, déclara-t-il, signifie l'indépendance » (COUR PERMANENTE d'ARBITRAGE, 4 avril 1928, *Recueil des sentences arbitrales*, vol 2, p. 838).

[25] Cf. C.A. COLLIARD, *La convention de Vienne,* p. 7. Voir C. A. COLLARD - A. MANIN, *Droit International*, p. 263.

caractère diplomatique sur le territoire d'un Etat étranger (Etat accréditaire) »[26].

En complément à cette définition, il ne serait pas inutile de retracer les discussions qui ont émaillé l'adoption des articles 3 et 45 sur les fonctions des missions diplomatiques, mais, pour étreindre de plus près notre sujet, nous nous intéresserons directement au résultat des tractations. Ainsi, les missions diplomatiques accomplissent des fonctions normales, ordinaires (article 3) et des fonctions exceptionnelles (article 45). Sans prétendre à l'exclusivité et à la complétude, l'énumération des cinq principales fonctions ordinaires est à titre seulement indicatif: 1) La représentation de l'Etat accréditant 2) La protection des intérêts de cet Etat et de ses ressortissants dans les limites du droit international 3) La négociation avec l'Etat accréditaire 4) L'information par tous les moyens licites des conditions et de l'évolution des évènements dans l'Etat accréditaire avec rapport à ces sujets à l'Etat accréditant 5) Le développement des relations amicales et plus précisément des relations économiques, culturelles et scientifiques entre l'Etat accréditant et l'Etat accréditaire. Bien que la convention n'établisse pas formellement une hiérarchie entre ces différentes fonctions, il est indéniable que la fonction de représentation est primordiale. Par ailleurs, les missions diplomatiques sont appelées à accomplir aussi des fonctions consulaires selon le § 2 de l'article 3 et la convention sur les services consulaires de 1963.

En ce qui concerne l'article 45 qui envisage les fonctions exceptionnelles des missions diplomatiques, les hypothèses évoquées portent sur la protection des intérêts d'un Etat, en rupture diplomatique avec l'Etat accréditaire. Auquel cas, il est consenti à un autre Etat « acceptable pour l'Etat accréditaire » de se charger de la garde des locaux de la mission diplomatique abandonnée ainsi que de ses biens et archives. En outre, l'Etat accepté par l'Etat accréditaire peut être habilité à protéger les intérêts et les ressortissants de l'Etat en rupture. Aussi l'article

---

[26] C.A. COLLIARD, *La convention de vienne*, p. 9. Voir aussi F. FLORIO, *Nozioni di diplomazia e diritto diplomatico,* A. Giuffré Editore, Milano 1978, p. 95.

46 prévoit-il en dehors des cas de rupture diplomatique, la possibilité pour un Etat tiers non représenté dans l'Etat accréditaire, de s'adjuger les services temporaires de la mission diplomatique d'un autre Etat présent sur le territoire afin de protéger ses intérêts et ses ressortissants. Ces fonctions sont exercées par un ensemble de personnels subdivisés en diverses catégories dont parle l'article 1 de la convention : on distingue le personnel diplomatique, le personnel administratif et technique, et le personnel de service. Le personnel diplomatique est composé des membres de la mission ayant la qualité de diplomate ; il s'agit donc du chef de mission et des autres agents diplomatiques. Le personnel administratif et technique s'occupe des services administratifs et techniques de la mission sans pour autant avoir le rang de diplomate. Le personnel de service, quant à lui, s'investit dans les services domestiques de la mission. Ses membres ne sont pas à confondre avec les domestiques privés, embauchés personnellement par un membre de la mission et qui ne sont pas des employés de l'Etat accréditant. Cette classification en catégories a une double utilité, d'abord pour la question des immunités, ensuite pour les règles de désignation qui varient d'une catégorie à l'autre.

1.1.3 Les immunités et privilèges diplomatiques[27]

Plus d'un tiers (1/3) des articles de la convention de Vienne, environ une vingtaine, traite des immunités diplomatiques[28] que

---

[27] Cf. A.M. SMOLINSKA (dir), *Droit international,* pp. 49-81.

[28] Les immunités et privilèges ont trouvé leur fondement d'abord dans la théorie de l'extraterritorialité, une *fictio iuris* selon laquelle on considérait l'agent diplomatique comme n'ayant pas quitté le territoire de son propre Etat et donc comme étant en dehors de l'Etat accréditaire où il exerce pourtant sa mission. Cette théorie fut critiquée et abandonnée au profit de la théorie de la représentation. En raison du fait que l'agent diplomatique et la mission diplomatique sont représentatifs de l'Etat, ils jouissent donc de l'immunité due à l'Etat. Une autre théorie dite fonctionnelle justifie les privilèges et immunités diplomatique par les seules nécessités de l'exercice indépendant de la mission diplomatique. La Convention de Vienne de 1961 combine ces deux dernières théories (représentation et fonctionnalité). Une position analogue a été adoptée en 1979 par la Cour internationale de justice dans son ordonnance

nous étudierons suivant l'aspect fonctionnel et l'aspect personnel. Elles se fondent sur le principe de garantie institutionnelle ordonnée à faciliter l'accomplissement efficient des fonctions de la mission diplomatique et non pour « avantager des individus »[29]. L'aspect fonctionnel concerne la liberté de communication, l'inviolabilité des locaux et des archives tandis que l'aspect personnel fait mention de la protection des personnes, de leur inviolabilité et des immunités juridictionnelles, fiscales et parafiscales. Afin de donner effectivité aux fonctions d'information, de représentation et de négociation de la mission diplomatique, la convention de Vienne, au § 1 de l'article 27, pose le principe coutumier de la liberté de communication, régulé par la licéité des moyens de communication notamment pour ce qui est du poste émetteur de radio dont l'installation et l'usage dépendent de l'assentiment de l'Etat accréditaire et du respect de la règlementation nationale et internationale afférant aux aspects techniques. Par ailleurs, la convention de Vienne élargit cette liberté au domaine dit des « liaisons latérales »: si jadis la liberté de communication était admise entre la mission diplomatique et, soit l'Etat accréditant, soit les consulats subordonnés à ladite mission sur le territoire de l'état accréditaire, la convention de Vienne étend la communication de la mission diplomatique aux autres missions et consulats de l'Etat accréditant quelle que soit leur situation géographique (où qu'ils se trouvent).

La liberté de communication implique également et principalement l'immunité de la valise diplomatique à laquelle le texte de l'article 27 consacre cinq (5) paragraphes sur les sept (7) qu'il comporte. Composée de colis portant visiblement les marques extérieures de leur caractère et contenant exclusivement des documents diplomatiques ou tout au moins officiels, la valise diplomatique ne peut faire l'objet d'aucune ouverture ni d'aucune rétention. La valise diplomatique doit être protégée, même sur le territoire d'un Etat tiers comme le stipule l'article 40. Selon les normes, elle est transportée par un

---

du 15 décembre. (Cf. A. J. KYELEM de TAMBELA, *Relations diplomatiques et souveraineté,* p. 24-25).

[29] Cf. C.A. COLLARD - A. MANIN, *Droit International*, p. 263.

courrier diplomatique. Muni d'un document officiel attestant sa qualité et indiquant le nombre exact de colis formant la valise diplomatique, le courrier doit bénéficier de la protection de l'Etat accréditaire. Inviolable, sa personne ne peut être ni arrêtée ni détenue. Il est aussi reconnu à l'Etat accréditant la faculté d'utiliser les courriers diplomatiques *« ad hoc »*. Toutefois, la protection de ces personnes, en raison de la valise diplomatique dont elles sont porteuses, cesse dès qu'elles ont livré la valise à son destinataire. Dans le cas de plus en plus fréquent où la valise diplomatique est confiée au commandant d'un aéronef commercial, le §7 de l'article 27 dispose que ce commandant doit avoir un document officiel précisant le nombre de colis bien qu'il ne soit pas lui-même considéré comme un courrier diplomatique. L'inviolabilité s'applique également aux locaux de la mission diplomatique[30] (article 22), impliquant de la part de l'Etat accréditaire non seulement des mesures idoines de protection afin que les locaux ne soient ni envahis, ni saccagés, ni leur paix menacée ou troublée, ni leur dignité amoindrie, mais aussi l'interdiction à tout agent de l'Etat accréditaire d'accéder aux locaux sans la permission du chef de mission. Ces locaux ne peuvent non plus être perquisitionnés, ni réquisitionnés, ni saisis, ni être sous mesure d'exécution (article 22, §1 et §3).

Cependant, en contrepartie, suivant l'article 41, §3, se pose le principe que les locaux de la mission diplomatique ne peuvent être utilisés que « selon les fins légitimes auxquelles, ils sont destinés ». Pourtant, un manquement à ce devoir n'entraîne pas la caducité du principe d'inviolabilité mais à l'inverse l'inviolabilité ne s'entend pas comme une licence à faire un usage inapproprié des locaux. Le concept de locaux de la mission fait référence « aux bâtiments ou parties de bâtiments et terrain attenant qui, quel qu'en soit le propriétaire, sont utilisés aux fins de la mission, y compris la résidence du chef de la mission » (article 1, §1, alinéa i). D'autres locaux assimilés ont droit au même traitement : la maison privée de l'agent diplomatique (article 30, §1), les habitations des membres du

---

30 Jadis on parlait d'extraterritorialité justement à propos des locaux de la mission diplomatique, voir F. FLORIO, *Nozioni di diplomazia*, p. 118.

personnel technique et administratif. Ainsi en ce qui concerne les biens immeubles, le principe d'inviolabilité s'applique de façon extensive. Quant aux biens meubles, l'inviolabilité se décline soit en protection directe lorsqu'il s'agit d'un bien meuble essentiel au fonctionnement de la mission et faisant partie de son « âme », soit en protection indirecte lorsqu'il s'agit d'objets accessoires utiles au bon fonctionnement de la mission. La protection directe est requise par exemple pour les archives et documents ainsi que pour la correspondance officielle de la mission sans oublier de nos jours le site internet[31] de la représentation diplomatique. La protection doit être activée à tout moment et en tout lieu (article 24) même en cas de rupture diplomatique, de rappel de la mission ou de conflit armé. Il est du devoir de l'Etat accréditaire d'assurer cette protection ou d'un autre Etat mandaté par l'Etat accréditant et accepté par l'Etat accréditaire. La protection indirecte couvre les documents et la correspondance personnelle de l'agent diplomatique (article 30, §2), les meubles des locaux

---

[31] Marc Gérard soutient que si les innovations technologiques et techniques favorisent l'essor de la diplomatie numérique ou *digital diplomacy*, il est du ressort des personnalités diplomatiques elles-mêmes de faire évoluer la pratique diplomatique : « Le numérique permet à la diplomatie de ne plus avoir nécessairement recours à des intermédiaires pour légitimer une politique étrangère. En outre, la diplomatie numérique offre la possibilité à chacun de publier son contenu en temps réel et de limiter les coûts liés à la transmission des données » (M. GERARD, in AA. VV., (LES YEUX DU MONDE), *Perspectives diplomatiques, les politiques étrangères au XXIe siècle,* Les Editions du Net, St Ouen, 2017, p. 261). « Les Yeux du monde » est un collectif d'experts en géopolitique, géoéconomie et relations internationales opérant depuis 2010. Les normes des immunités et privilèges doivent également concerner les sites internet des représentations diplomatiques car, comme l'écrit Marc Gérard : « La diplomatie numérique induit également des risques de cyber-attaques (espionnage économique, attaque informatique...). A l'échelle internationale, les enjeux liés au numérique et plus particulièrement à la diplomatie numérique, ont conduit la France à convaincre ses partenaires mondiaux d'inscrire Internet au sommet du G8 pour la première fois à Deauville, en 2011. A l'issue de cette réunion, la déclaration de clôture, intitulée *"un nouvel élan pour la liberté et la démocratie",* a pointé la défense des droits d'auteurs, la protection de la vie privée et la lutte contre la cybercriminalité comme priorités absolues » *(ibid.* p. 266).

de la mission ainsi que les moyens de transport et de logistique (article 22, § 3).

Si les objets de l'agent diplomatique font l'objet d'une telle précaution, il est clair qu'il ne peut en être autrement de sa personne. C'est l'aspect personnel de l'inviolabilité régie par l'article 29 selon lequel la personne de l'agent diplomatique est inviolable. Elle ne peut subir d'exaction, ni arrestation ni détention. L'agent doit être traité par l'Etat accréditaire avec le respect dû, prenant les mesures nécessaires à sa sécurité afin de prévenir toute atteinte à sa personne, de garantir son intégrité physique, sa liberté et sa dignité. Parfois, l'Etat accréditaire, selon les exigences, peut lui fournir une garde. Il est toutefois convenant à l'esprit de la convention que la liberté de circulation et de mouvement de l'agent diplomatique, normalement protégée par l'Etat accréditaire, puisse connaître des limitations relatives aux endroits dont l'accès est prohibé pour raison de sécurité nationale. D'autres limitations ou interdictions à caractère religieux peuvent être imposées en fonction des circonstances. Jusque-là, nous avons évoqué l'immunité fonctionnelle et l'immunité personnelle mais il existe également l'immunité juridictionnelle contemplée dans l'article 31 qui affirme que l'agent diplomatique ne peut faire l'objet d'aucune poursuite pénale dans l'Etat accréditaire. On parle alors d'immunité juridictionnelle criminelle ou pénale. En sus, il jouit par ailleurs de l'immunité juridictionnelle civile et administrative qui, elle, peut connaître quelques tempéraments. Parmi les hypothèses où n'intervient pas l'immunité de juridiction civile et administrative, figurent les cas de litiges au sujet d'un immeuble privé situé sur le territoire de l'Etat accréditaire et dont la possession par l'agent diplomatique n'est pas au nom de son gouvernement, ou encore le cas d'une succession menée à titre privé où l'agent tient un rôle comme exécuteur testamentaire, administrateur, héritier ou légataire.

Enfin, dans le projet du rapport spécial, un troisième cas avait été envisagé. C'est le cas où l'agent entreprendrait dans l'Etat accréditaire une activité de commerce ou une profession libérale indépendamment de ses fonctions officielles. Mais, considérant que l'article 42 énonce l'interdiction pour tout agent diplomatique d'entreprendre une activité commerciale ou professionnelle en vue d'un enrichissement personnel, émerge donc un conflit entre cette hypothèse du projet initial et le texte de l'article 42. Déjà le représentant de l'Italie l'avait signalé, le 12 avril 1961, lors de l'adoption de l'article 42. Alors, pour clore le débat, la conférence a donc retenu l'interdiction formelle de telles activités par un agent diplomatique. En cas de violation, puisque l'on doit tenir compte que l'immunité de juridiction implique immunité d'exécution, même dans le cas où l'immunité de juridiction ne joue pas, l'exécution doit se faire tout en respectant l'inviolabilité de la personne et de sa résidence. L'immunité de juridiction est régie par le critère de la territorialité et de la fonctionnalité parce qu'elle intervient sur le territoire de l'Etat accréditaire et pendant l'exercice des fonctions officielles. L'agent diplomatique n'échappe pourtant guère à la juridiction de l'Etat accréditant (article 31). Toujours au sujet de l'immunité de juridiction, la convention prévoit la possibilité qu'un Etat accréditant renonce à cette immunité, mais la renonciation doit être explicite sinon expresse.

En plus des immunités susmentionnées, l'Etat accréditant jouit de privilèges fiscaux se déclinant en une triple exemption des impôts proprement dits (articles 23, 28, 34), des droits de douane (article 36) et de diverses taxes, en l'occurrence les cotisations de la sécurité sociale (articles 33 et 35). Cela vise à faciliter le bon fonctionnement de la mission diplomatique. En lien avec la question des immunités et privilèges, certains experts juridiques déplorent que la convention de Vienne ne traite pas du problème du droit d'asile diplomatique, renvoyant plutôt aux accords particuliers entre Etats pour le règlement de la question. La raison de ce silence de la convention tient du fait que l'asile diplomatique n'est qu'une partie d'un problème complexe qu'est la question de l'asile, sur laquelle la Commission de droit international avait le projet de se pencher dans un traitement à part. En ce qui nous concerne, nous comprenons que si la question des immunités et privilèges a été au cœur des discussions lors de la convention, ces immunités et privilèges ont toutefois une fonction instrumentale parce qu'elles servent l'idée de la souveraineté des Etats représentés par les missions diplomatiques elles-mêmes dirigées par les chefs de mission. A travers les immunités apparaît clairement l'importance de la figure du chef de mission dans la représentation de l'Etat.

1.1.4 La figure du chef de mission dans la représentation de l'Etat

Dans son dictionnaire, Jean Leca écrit à dessein « Etat »[32] avec une majuscule parce que la majuscule est « une symbolisation : elle désigne le puissant Léviathan, première métaphore fournie par la philosophie politique hobbesienne[33] à

---

[32] Pour une approche actualisée de la réalité de l'Etat, voir J. CHEVALLIER, *l'Etat post-moderne,* L'extenso Editions, Issy-les-Moulineaux, 2014.

[33] Le *léviathan* de Hobbes (1588-1679) est le célèbre ouvrage publié en 1651, c'est-à-dire trois ans après les traités de Westphalie qui mettaient fin aux guerres de religion. Hobbes se révèle comme un penseur du monde nouveau dans une Angleterre violemment secouée par les vents de la réforme, entre l'anglicanisme non encore assuré, le catholicisme encore résistant et le calvinisme plein d'ambition depuis l'Ecosse où il s'est enraciné. Comme le souligne Gérard Mairet, traducteur et introducteur de Hobbes au sujet de l'époque : « l'Angleterre est au carrefour du monde nouveau, celui du recul des Eglises au profit de l'affirmation profane de la puissance civile, l'Etat en personne » (T. HOBBES, *Léviathan, ou matière, forme et puissance de l'Etat chrétien et civil,* traduction et introduction de Gérard Mairet, Gallimard, Paris, 2000, pp.14-15). Hobbes remarque une contradiction fondamentale : les lois de la nature se résument en cet axiome positif de faire aux autres ce que l'on aurait aimé que les autres fassent pour nous. Cependant cela est contredit par les passions naturelles qui incitent à la partialité, à la vanité, à la vengeance etc. Pour parer à la contradiction, Hobbes résolut de remettre la force entre les mains de l'Etat souverain qui devra assurer à chacun et à tous sa défense et la paix. Hobbes définit l'Etat comme « une personne une dont les actes ont pour auteur, à la suite de conventions mutuelles passées entre eux-mêmes, chacun des membres d'une grande multitude, afin que celui qui est cette personne puisse utiliser la force et les moyens de tous comme il estimera convenir à leur paix et à leur défense commune » (T. HOBBES, *Léviathan,* pp.288-289). Il distingue plusieurs formes d'Etats : La Monarchie, lorsque le représentant est un seul homme ; la Démocratie ou Etat populaire, quand l'assemblée est celle de tous ceux qui veulent se rassembler ; enfin l'Aristocratie, quand l'assemblée est celle d'une partie seulement. (Cf. T. HOBBES, *Léviathan,* p. 305). Voir aussi H. PUEL, *Les souveraineté, pouvoirs religieux. Pouvoirs séculiers*, Cerf, Paris, 2012, pp.46-47.

la science politique »[34]. D'autres visions de l'Etat comme celle de Max Weber[35], de Jean Jacques Rousseau[36], de Montesquieu[37] ou de Kelsen[38], méritent des approfondissements et pourraient

---

[34] L. BOUSSAGUET - S. JACQUOT - P. RAVINET (dir.), *Dictionnaire des politiques publiques*, Presses de Sciences Po, Paris 2010, 3ème éd, p. 232. Voir « Etat », pp. 231-246.

[35] Max Weber (1864-1920) est un sociologue qui définit l'Etat comme une entreprise politique de caractère institutionnel lorsque et en tant que sa direction administrative revendique avec succès, dans l'application des règlements, le monopole de la contrainte physique légitime. (Cf. M. WEBER, *Economie et société,* Collection Pocket Agora, 2003, pp.96-100).
Cf. URL : < https://upvericsoriano.files.wordpress.com/2011/09/l_etat_selon_max_ weber-2.pdf >, consulté le 21 novembre 2017 à 21h43.

[36] Rousseau (1712-1778) aborde sa vision de l'Etat dans le chapitre VIII de son livre *Du contrat social* où il voit dans la formation de l'Etat le passage que l'homme fait de l'état de nature à l'état de raison, de la vengeance à la justice, de l'instinct à l'intelligence. D'où l'importance du contrat social : « Ce que l'homme perd par le contrat social, c'est sa liberté naturelle et un droit illimité à tout ce qui le tente et qu'il peut atteindre ; ce qu'il gagne, c'est la liberté civile et la propriété de tout ce qu'il possède. Pour ne pas se tromper dans ces compensations, il faut bien distinguer la liberté naturelle qui n'a pour bornes que les forces de l'individu, de la liberté civile qui est limitée par la volonté générale, et la possession qui n'est que l'effet de la force ou le droit du premier occupant, de la propriété qui ne peut être fondée que sur un titre positif » (J.-J. ROUSSEAU, *Du contrat social,* Flammarion, Paris, 2001, p. 57).

[37] Chez Montesquieu, la conception de l'Etat dépend de la nature du gouvernement. Dans son livre *De l'esprit des lois,* il passe en revue les trois types de gouvernements à savoir, le républicain, le monarchique et le despotique : « Le gouvernement républicain est celui où le peuple en corps, ou seulement une partie du peuple, a la souveraine puissance ; le monarchique, celui où un seul gouverne, mais par des lois fixes et établies ; au lieu que, dans le despotique, un seul, sans loi et sans règle, entraîne tout par sa volonté et par ses caprices » (MONTESQUIEU, *De l'esprit des lois,* Flammarion, Paris, 2013, p. 70). Au chapitre 27 du livre XIX, il décrit les caractéristiques de l'Etat moderne qui, à ses yeux, est un Etat agité (mouvement des partis politiques), un Etat commerçant (le commerce adoucit les mœurs) et un Etat qui distingue les manières (civilités) des mœurs (coutumes et esprit de la nation). (Cf. *ibid.* pp. 182-193). On reconnait aussi à Montesquieu la séparation des pouvoirs législatif, exécutif et judiciaire. (Chapitre 6, du livre XI, *ibid.* pp. 207-220).

[38] Kelsen (1881-1973) est considéré comme le père du positivisme, mais, pour comprendre sa pensée, il faut déceler ses germes dans les idées des précurseurs du positivisme dont Vattel (1714-1768) est l'un des grands représentants. Disciple de Wolff, Vattel publie, en 1758, son principal ouvrage *Le droit des gens ou principes de la loi naturelle appliquée à la conduite et aux affaires des nations et des souverains.* Influencé par le *Leviathan* de

faire l'objet d'une étude comparative intéressante tant sont diverses et même contradictoires les différentes définitions de l'Etat. Mais nous nous appuierons sur une vision générale qui définit l'Etat comme

> « un appareil complexe de pouvoir centralisé et institutionnalisé qui concentre la violence, établit les droits de propriété, régule la société sur un territoire donné tout en étant reconnu comme un Etat par un forum international »[39] .

Dans le domaine du droit international, les éléments constitutifs de l'Etat sont l'existence d'un peuple, d'un ordonnancement juridique, d'un territoire, des attributs de souveraineté et d'indépendance qui lui confèrent la personnalité

Hobbes, qui exaltait la super puissance de l'Etat, Vattel reconnait l'existence du droit naturel, mais il fait de l'Etat l'interprète souverain de ce droit. Il se différentie de Grotius en affirmant que la communauté des Etats n'est pas nécessaire comme pour l'individu qui a besoin des autres pour vivre, car l'Etat n'a pas besoin des autres Etats. C'est une conception très poussée de la souveraineté corroborée par les pratiques royales de la Prusse dont l'auteur était sujet. L'individu peut remettre à l'Etat sa liberté, mais, l'Etat ne peut pas remettre à une superpuissance sa souveraineté. Pour lui, la Communauté internationale est une société d'un type spécifique, ne présentant pas les caractéristiques d'une société politique comme la société d'individus au sein de l'Etat. Il appartient à la communauté des Etats de décider le contenu du droit naturel, ce qui fait que le droit international est un droit volontaire basé sur le consensus. Ce droit volontaire, selon Vattel, ne doit pas se soumettre au droit naturel, mais a pour mission de le modifier afin de favoriser le consensus. (Cf. P. DAILLIER – M. FORTEAU – A. PELLET, *Droit international public,* p. 66). Vattel ouvre ainsi la voie au positivisme que beaucoup d'auteurs n'hésitèrent pas à défendre et à adopter. On peut mentionner par exemple les anglais Selden (1584-1654), Zouk (1590-1660), le hollandais Bynkershoek (1673-1785). Ceux-ci sont précurseurs de Kelsen en ce sens qu'ils ont mis en relief la dimension volontariste du droit au point de le couper du droit naturel et d'en faire l'apanage de l'Etat. Avec Kelsen, on aboutit à la théorie pure du droit, le normativisme. Dans son ouvrage *Théorie générale du droit et de l'Etat,* il rejette la dualité entre le droit naturel et le droit volontaire et soutient que l'Etat est le droit et rien de plus. Il fusionne donc l'Etat et le droit et définit l'Etat comme un système de norme, un « ordonnancement juridique » selon ses propres mots. Le droit, c'est ce que pose l'Etat comme loi (positivisme). (Cf. P. DAILLIER – M. FORTEAU – A. PELLET, *Droit international public,* p. 113).

[39] M. LEVI, *« The state of the study of the state »*, in I. KATZNELSON, H. MILLER (eds), *Political science: The state of the Discipline,* Washington (D.C.), APSA et New York (N.Y.), Norton 2002, p. 40.

juridique internationale. L'existence de cet Etat se manifeste à travers l'activité du chef de mission, en particulier l'ambassadeur qui le représente dans le concert des nations. La représentation de l'Etat comporte des aspects juridiques, symboliques et matériels. Une pléthore de normes et de pratiques font de la personne du chef de mission, l'incarnation du pays qu'il représente. Les dispositions de la convention relatives aux chefs de mission portent sur trois points à savoir leur classement et préséances, la durée de leurs fonctions, et la pluralité de leurs fonctions.

Ici, nous nous intéresserons particulièrement au premier point pour mettre en lumière la classe des chefs de mission et la portée de ce classement. En effet, l'adoption des articles 14 à 18 qui règlent le sujet, a été précédée de discussions houleuses. La classification des chefs de mission telle qu'elle apparaît aujourd'hui, obéit à un double principe : celui de l'accord entre les Etats, donc la conventionalité et celui du choix entre trois classes, donc la tripartition traditionnelle. L'article 15 prévoit que « les Etats conviennent de la classe à laquelle doivent appartenir les chefs de missions » tandis que l'article 14 affirme que ce choix peut se faire entre trois classes : 1) celle des ambassadeurs ou nonces, 2) celles des envoyés, ministres ou autres accrédités auprès des chefs d'Etat, 3) enfin celle des chargés d'affaires accrédités auprès des Ministères des affaires étrangères. Cette classification n'est nouvelle qu'en sa codification car elle est une reprise du premier article du Règlement de Vienne du 19 mars 1815. Elle fut sujette à de nombreuses critiques : déjà dans la première mouture du projet primitif, au lieu de trois classes, le Rapporteur spécial voulait une classification en deux classes, celle des ambassadeurs ou nonces et celle des chargés d'affaires.

Cependant la Commission du droit international a préféré reconduire la tripartition de Vienne malgré les innombrables objections qui voulaient prendre en compte l'évolution due d'une part, au phénomène de la décolonisation qui a donné lieu à de nouveaux Etats indépendants et d'autre part, au fait que depuis la seconde guerre mondiale, les Etats ont pris l'habitude de se faire représenter non plus par des ministres mais par des ambassadeurs. Ce qui, par conséquent, devrait rendre superflue la tripartition et porter à supprimer le titre de ministre. La question fut débattue à trois reprises les 15,16 et 21 mars 1961 et, en définitive, le classement tripartite fut adopté avec 68 voix, 5 abstentions et sans opposition. La conférence a opté pour la solution traditionnelle tout en apportant une modification au texte de la Commission. La formule de la Commission citait : « les ambassadeurs ou nonces accrédités auprès des chefs d'Etat ». A la différence de 1815, on a supprimé la mention « légats ». Par contre, suite à un amendement introduit par le Ghana, en commission plénière, la conférence de 1961 a fait un ajout concernant la première classe et qui donne le texte final de l'article 14 : « les ambassadeurs ou nonces accrédités auprès des chefs d'Etat et des autres chefs de mission de rang équivalent ». Cet ajout fut décidé afin de prendre en considération les Hauts commissaires du Commonwealth et des Hauts Représentants de la Communauté française[40].

Quant à la portée de cette classification, la convention, au § 2 de l'article 14, soutient formellement que ce classement ne saurait nullement infirmer le principe cardinal de l'égalité en droit des chefs de mission, égalité qui est l'image de l'égalité souveraine des Etats. Ainsi en dehors de la préséance et de l'étiquette, il n'existe aucune différence entre les chefs de mission auxquels s'appliquent exclusivement les dispositions contenues dans l'article 14. La préséance du personnel diplomatique, est, elle, fixée par chaque Etat accréditant et notifiée à l'Etat accréditaire par le chef de mission au Ministère des affaires étrangères. Quelles sont les règles de préséances ? La procédure de réception des chefs de mission doit être uniforme pour chaque classe (article 18). Certains Etats, en la matière, tiennent compte de la date de prise de fonction comme élément clé pour établir la préséance. Mais l'article 16, au §3, indique que les dispositions afférant aux dates de prise de fonction ne sont

[40] Amendement présenté en commission plénière le 21 mars et adopté par 71 voix sans opposition, avec 5 abstentions. Dans le projet du Comité juridique consultatif afro-asiatique, l'article 14 faisait mention de la première classe en énumérant les ambassadeurs, les nonces, les haut commissaires échangés entre les pays du Commonwealth.

« point affectées par les usages qui sont ou pourraient être acceptés par l'Etat accréditaire en ce qui concerne la préséance du représentant du Saint-Siège, il en résulte que les solutions traditionnelles peuvent ici être maintenues »[41].

En mettant un *« vulnus »*[42] au principe de l'égalité, le § 3 de l'article 16 est en pleine conformité avec l'article 4 du Règlement de 1815 qui dit n'apporter « aucune innovation relativement au représentant du Pape »[43]. Plus tranché et précis, il consacre en faveur du nonce la rupture de la règle d'un classement basé seulement sur l'antériorité de la date d'entrée en fonction. Il est notoire et il convient de le souligner que le nouveau texte aussi bien que l'ancien ne précisent pas que ce représentant du Saint-Siège soit le doyen du corps diplomatique. Cet autre silence s'explicite par le fait que la conférence ait renoncé à une proposition qui visait à définir le « corps diplomatique » comme suit : « Les chefs de mission accrédités auprès du même Etat, ainsi que les membres du personnel diplomatique, constituent le corps diplomatique qui est présidé par son doyen ». Ce rejet de la proposition ne signifie pas non plus l'inexistence d'un corps diplomatique

---

[41] C.A. COLLARD - A. MANIN, *Droit International*, p. 266.

[42] A la Convention de Vienne, on assiste à la codification du droit diplomatique signant l'abandon du vieux règlement de Vienne sur les usages et les coutumes de 1815. La délégation du Saint-Siège, conduite par Cassaroli, a pris une part active à cette convention. Son intervention s'est portée sur trois points à savoir la citoyenneté du diplomate, l'inclusion du nonce parmi les diplomates de première classe (article 14) et la question de la préséance (article 16). Lorsque fut faite, par le Saint-Siège, la proposition de la reconnaissance de la préséance du représentant pontifical ainsi que l'élargissement de cette reconnaissance aux nouveaux Etats suivant les coutumes de Vienne 1815, 18 Etats sur 81 s'y opposèrent. Mais le Saint-Siège réussit à faire adopter sa proposition au nom de la continuité historique et du principe de la souveraine égalité entre les Nations. En outre, la Commission du droit international utilisait le vocable de « représentant du Pape » pour désigner le diplomate pontifical, mais sur proposition de la Tunisie, on retint l'expression de « représentant du Saint-Siège », acceptée par le Saint-Siège, car elle souligne la catholicité (universalité) de l'Eglise et désigne en même temps l'organe central de gouvernement. Cf. V. BUONOMO, *Brevi annotazioni sulla diplomazia multilaterale della Santa Sede",* in *Ius Ecclesiae* 19 (2007), pp. 675-677.

[43] C.A. COLLARD - A. MANIN, *Droit International*, p. 266.

réglementé par des règles coutumières établies, surtout pour ce qui est du représentant du Saint-Siège. Ce silence de la convention crée aussi une certaine incertitude quant à l'application de la convention surtout lorsque nous sommes en présence d'accords particuliers qui octroient la préséance à tel ou tel Etat indépendamment des dispositions coutumières. Il est indubitable que ces accords ne reposent pas sur une base coutumière. C'est le cas par exemple de plusieurs anciennes colonies françaises qui, après l'accession à l'indépendance, gardent avec la métropole des « rapports privilégiés » se traduisant par le rang de « doyen » reconnu à l'ambassadeur français au sein du corps diplomatique de ces pays[44].

En dehors des problèmes liés à la préséance, restent encore à élucider l'identité de l'ambassadeur et les caractéristiques de sa fonction de représentation. La convention de Vienne le cite parmi les chefs de mission de première classe. Qu'en est-il ?

1.2 L'AMBASSADEUR

L'ambassadeur est un homme ou une femme, haut fonctionnaire de l'Etat, chargé d'incarner l'Etat qu'il représente auprès des autres Etats ou organisations internationales. S'il est évident que sa mission se déroule sous l'égide du droit international, en particulier la convention de Vienne, l'ambassadeur ne peut cependant négliger ni le droit interne de l'Etat accréditant ni le droit interne de l'Etat accréditaire. N'ayant pas en point de mire un Etat spécifique, qu'il nous soit concédé de faire des observations génériques en ce qui concerne les droits internes mais de mettre l'accent principalement sur les dispositions de la convention. Sur cette base, nous étudierons le

[44] On peut citer les cas des accords de la France avec Madagascar (27 juin 1960), la Tunisie (15 juin 1956), le Mali (22 juin 1960), la République Centrafricaine (13 août 1960), la République du Congo (15 août 1960), la République du Tchad (11 août 1960), la République de Côte d'Ivoire (24 avril 1961), la République du Bénin (24 avril 1961), la République du Niger (24 avril 1961), le Burkina Faso (24 avril 1961) et la République islamique de Mauritanie (19 juin 1961).

statut personnel de l'ambassadeur, son statut de fonction et les principes inspirateurs de sa diplomatie.

1.2.1 Statut personnel

Le statut personnel nous porte à nous demander comment devient-on ambassadeur et quelles sont les qualités ou qualifications requises, questions qui touchent nécessairement à la personnalité de l'ambassadeur. Déjà Jean-Marie Moeglin affirmait qu'au moyen-âge, l'ambassadeur était une sorte de personnage « schizophrène » partagé entre son devoir de devenir le double du prince qu'il était censé représenter et l'impossibilité de faire oublier qu'il n'est pas le prince, ne jouissant pas de la même autorité. Alors aujourd'hui, comment représenter l'Etat tout en restant soi-même ? Il existe deux types d'ambassadeurs en dignité et en fonction. En dignité, il s'agit de l'ambassadeur de carrière (diplomate de carrière) qui accède à ce titre d'honneur après avoir gravi les échelons dont le dernier poste est celui de premier conseiller. Conféré *intuitu personae*, ce titre, conçu comme le couronnement du parcours du diplomate, est porté à vie et n'est guère soumis aux changements de gouvernement ou de chef d'Etat. En fonction, il s'agit d'ambassadeur nommé par le gouvernement de son Etat et le titre dure uniquement le temps de la mission. Dans l'un ou l'autre des cas, ils ont en commun de faire partie d'un corps d'élite administrative recruté par un concours public réputé difficile et sélectif. Certains, en Belgique, parlent d'une épreuve « redoutable » et d'« hyper-sélection »[45] avec pour fondement la recherche de l'excellence. Aux Etats-Unis, même si le système de recrutement est complexe et varié, il est tout de même question d'une sélection *« highly competitive »*.

---

[45]Cf. R. DELCORDE - M. LIEGEOIS - C. ROOSENS, *La carrière diplomatique en Belgique. Guide du candidat au concours,* presses Universitaires de Louvain, Bruxelles 2011, p. 136.

Des auteurs comme George Kennan[46], émettent une opinion plus nuancée arguant que l'élitisme n'est pas la norme aux Etats-Unis. De façon globale, deux méthodes de sélection existent : celle britannique et celle française. La méthode de la Grande-Bretagne consiste à recruter les diplomates par un concours initial de sélection en trois étapes et ensuite une formation pragmatique par l'exercice réel du métier dans les services. La méthode de la France, quant à elle, consiste d'abord en un concours d'entrée à l'Ecole Nationale d'Administration (ENA)[47], suivi d'une longue période de formation multidisciplinaire, sanctionnée par un concours de sortie et enfin l'affectation dans le corps diplomatique ou dans les métiers. Les méthodes des autres pays[48] sont un mélange de ces deux procédures[49]. Si ces procédures sont l'apanage de tout diplomate, il n'empêche que la nomination comme ambassadeur est le monopole de l'autorité politique et revêt un caractère discrétionnaire. La valence politique d'une telle nomination marque le clivage entre l'administration tout court et la volonté politique qui choisit des hommes de confiance pour l'actuation de la politique extérieure.

Ceci explique pourquoi tous les ambassadeurs ne sont pas des diplomates de carrière ni tous issus de l'Ecole Nationale d'Administration (ENA). La notion de carrière, conséquence de la professionnalisation de la diplomatie, s'inspire du modèle français que les autres pays ont copié au départ. La carrière diplomatique est pyramidale[50] vu que la base de potentiels candidats est plus large que les postes d'ambassadeurs à pourvoir. Dans le système français, les critères de management

---

[46] Voir G. KENNAN, ancien ambassadeur des Etats-Unis en URSS, devenu professeur, dans la revue américaine *Foreign Affairs* (juillet 1947) sur la conduite des affaires soviétiques.

[47] Mais depuis 2010 a été créé en France l'Institut Diplomatique et Consulaire (IDC).

[48] Par exemple l'Allemagne, la Norvège, l'Espagne et l'Italie où on retrouve le système du concours suivi d'une formation dans un institut diplomatique spécialisé.

[49] Cf. E. CLARK, *corps diplomatique*, Allen Lane, Londres, 1973, p. 28.

[50] Le même schéma pyramidal et ascensionnel se retrouve dans le système italien, cf. F. FLORIO, *Nozioni di diplomazia*, p. 86

des carrières ne sont pas clairs. Par contre, en Grande-Bretagne, les processus des promotions sont bien régulés et proscrivent d'emblée toute subjectivité et toutes pressions extérieures. Dans les opérations de sélection, les nouveaux candidats sont repartis en *fast stream (*voie rapide) et *main stream* (voie ordinaire). Deux livrets, l'un rouge intitulé *making the difference* pour le *fast stream* et l'autre bleu pour le *main stream,* donnent les critères de sélection: « Les gens dont nous souhaitons la présence dans la [« voie ordinaire »] doivent faire preuve d'une réflexion qui soit le condensé d'une pensée personnelle analytique et d'un sens des affaires internationales, allié à une bonne pratique professionnelle et à un savoir-faire dans les relations interpersonnelles »[51]. Les appréciations cognitives sont les principaux critères de sélection. Il y a dix grades, classés de bas en haut avec dix comme base et un comme sommet. On dit à ceux de la « voie rapide » qu'ils doivent être au grade 4 vers l'âge de cinquante ans et à ceux de la « voie ordinaire » que s'ils accèdent déjà au moindre grade ce serait une prouesse.[52] Ce système vise à contenir les rivalités mais il est aussi autant critiqué que le modèle français, bien que pour des raisons différentes. Le cabinet Collinson Grant qui, à la demande du Foreign Office, a fait une enquête en 2004, dénonce un management systématiquement minable et une culture établie qui renforce la faiblesse de l'organisation.

En ce qui concerne les Etats du Commonwealth, il faut signaler, comme nous l'avons vu plus haut dans la modification introduite par le Ghana à l'article 4 de la convention, que ceux-ci ont pris la coutume d'envoyer entre eux non des ambassadeurs mais des hauts-commissaires. Certes, de nos jours, presque tous les Etats du Commonwealth sont devenus des Républiques, mais ils ont conservé la coutume. Ainsi, à titre

---

[51] « *The people we want to bring into "the main stream" must demonstrate a combination of analytical thinking and an interest in international affairs with good practical and interpersonal skill* » (in M.C. KESSLER, *Les ambassadeurs*, Presses de Sciences Po, Paris 2012, p.78). Voir aussi R.D. EDWARDS, *« Staffing in »,* in *True Brits. Inside the foreign office*, BBC Books, London 1994, pp. 85-97.

[52] Cf. M.C. KESSLER, *Les ambassadeurs*, Presses de Sciences Po, Paris 2012, p. 91.

d'exemple, la Grande-Bretagne est représentée par un haut-commissariat au Nigéria (non par une ambassade) et Singapour entretient des relations avec l'Australie à travers un haut-commissariat. Cependant avec les Etats non membres de l'organisation, les Etats du Commonwealth envoient des ambassadeurs. C'est pourquoi le représentant britannique en Italie, en France, en Allemagne, est un ambassadeur. En considérant les critères de sélection et les fonctions politiques de l'ambassadeur, sa personne doit être pourvue de certaines qualités, en premier lieu, un bon niveau de formation intellectuelle : la possession d'un diplôme d'étude supérieure en sciences politiques ou dans les sciences juridiques est un atout, comme l'est aussi la capacité de synthèse et d'analyse critique des évènements dans les relations internationales.

Il doit avoir une bonne image dans l'opinion publique, une bonne réputation. Jean Hotman De Villiers montre que l'ambassadeur est un homme de prestance et de respect : « Chacun sait, dit-il, que de droit divin et humain, même entre des nations barbares et parmi les armes et armées, ennemies, la personne d'un ambassadeur a été, en tous siècles, jugée sainte et inviolable »[53]. A cause de ce « préjugé favorable »[54] il est tenu à un code éthique de bonne conduite. Par exemple, jusqu'à une période récente, les discours et les textes officiels interdisaient l'homosexualité chez les diplomates anglais et les aventures adultérines en poste entrainaient en principe un rappel immédiat[55]. Parmi les qualités personnelles, Marie-Christine Kessler, en écho aux thèses de Pierre Bourdieu, mentionne l'aisance mondaine, l'élégance, le brio, la culture et le charme tout comme la parfaite maitrise des langues surtout celles des Etats où il est envoyé : « le bon ambassadeur est celui qui a un bon capital social »[56], chose importante pour la constitution d'un réseau de relations facilitant l'accomplissement de la mission diplomatique.

---

[53] J. HOTMAN DE VILLIERS, *De la charge et dignité de l'ambassadeur*, Essec Iréné, centre de recherche de l'Essec, Paris-Cergy 2003, p. 24.
[54] J. CAMBON, *Le diplomate*, Hachette, Paris 1926, p. 15.
[55] Cf. R.D. EDWARDS, *« Staffing in »*, pp. 140-141.
[56] M.C. KESSLER, *Les ambassadeurs*, p. 161.

L'ambassadeur devra aussi être doté d'une grande capacité de communication, de mobilité et un sens de la conciliation, du moins du compromis.

En approchant le profil personnel de l'ambassadeur sous l'angle de la sociologie de la diplomatie, il ressort qu'il est un sujet inséré dans une communauté avec des droits et des devoirs dont l'exercice sera modulé par sa personnalité, son individualité et ses aptitudes. Le fondement juridique de ses droits et devoirs découle des concepts d'accréditation et d'inviolabilité contemplés dans la convention de Vienne. On comprend alors que le statut personnel de l'ambassadeur est indissociable de sa mission de représentation de l'Etat en sa qualité de chef de mission[57]. Il apparaît aussi le lien étroit qui le lie au chef de l'Etat établissant entre eux un rapport fiduciaire[58]. Dans la majorité des Etats, l'ambassadeur est nommé par décret du chef de l'Etat, en conseil des ministres et sur proposition du ministère des affaires étrangères. Cette nomination devient effective avec le processus d'accréditation diplomatique qui est l'expression de la volonté d'un Etat d'instaurer des relations diplomatiques avec un autre Etat selon les dispositions de la convention de Vienne. Ce processus comporte deux étapes réparties entre les actes que doit accomplir l'Etat accréditant et ceux que doit accomplir l'Etat accréditaire. L'Etat accréditant présente à l'Etat accréditaire une demande d'agrément et suite à l'acceptation de ce dernier, il établit, pour l'ambassadeur agréé, des lettres de créance. La demande d'agrément sert à notifier à l'Etat accréditaire le nom de la personne pressentie comme ambassadeur (article 4)[59]. La forme de cette demande est similaire à un acte de candidature et reflète l'usage de la courtoisie dans les relations internationales. Le fond, lui, traduit

---

57 Nous renvoyons à tout ce que nous avons dit précédemment sur le chef de mission et la question des immunités et privilèges.

58 Terme emprunté au droit romain. Le mot « fiducie » (confiance) s'appliquait à certains actes ou contrats, par lesquels on s'abandonnait entièrement à la merci d'un tiers. Il s'agit d'un rapport de confiance.

59 Article 4, § 1 : « L'Etat accréditant doit s'assurer que la personne qu'il envisage d'accréditer comme chef de la mission auprès de l'Etat accréditaire a reçu l'agrément de cet Etat » (I. CARDINALE, *Le Saint-Siège et la diplomatie*, p. 276).

le sens de la réciprocité et le seuil de confiance qui existent entre les deux Etats. Une fois que le candidat au poste d'ambassadeur est accepté par l'Etat accréditaire, alors l'Etat accréditant est habilité à libeller en faveur de ce candidat une lettre de mission appelée « lettres de créance ». Les lettres de créance, à leur tour, expriment la réciprocité et la confiance envers l'Etat accréditaire pour son agrément. Elles sont rédigées en deux versions portant la signature du chef de l'Etat accréditant et sont présentées par l'ambassadeur détenteur au chef de l'Etat accréditaire ou au Ministre des Affaires Etrangères en ce qui concerne les chargés d'affaires (article 13, 2).

Quant aux actes que doit poser l'Etat accréditaire, ils sont partie intégrante des mécanismes de la formalisation du processus de l'accréditation. Ils consistent en l'émission de l'agrément et en la présentation des lettres de créance au chef de l'Etat. L'agrément du candidat au poste d'ambassadeur relève du pouvoir discrétionnaire du chef de l'Etat accréditaire qui doit le notifier à l'Etat accréditant dans des délais raisonnables. Cette notification expresse doit être un acte formel autorisant l'Etat accréditant à soumettre à l'Etat accréditaire la présentation des lettres de créance. Au cas où l'Etat accréditaire observe un silence synonyme de rejet, il « n'est pas tenu de donner à l'Etat accréditant les raisons d'un refus d'agrément » (article 4,2). Donc, au principe de liberté de nomination de la part de l'Etat accréditant correspond le principe de la liberté d'agrément de la part de l'Etat accréditaire. Il s'agit là d'un parfait parallélisme des formes.

L'ordre de présentation des lettres de créance est déterminé par la date et l'heure d'arrivée de l'ambassadeur sur le territoire de l'Etat accréditant[60]. Dès sa première arrivée sur le territoire, le protocole de l'usage diplomatique prévoit qu'il soit accueilli soit par une délégation du corps diplomatique soit par un membre du protocole d'Etat, représentant du Ministre des Affaires Etrangères. Selon la convention, la présentation des

---

[60] A ne pas confondre avec la préséance des ambassadeurs fixée selon leur date de prise de fonction.

lettres de créance entraine *ipso facto* et *de iure* l'effectivité[61] de la fonction diplomatique et l'ordre de préséance de l'ambassadeur restant sauf ce que nous avions souligné à propos du nonce apostolique. Dès l'entrée en fonction de l'ambassadeur, entrent aussi en vigueur les règles d'immunités personnelles et fonctionnelles afin de favoriser l'accomplissement de sa mission. La cessation de l'office de l'ambassadeur peut être temporaire ou définitive et advient de plusieurs façons : en cas de rupture diplomatique ou d'incident diplomatique (infractions et violation de la courtoisie diplomatique), il peut être déclaré *persona non grata* par l'Etat accréditaire (article 9)[62]. Auquel cas l'Etat accréditant est tenu de le rappeler, sinon l'Etat accréditaire ne lui reconnaît plus le statut de membre de la mission diplomatique. Aussi, sans arriver à ces cas extrêmes, la mission de l'ambassadeur peut cesser avec la fin de mission (fin de mandat) et la nomination d'un autre. En résumé, le rappel de l'ambassadeur peut être un rappel définitif, un rappel pour consultation ou une rupture des relations diplomatiques. Certes, ces dispositions affectent en premier la personne de l'ambassadeur, mais elles conditionnent aussi son statut de fonction.

1.2.2 Statut de fonction

Le statut de fonction est l'ensemble des droits et devoirs inhérents à la fonction de l'ambassadeur. Cela induit à considérer sa mission, et les principes inspirateurs de sa diplomatie. Naturellement nous retrouvons encore des éléments

---

[61] Article 13, § 1 : « Le chef de mission est réputé avoir assumé ses fonctions dans l'Etat accréditaire dès qu'il a présenté ses lettres de créance ou dès qu'il a notifié son arrivée et qu'une copie figurée de ses lettres de créance a été présentée au Ministère des Affaires Etrangères de l'Etat accréditaire, ou à tel autre ministère dont il aura été convenu, selon la pratique en vigueur dans l'Etat accréditaire, qui doit être appliquée d'une manière uniforme » (*ibid.*, p. 279).

[62] L'article 9 prévoit curieusement qu'une personne peut être déclarée *persona non grata* avant son arrivée sur le territoire de l'Etat accréditaire. Elle serait, de ce fait, non acceptable. (I. CARDINALE, *Le Saint-Siège et la diplomatie*, p. 277).

que nous avons déjà évoqués lorsqu'on a étudié les fonctions du « chef de mission ». En effet, premier responsable de la mission, l'ambassadeur, selon l'article 3, 1 de la convention, doit représenter l'Etat accréditant (fonction de représentation), protéger et promouvoir les intérêts de l'Etat accréditant et de ses ressortissants (fonction politique), négocier avec le gouvernement de l'Etat accréditaire (fonction de négociation), informer l'Etat accréditant des conditions et des évènements dans l'Etat accréditaire (fonction d'information), promouvoir les relations amicales et développer les relations économiques, culturelles et scientifiques avec l'Etat accréditaire (fonction de coopération et de développement), sans oublier les fonctions consulaires au sujet desquelles l'alinéa 2 de l'article 3 précise qu'aucune interprétation de la présente convention ne saurait être prohibitive. Représentation, politique, négociation, information, coopération, tels sont les domaines privilégiés de l'action diplomatique de l'ambassadeur.

Avant d'ausculter brièvement certains de ces domaines, il faut souligner que l'ambassadeur est un haut cadre de la fonction publique et de ce fait accomplit au sein de l'ambassade un travail d'organisation et d'administration pour tout le personnel en service dans l'ambassade. Il coordonne les assignations de chaque agent diplomatique, ainsi que les activités du personnel administratif et technique sans oublier le personnel de service. Il gère également le patrimoine et tous les biens meubles et immeubles au service de la mission diplomatique. L'ambassadeur, dans la veste de représentant de son pays, n'est pas seulement un agent de l'Etat, il est un concepteur de politique, susceptible de prendre une part active à la « fabrication de la politique extérieure »[63] dans une perspective constructiviste. Il fait œuvre de (re)construction de la réalité en interprétant les faits et en leur donnant un sens de façon à pouvoir influencer le cours des évènements au niveau de la vie internationale. La difficulté, ici, c'est de définir exactement ce qu'est la politique étrangère, étant donné l'absence de critère fixe et rationnel. Partant de la notion d'origine anglo-saxonne de *« high politics »*, on peut faire des

[63] M.C. KESSLER, *Les ambassadeurs*, p. 173.

approximations. Dans les théories classiques des relations internationales, on distingue la « haute politique », objet d'étude spécifique des relations internationales et les « politiques étrangères », prolongement des politiques intérieures dites domestiques. Ces dernières ne font pas partie *stricto sensu* de la « vraie » diplomatie qui met en jeu l'action en vue des équilibres géostratégiques[64].

En réalité, la distinction entre « haute politique » et « politique étrangère » tient d'un artifice, mais elle permet de préciser les compétences traditionnelles de l'ambassadeur en ce qui concerne la politique. En ce sens, l'ambassadeur doit se préoccuper principalement de la « haute politique » qui est toutefois l'essence de la politique étrangère. Et s'il ne peut pas toujours dire ce qu'il convient de faire à cause des instructions reçues de son ministère des affaires étrangères, il peut néanmoins dire ce qu'il ne faut pas faire : « Notre rôle, renchérit l'ambassadeur Paul Cambon, se borne à empêcher les uns et les autres de faire des choses nuisibles »[65]. Nous voyons l'importance de la communication de l'ambassadeur et des immunités dont il bénéficie à cet effet. Parmi les moyens d'information, l'écriture occupe une place de choix, tant dans la correspondance officielle que dans la correspondance personnelle de l'ambassadeur ainsi que sur le site internet de l'ambassade constamment mis à jour. Les rapports qu'il fait sur la situation politique de l'Etat accréditaire déterminent souvent la ligne directrice de la politique étrangère de l'Etat accréditant. Il s'appuie sur les services secrets, ses relations avec les autres diplomates, la presse et son réseau personnel de relations dans la sphère politique et administrative de l'Etat accréditaire.

En outre, il doit contribuer au prestige et à la sauvegarde des intérêts de son Etat en prenant habilement part à la compétition internationale entre les Etats. Dans sa mission, face à la complexité des relations internationales, il est fréquemment incité à avoir recours aux techniques juridiques de la négociation, de la médiation et même de l'arbitrage. La

---

[64] *Ibidem.*

[65] In L. VILLATE, *La république des diplomates. Paul et Jules Cambon, 1843-1935,* Science infuse, Paris 2002, p. 304.

négociation, souvent considérée comme l'activité essentielle de la diplomatie, se caractérise par la recherche d'un accord auquel l'ambassadeur est intéressé en tant que partie pour le compte de son Etat. Dans la négociation, l'ambassadeur a un *leadership* structurel en raison de sa position institutionnelle puisqu'il négocie d'« office » en lieu et place de l'Etat. Une fois les objectifs fixés par l'autorité politique, il appartient à l'ambassadeur de développer les stratégies pour les atteindre ou s'en approcher. Ce schéma a pris naissance d'abord dans le cadre bilatéral et s'est graduellement immiscé dans celui multilatéral à partir de 1945. Ainsi, les ambassadeurs en poste dans les organisations internationales disposent-ils d'un pouvoir plus grand sinon aussi important que celui de leurs prédécesseurs. On peut citer en exemple l'influence qu'a eu au sein de l'ONU le représentant français Jean-David Levitte (1999-2002) dans l'élaboration de la résolution 1422 sur la Cour pénale internationale. Alors divisé sur la question de la compétence de la nouvelle Cour pénale de justice, le Conseil de sécurité devait décider concernant le statut d'immunité que les Etats-Unis voulaient octroyer aux personnels et aux responsables d'opérations militaires, exécutées sous mandat de l'ONU. La stratégie du représentant français a été de provoquer des réactions au niveau des autres membres du Conseil de sécurité afin de montrer les faiblesses et l'irrecevabilité de la position américaine, puis d'infléchir les débats vers ce que lui jugeait bon indépendamment de la position française.

Dans ce cas, l'ambassadeur se révèle un acteur à part entière des relations internationales[66]. Il n'est pas simplement un exécutant mais un protagoniste influent. Les textes au niveau de l'Union européenne donnent aux ambassadeurs des espaces de liberté et un pouvoir réel. Le moment symbolique de cette prise de pouvoir est celui qui a consisté en l'institution, le 25 janvier 1958 à Bruxelles, d'un Comité de Représentants Permanents (COREPER) des Etats membres de l'Union européenne et ce, en application des articles 151 CEE et 121 EURATOM. Chaque représentant devait défendre les points de vue de son Etat mais très rapidement COREPER est devenu l'instrument de la

---

[66]Cf. M. C. KESSLER, *Les ambassadeurs*, p. 214.

négociation européenne. En outre, l'ambassadeur devient un acteur technocratique et doit s'outiller de connaissances appropriées pour faire face aux défis que constituent désormais les politiques sectorielles dans des domaines bien spécialisés. Dans une instance comme l'UNESCO, il est intéressant de noter comment, face à la mondialisation, on est passé de l'expression « exception culturelle » à celle de « diversité culturelle ». En effet, au départ, l'expression « exception culturelle » employée dans le domaine du commerce, portait le soupçon du chauvinisme français[67] et du protectionnisme européen. Elle était donc quelque peu décriée dans les assises internationales. Alors en 1998, les ambassadeurs français, appuyés par leurs homologues canadiens, dans le but d'aplanir les résistances, vont plutôt lancer l'idée de « diversité culturelle » se fondant sur trois postulats : 1) abandonner l'attitude défensive contenue dans l'expression « exception culturelle » et substituer la logique culturelle à celle du commerce ; 2) donner à la question une dimension universelle en l'extirpant de la rivalité transatlantique ; 3) construire un ordre juridique international qui doit réguler le phénomène de la mondialisation en ayant comme pilier l'équilibre entre culture et commerce. Ainsi fut adoptée en 1999 par la 330ème conférence générale de l'UNESCO une résolution demandant au directeur général de mettre sur pied un groupe de travail sur la diversité culturelle. A la suite de cela, la double nature des biens (économique et culturelle) fut reconnue et le principe de la diversité culturelle fut inscrit dans le droit positif[68]. Avec l'exemple que nous venons d'évoquer est mis en relief le rôle de l'ambassadeur dans la création du droit international, mais un autre aspect retient davantage notre attention : le passage de la diplomatie d'un intérêt national à un intérêt continental, pour aboutir enfin à un intérêt mondial.

---

[67] Les auteurs dénoncent un usage abusif fait de l'expression « exception culturelle » à la francophonie par la France.

[68] Cf. A. JAMES - R. NAFZIGER-T. - SOVAZZI, *Le patrimoine culturel de l'humanité, (Académie de droit international de la Haye,* Martinus Nijhoff Publishers, Boston 2008, p. 458).

Cela nous ouvre au concept de politique internationale effective qui se définit, non comme la somme des politiques extérieures, mais comme la manifestation des intérêts collectifs de l'humanité. Le professeur Vincenzo Buonomo précise qu'en parlant d'intérêts collectifs de l'humanité, l'expression n'est pas à entendre comme limitée au concept de patrimoine commun de l'humanité, lequel ferait penser à une distribution équitable des ressources de la planète, mais elle doit surtout mettre en évidence l'espace juridique de l'ordonnancement international dont l'action apparait indispensable pour contrer l'insuffisance des comportements singuliers ou complètement isolés[69]. L'attention se focalise sur les choix globaux impliquant l'existence d'une Communauté internationale et les questions de gouvernance devant exprimer les lignes de la politique internationale sur les diverses préoccupations de la vie internationale. Le troisième postulat des ambassadeurs à l'UNESCO posait la nécessité d'un ordre juridique pour réguler la mondialisation. Justement à point nommé, le professeur Buonomo formulait cette interrogation cruciale : « La globalisation est-elle un critère de lecture des normes édictées dans la Communauté internationale contemporaine ? »[70]. Cette même question doit par conséquent être formulée en ce qui concerne la diplomatie désormais marquée par le multilatéralisme qu'accentue la globalisation. Le cardinal Tarcisio Bertone a mené une réflexion sur le sujet dans son livre « *La diplomazia (pontificia) in un mondo globalizzato* ». Au niveau juridique, le défi nous semble bien résumé de la façon suivante :

> «S'il y a un aspect qui peut lier globalisation et droit, c'est sans doute cette nécessité d'uniformiser le langage et certaines catégories juridiques communément acceptées, parce qu'en mesure d'exprimer une unité de pensées et de valeurs considérées sinon obligatoires du moins structurantes pour des domaines comme les activités de coopération, la protection des droits de l'homme, la

---

[69] V. BUONOMO, *Il diritto della comunità internazionale*, Lateran University Press, Città del Vaticano 2010, p. 11.
[70] V. BUONOMO, *Il diritto della comunità internazionale*, p. 11.

gestion des conflits, les processus de regroupement entre Etats jusqu'aux formes les plus avancées de l'intégration»[71].

L'unité du genre humain qui est sous-jacente à l'idée d'une Communauté internationale transforme l'activité de l'ambassadeur et place ce dernier dans un champ de négociation dont il n'a plus le monopole. Les négociations se font désormais dans un cadre élargi de concertations multiples, fait de déclarations, de conventions, ou d'autres actes juridiques d'envergure internationale. L'ambassadeur devient alors un négociateur parmi d'autres techniciens souvent plus compétents que lui notamment pour des questions économiques, environnementales, de santé publique… Dans ce contexte, l'ambassadeur, pour rester encore dans les sphères décisionnelles, doit mettre en œuvre une diplomatie de l'unité qui ait en son centre la personne humaine prise intégralement en toutes ses composantes et dans le respect de sa dignité. Pour se rendre compte de ces mutations, il suffit de rappeler la création de l'Organisation des Nations Unies le 26 juin 1945 à la conférence de San Francisco afin de servir de laboratoire des droits de l'homme, sans discrimination ethnique, raciale, politique ou économique.

En somme, il s'agit de s'élever au-dessus des frontières étatiques pour atteindre une universalité de valeurs et de droits communs à tout homme. Cette aspiration a touché son point culminant avec la promulgation en 1948 de la Déclaration universelle des droits de l'homme dont le préambule revêt une signification programmatique pour toute la charte : « Considérant que la reconnaissance de la dignité inhérente à tous les membres de la famille humaine et de leurs droits égaux

---

[71]« *Se c'è un aspetto che può legare globalizzazione e diritto, forse è quello della necessità di dare uniformità al linguaggio e ad alcune categorie giuridiche generalmente condivise, perché capaci di esprimere un'unità di vedute e di valori ritenuti se non obbligatori almeno di indirizzo strutturale per ambiti come le attività di cooperazione, la tutela dei diritti umani, la regolamentazione dei conflitti, i processi di aggregazione tra stati fino alle forme più avanzate di integrazione* » (*Ibidem*). Pour approfondir le sujet de l'évolution qu'a connu la diplomatie, on peut se rapporter au parcours historique proposé par V. BELLINI, *Note storico-giuridiche sulla evoluzione della diplomazia permanente,* ISPI, Milano, 1968, pp. 67-100.

et inaliénables constitue le fondement de la liberté, de la justice et de la paix dans le monde »[72]. La Déclaration Universelle des droits de l'homme avait pour objectif d'éviter la reproduction des crises humanitaires déjà survenues dans le passé en énonçant des mesures de prévention. Le préambule poursuit ainsi :

> « Considérant que la méconnaissance et le mépris des droits de l'homme ont conduit à des actes de barbarie qui révoltent la conscience de l'humanité et que l'avènement d'un monde où les êtres humains seront libres de parler et de croire, libérés de la terreur et de la misère, a été proclamé comme la plus haute aspiration de l'homme »[73].

Toutes ces affirmations rejoignent la doctrine sociale de l'Eglise qui a toujours enseigné que l'unité de la famille humaine est la fin ultime de l'existence de l'homme sur la terre[74]. Une unité qui tient compte de la dimension spirituelle et éthique présente en chaque homme et patrimoine de tous les peuples. Cette spiritualité et cette éthique sont capables d'insérer les valeurs morales dans l'expérience culturelle, la coexistence sociale et même internationale.

Mais aujourd'hui, comment la fonction de l'ambassadeur affronte-t-elle la question de la liberté religieuse dans un monde sécularisé ou laïcisé ? Depuis les attentats du 11 septembre 2002, la diplomatie peut-elle négliger la montée de l'extrémisme religieux[75]? Toutes ces interrogations feront l'objet d'étude de notre troisième chapitre ; en attendant, nous nous contentons de signaler en guise d'esquisse que les

---

[72] H. OBERDORFF - J. ROBERT, *Libertés fondamentales et droits de l'homme,* 14° édition, Lextenso éditions, LGDJ, Issy-les-Moulineaux, p. 391. Le format électronique se trouve sur le site du Haut-Commissariat des Nations Unies aux droits de l'homme dont l'acronyme anglais est OHCHR (Office of the High Commissioner for Human Rights), in URL :
< http://www.ohchr.org/EN/UDHR/Documents/
UDHR_Translations/frn.pdf >, p.1, consulté le 16 décembre 2017 à 14h05.

[73] H. OBERDORFF - J. ROBERT, *Libertés fondamentales et droits de l'homme,* p. 391.

[74] Nous pensons particulièrement aux travaux du juriste F. De Vittoria.

[75] Cf. M. J. GLENNON - S. SUR, *Terrorisme et droit international, (Académie de droit international de la Haye),* Martinus Nijhoff Publishers, Boston, 2008.

honneurs religieux faisaient partie du protocole d'accueil et d'installation à Constantinople des ambassadeurs de la troisième république de la France, protectrice des chrétiens d'Orient suite aux capitulations. Le délégué apostolique à Constantinople était donc protégé par la France et, dans la cathédrale, il y avait le banc règlementaire, réservé à l'ambassadeur français. On avait aussi les messes dites « consulaires » qui se célébraient à l'occasion des fêtes concordataires. L'ambassadeur, habillé en grand uniforme, y prenait part, accompagné de tout son personnel en tenue de gala. Placé en avant de sa suite, sur un fauteuil, tout en haut de la nef, il recevait les honneurs liturgiques : « eau bénite, encensements, présentation de la patène et de l'évangile. Il appliquait un gros baiser sur la page du missel ouvert qu'un clerc lui apportait »[76] . De prime abord, il va s'en dire que la diplomatie ne s'oppose pas à la religion et l'ambassadeur ne peut être indifférent au droit à la liberté religieuse. Nous l'avons vu, la figure de l'ambassadeur, a subi des mutations au cours des siècles ainsi que sa diplomatie, désormais contrainte à sortir de la certitude des méthodes classiques pour s'ouvrir aux urgences et aux rapides changements des relations internationales, causés par la globalisation et la présence ressentie du phénomène religieux. Alors, face à ces mutations, nous sommes en devoir de nous demander quels sont les principes stables qui doivent inspirer toute diplomatie en quête de crédibilité.

1.2.3 Les principes inspirateurs stables de l'action de l'ambassadeur

Nous prenons appui sur les analyses d'Alain Plantey[77], dans son livre, *« Principes de diplomatie »* pour énumérer quelques principes importants devant encadrer juridiquement les activités de l'ambassadeur. Parmi une grande possibilité de choix, nous

---

[76] F. CHARLE-ROUX, *Souvenir diplomatique d'un âge révolu*, Fayard, Paris 1956, p. 155.
[77] A. PLANTEY, *Principes de diplomatie*, Nouvelle édition, Editions Pédone, Paris 2000, p. 458.

mettrons l'accent sur quatre principes à savoir : 1) le principe de non-ingérence dans les affaires internes, 2) le principe de l'universalité de la Communauté internationale, 3) le principe de la responsabilité collective des états pour le maintien de la paix et la prévention de l'agression, 4) le principe de la coopération internationale pour l'avancement du progrès social et économique. L'ambassadeur doit respecter tous ces principes qui sont en même temps défendus par L'ONU. Ce qui nous permet de faire une lecture rapprochée de la convention de Vienne et de la charte de Nations-Unies. L'article 41 alinéa 1 de la convention de Vienne impose au personnel diplomatique bénéficiant des immunités et privilèges « le devoir de ne pas s'immiscer dans les affaires intérieures » de l'Etat accréditaire. Cet article fait écho à l'article 2, paragraphe 7 de la charte des Nations Unies, qui consacre d'abord pour l'organisation elle-même, ensuite applicable aux Etats, le principe cardinal de la non-ingérence.

Ce principe fut affirmé à maintes reprises lors des conférences internationales, par exemple dans le préambule de la convention de Vienne sur le droit des traités du 23 mai 1969 ou encore dans la Déclaration de la 123ème Assemblée de l'Union interparlementaire tenue à Hanoi le 1 avril 2015, au paragraphe 4. Ce principe est cardinal parce qu'il suppose pour son effectivité l'application d'autres principes corollaires tels les principes de l'égale souveraineté des Etats et leur indépendance, de l'interdiction du recours à la force, de l'autodétermination des peuples, du respect de l'intégrité territoriale. Au niveau du vocabulaire, nous retrouvons deux expressions interchangeables, la non-ingérence et la non – intervention, qui consistent pour les Etats à s'abstenir d'exercer une pression sur un Etat pour le contraindre et lui imposer une volonté extérieure à la sienne. Selon Monroe[78], le principe de la

---

[78] Charles Rousseau raconte comment dans son message du 2 décembre 1823 Monroe s'insurge : « Au paragraphe 7, écrit-il, il [Monroe] rencontre le problème des ambitions russes sur l'Amérique du nord-ouest. Tout en protestant pour la forme contre l'annexion de l'Alaska en 1821, Monroe s'incline devant le fait accompli mais déclare qu'il s'oppose à son renouvellement par quiconque à l'avenir, car le continent américain n'est plus susceptible désormais de colonisation par premier établissement, la *res nullius*

non-intervention est une garantie à la sauvegarde de l'indépendance des Etats. Il est aussi une protection contre les opérations militaires ou les invasions qui violent l'intégrité territoriale de l'Etat assiégé (Calvo[79] et Drago[80]). L'observance

américaine étant réservée à l'extension des Etats indépendants de l'hémisphère occidental[...] Aux paragraphes 48 et 49 de son message, Monroe rencontre une difficulté intéressant l'Amérique latine : La menace d'intervention de la Sainte Alliance pour ramener les colonies espagnoles émancipées à l'obéissance envers la métropole. Devant cette menace, le président (Monroe) adopte une double attitude : une attitude négative en déclarant que les Etats-Unis ne se mêleront pas des affaires de l'Europe, et une attitude positive en déclarant qu'il s'opposerait à ce que les Etats européens interviennent dans les affaires américaines. Plus importante que l'affirmation du désintéressement dans les affaires européennes, c'est cette interdiction de toute immixtion des Etats européens dans les affaires du Nouveau Monde qui constitue l'élément essentiel de la doctrine » (C. ROUSSEAU, *Droit International Public,* Tome IV, Syrey, Paris 1980, p. 56). On peut résumer toute la doctrine en trois expressions: principe de non-colonisation, principe de non-intervention, principe d'isolement.

[79] Carlos Calvo (1824-1906) est un juriste, diplomate et historien argentin dont la doctrine a permis aux Etats américains d'ajuster les dispositions du droit international en vue de sauvegarder les intérêts et les aspirations de leur continent. Cette doctrine vise à interdire à l'investisseur étranger de recourir à la protection diplomatique de l'Etat dont il est ressortissant et d'acter en avance l'irrecevabilité de toute réclamation internationale. Les Etats latino-américains qui avaient pâti des abus de la protection diplomatique, la regardaient comme un outil ou une institution coloniale et impérialiste destinée à légitimer des ingérences dans leurs affaires intérieures. Ces interventions extérieures pouvaient même dégénérer en opération militaire, comme ce fut le cas en 1902 avec le blocus des côtes vénézuéliennes. L'œuvre la plus importante de Calvo est intitulée *La théorie et la pratique du droit international de l'Europe et l'Amérique*, publiée en 1863. Dans cet ouvrage est exposée la doctrine Calvo d'où est tiré un principe qui doit son nom à l'auteur et qu'on appelle la clause Calvo. Par cette clause, Calvo « préconisait que les Etats, étant libres, indépendants et souverains, ne doivent souffrir aucune ingérence de la part des Etats tiers. Pour lui, tout exercice de la protection diplomatique constitue une modalité d'interférence dans les affaires intérieures d'un Etat par un pays tiers, car les étrangers ne sauraient bénéficier sur le territoire du pays où ils résident que des droits et privilèges qui sont accordés aux nationaux » (A. J. KYELEM de TAMBELA, *Relations diplomatiques et souveraineté*, p. 60).

[80] Luis Maria Drago (1859-1921) fut ministre des affaires étrangères de l'Argentine. Il est le père d'une doctrine énoncée en 1902 qui se voulait le corolaire de la doctrine de Monroe. En effet, suite à l'intervention militaire du Royaume-Uni, de l'Allemagne et de l'Italie, bloquant et bombardant des ports

de ce principe par l'ambassadeur est un devoir qui a une valeur en droit avec un caractère d'impérativité. Le non-respect de ce principe peut entrainer son rappel ou sa déclaration comme *persona non grata*. Au XXIème siècle, l'extension de ce principe devrait prendre en compte le monde réel et le monde virtuel en considération du développement fulgurant de l'internet et de la cybercriminalité.

Toutefois, la charte des Nations Unies prévoit dans son chapitre VII (article 39-51) une exception au principe de non-ingérence, en cas de menace contre la paix, de rupture de la paix et d'acte d'agression, en dotant le conseil de sécurité de la capacité d'intervenir. Nous pensons à la résolution 1373 du 28 septembre 2001, adoptée à l'unanimité au Conseil de Sécurité, impliquant pour tous les Etats membres de l'ONU des modifications législatives en matière de terrorisme, d'immigration et de contrôle des frontières. L'ambassadeur est appelé à accomplir, pour sa part, une mission de consolidation de la paix en collaboration avec le Conseil de sécurité car son action a pour objectif de servir la cause de la communauté humaine tout entière *(Peace-keeping, peace-making, peace-building)*[81]. Cela nous conduit au second principe de l'universalité de la Communauté internationale. Ainsi, dans le *ius gentium* (droit des gens), l'action de l'ambassadeur s'inspire du *ius cogens* qui, dans la hiérarchie des normes internationales, occupe un rang supérieur et universel. *Le ius cogens* est défini dans l'article 53 de la convention de Vienne sur les traités :

---

sur les côtes vénézuéliennes, Drago formula le principe qu'aucun pouvoir étranger ne doit utiliser la force contre les Nations américaines aux fins du recouvrement des dettes : « Le principe que je voudrais voir reconnu, dit-il, est celui selon lequel la dette publique ne peut donner lieu à une intervention armée, et encore moins à une occupation physique du sol des Nations américaines par une puissance européenne ». Ce principe fut érigé en norme internationale grâce au concours des Etats-Unis, dans l'article 1er de la deuxième convention de la Haye en 1907, dite convention Drago-Porter. (Cf. P. DAILLIER – M. FORTEAU – A. PELLET, *Droit international public,* pp.1032-1033).

81 Cf. S. MARCHISIO, *L'ONU Il diritto delle Nazione Unite,* Società editrice il Mulino, Bologna 2012, p. 273 ; R. J. DUPUY, *Manuel sur les organisations internationales*, (Académie de droit international de la Haye), Martinus Nijhoff Publishers, London, 1998, p. 706.

« Aux fins de la présente Convention, une norme impérative de droit international général est une norme acceptée et reconnue par la Communauté internationale des Etats dans son ensemble en tant que norme à laquelle aucune dérogation n'est permise et qui ne peut être modifiée que par une nouvelle norme du droit international général ayant le même caractère »[82].

De cette définition, nous retenons quatre éléments caractéristiques à savoir la non-dérogation, l'universalité, l'évolutivité, acceptation par la communauté des Etats. En effet le *ius cogens*[83]s'est formé de règles impératives *erga omnes* dont la violation a pour conséquence la nullité du traité. Elles servent donc comme condition de validité de tout traité et, pour être modifiées, nécessitent un nouveau traité de même rang. Elles sont fondamentales, reconnues et acceptées par toute la communauté, traduction de la conscience commune de l'humanité[84](*consensus omnium gentium).* Formé dans un processus similaire à la règle coutumière, le *ius cogens* s'en distingue notamment en tant que principes généraux, si bien que d'autres ont pu parler de « règles coutumières endurcies ». Le professeur Dominique Carreau affirme que « la reconnaissance de l'existence de règles constitutives de *ius cogens* constitue un retour marqué et notable de l'idée de "droit naturel" »[85]. Ces idées sont présentes dans le magistère de l'Eglise. Par ailleurs, le 3 février 2006, lors de l'affaire des activités armées sur le territoire du Congo[86], RDC c. Rwanda, le *ius cogens* a été officiellement consacré au niveau de la jurisprudence de la Cour Internationale de Justice, dont la convention admet la compétence obligatoire pour connaitre une requête même

[82] Le texte de la convention de Vienne sur les traités, de 1969, se trouve sur le site des Nations-Unies : in URL :
< http://legal.un.org/ilc/texts/instruments/french/conventions/
1_1_1969.pdf>, p. 141, consulté le 16 décembre 2017 à 14h39.

[83] Cf. B. CONFORTI, *Diritto internazionale,* Editoriale scientifica, Napoli, 2013, pp. 186-190.

[84] V. BUONOMO, *Il diritto della communità internationale*, Lateran University Press, Città del Vaticano, 2010, p. 116.

[85] D. CARREAU, *Droit international,* 9eme Edition, Editions A. Pédone, Paris 2007, p. 94.

[86] Pour approfondir d'autres aspects de la cause, voir B. CONFORTI, *Diritto internazionale,* Editoriale scientifica, Napoli, 2013, p. 417-418.

unilatérale d'un Etat en cas de litige. A cette occasion, la Cour a utilisé le terme *ius cogens* dans une de ses décisions. Il y eut aussi le cas du 3 février 2012 lorsque la Cour devait se prononcer sur l'immunité juridictionnelle de l'Etat par rapport au droit humanitaire.

Le *ius cogens* montre la centralité de la personne humaine et joue un rôle dans la promotion des droits inaliénables de l'homme. Ce sont les droits et devoirs qui incombent à l'homme du fait de son appartenance à l'humanité et non seulement à la société. Carreau a donc raison d'y voir une cristallisation du droit naturel[87] défini comme l'ensemble des normes prenant en compte la nature de l'homme et sa finalité dans le monde. Le droit naturel est donc inné, inaltérable et universellement valable, soustrait à l'arbitraire. Formulé pour la première fois à l'époque de la Renaissance par l'Ecole de Salamanque[88], le

---

[87] Cf. N. BOBBIO, *Teoria generale del diritto,* G. Giappichelli Editore, Torino 1993, pp. 32-35. L'auteur traite du droit naturel en parallèle avec le positivisme juridique: *« Si potrebbe definire la corrente del diritto naturale quella corrente di pensiero giuridico, secondo la quale una legge per essere legge deve essere conforme a giustizia. Una legge non conforme a giustizia non è* lex sed corruptio legis *».* Il continue en citant G. RADBRUCH qui dit: *« e i giuristi devono trovare il coraggio di rifiutarle il carattere giuridico »* (*ibid.*, p. 32-33).

[88] L'idée de l'existence d'un droit naturel, antérieur et supérieur au droit positif est antique et remonte à Aristote ainsi qu'à l'école stoïcienne. Elle se fonde sur la conception de l'homme en tant qu'être sociable et libre. La société est alors nécessaire à l'homme et se forme en tant que réalité normée, c'est-à-dire juridique : *Ubi societas, ibi ius.* Le droit naturel est le garant de l'organisation sociale en ce sens qu'il protège la liberté de l'homme et limite le pouvoir auquel l'homme est soumis. Saint Thomas, renouant avec la philosophie de l'antiquité païenne, épouse la même notion de droit naturel qu'il rattache à la volonté du créateur (Dieu). Quand, au XVIème siècle, a eu la transformation des monarchies européennes en Etats souverains, les théologiens juristes, en face de cette nouvelle réalité de l'Etat, lui ont appliqué la doctrine du droit naturel de matrice thomiste. L'une des figures de proue de cette transposition fut Francisco de Vitoria (1480-1546). Ce dominicain espagnol enseigna à l'université de Salamanque et ses idées furent exposées dans ses cours publiés *post mortem* avec le titre *Relectiones theologicae.* Sa doctrine est bien résumée en ces termes : « En premier lieu, il reconnait la souveraineté de l'Etat, donc, sa liberté ; mais l'Etat est limité par le droit naturel qui lui est supérieur. En second lieu, les Etats souverains ont comme les individus, besoin de vivre en société. La communauté des Etats souverains ou Communauté internationale possède donc une existence nécessaire ;

concept de droit naturel fut repris et approfondi par le philosophe néerlandais Hugo Grotius[89] (1583-1645) et par les

comme la communauté des hommes, elle est aussi une communauté juridique. En conséquence, l'existence du droit international destiné à régir cette communauté est également nécessaire » (P. DAILLIER – M. FORTEAU – A. PELLET, *Droit international public,* p. 64). Pour parler du droit international, Francisco de Vitoria le confond avec le droit naturel universellement applicable et renonçant à l'expression d'origine romaine *ius gentium*, il lui préfère l'expression *ius inter Gentes (*droit entre les Etats). A la suite de Vitoria, Francisco Suarez (1548-1617), un jésuite espagnol, professeur à Coimbra, fit évoluer la doctrine du droit naturel. En 1612, il publia son traité intitulé *Tractatus de Legibus ac Deo legislatore.* Comme Francisco de Victoria, il reconnait la communauté des Etats auquel il applique l'expression jadis abandonnée du premier, *ius gentium.* Cependant, il distingue le droit naturel du droit des gens : « Le droit naturel est un droit nécessaire et immuable. Quant au droit des gens, il est évolutif et contingent ; il provient de l'appréciation par les peuples de ce que peut être le contenu du droit naturel. Il équivaut ainsi au droit positif, entendu comme le droit en vigueur. Seulement entre le droit des gens (ou droit positif) et le droit naturel existe un rapport nécessaire : le premier doit toujours être conforme au second, ce qui sauvegarde la subordination de l'Etat souverain au droit naturel » (*ibid.,* p. 65). Francisco de Vitoria et Francisco Suarez sont les précurseurs de Grotius, ils sont parmi les pères fondateurs du droit international. Ce qui est intéressant à noter, c'est surtout le lien qu'ils entretiennent entre le droit naturel et le droit international.

89 Hugo Grotius (1583-1645), poète, philosophe, diplomate et juriste hollandais, est considéré incontestablement comme le père du droit international, du droit naturel et du droit diplomatique. Il constitue l'école de la nature et du droit des gens (jusnaturalisme). Son œuvre maitresse, *De jure belli ac pacis,* publiée en 1625, connut un grand succès en ce sens qu'il est le premier véritable exposé méthodique du droit international. C'est d'ailleurs en cela qu'il surpasse ses prédécesseurs. Selon Grotius, au sujet de l'Etat souverain qu'il reconnait, la puissance souveraine est celle dont les actes ne dépendent pas d'un autre pouvoir extérieur et qui ne peuvent être annulés par aucune volonté humaine. Toutefois les puissances ne doivent pas vivre dans une forme d'autarcie, elles ne doivent pas s'ignorer, car elles doivent accepter l'idée d'une société nécessaire réglementée par le droit. Puisqu'il n'y a pas d'organes supérieurs à l'Etat, le droit est le seul capable de limiter la souveraineté de l'Etat. Jusque-là, rien de nouveau ne semble démarquer Grotius de Francisco de Vitoria ou de Suarez. En réalité, tandis que Vitoria et Suarez font dériver le droit naturel de la loi divine conformément à la vision thomiste, Grotius le fait dériver uniquement du raisonnement. L'optique de Grotius n'est pas athée, il clame la fidélité à sa foi chrétienne, mais il laïcise le droit naturel qui, selon lui, « consiste dans certains principes de la droite raison qui nous font connaître qu'une action est moralement honnête ou

théoriciens du contrat social, Thomas Hobbes (1588-1679), John Locke (1632-1704) et Jean-Jacques Rousseau (1712-1778).

Nous trouvons dans la définition susmentionnée du droit naturel la condition de possibilité d'une éthique de la diplomatie dont découle le principe de la responsabilité collective des états pour le maintien de la paix et la prévention de l'agression. Ainsi,

> « l'éthique de la diplomatie, affirme Alain Plantey, doit certes être celle des méthodes dans l'exercice de la communication entre les Etats, sincère, effective, persuasive, pacifiante. Elle doit aussi être celle des finalités ; le respect de la dignité de chaque peuple, l'acceptation de sa responsabilité par chaque gouvernement, une aspiration commune vers un idéal international d'ordre et de justice »[90].

L'ambassadeur est donc appelé à exercer une vigilance dans tous les domaines, politique, militaire, scientifique et technologique. Il s'agit pour l'ambassadeur d'identifier les causes de conflits en vue de la mise en place de mesures préventives et de précaution. Parmi les causes récurrentes d'instabilité politique dans certaines zones du monde notamment en Afrique, figure l'extrême pauvreté économique. Aucune diplomatie ne devrait négliger ou ignorer ces besoins qui forment le quatrième principe d'action à savoir l'avancement du progrès social et économique[91]. Evidemment,

---

déshonnête selon la convenance ou la disconvenance nécessaire qu'elle a avec une nature raisonnable ou sociale » (in *ibid.,* p. 65). A partir de Grotius, le droit naturel s'identifie avec le droit rationnel et la théorie du droit naturel revêt en conséquence le caractère d'une théorie rationaliste. Toutefois, il distingue le droit naturel du droit volontaire qui, lui, résulte des accords entre les Nations, dans le respect de la parole donnée (*pacta sunt servanda).* Le plus fidèle disciple de Grotius fut Samuel Von Pufendorf (1632-1694). Dans son ouvrage *Du droit de la nature et des gens,* il reprend la distinction grotienne du droit naturel et du droit volontaire tout en soutenant la nécessité que le second soit subordonné au premier. (Cf. *ibid.*, p. 66).

[90] A. PLANTEY, *Principes de diplomatie*, p. 446.

[91] Il convient de noter que, de nos jours, plusieurs voix s'élèvent dans le monde pour réclamer la réforme du droit diplomatique et de la convention de Vienne afin de résoudre les inégalités au sein des conférences entre pays à forte économie et pays pauvres. Déjà à la seconde conférence de la Haye,

Louis Renault affirmait que « l'égalité juridique des Etats, entendue littéralement conduit à des résultats absurdes. Peut-on admettre que, dans une question de droit maritime, la voix du Luxembourg ou du Monténégro ait le même poids que celle de la Grande-Bretagne ? » (in A. J. KYELEM de TAMBELA, *Relations diplomatiques et souveraineté*, p. 43). Or comme le souligne M. Flory, « dire que deux Etats sont également souverains dans la société internationale, signifie que, quelle que soit leur taille ou leur puissance, ils ont les mêmes droits et qu'ils bénéficient du même traitement » (M. FLORY, *Inégalité économique et évolution du droit international*, colloque de la Société Française pour le Droit International (SFDI) d'Aix en Provence sur le thème : *Pays en voie de développement et transformation du droit international*, Pedone, Paris 1974, p. 22). La réalité est tout autre de sorte que l'égalité souveraine peut continuer à perpétuer des inégalités concrètes. Ce qui fait dire au même Flory, qu'« entre deux Etats inégalement développés, la règle de l'égalité devient une imposture » (in *ibidem*). Dans le même sens, C. A. Colliard affirme que s'il y a une formule hypocrite, c'est bien celle de l'égalité des Etats qui est le type même du faux concept. R. Preiswerk en donne un résumé poignant : « Toutes les fois où un traité, bien que comportant la réciprocité formelle, se borne à offrir à chaque partie contractante des avantages de nature identique, sans se préoccuper de la capacité réelle des pays en présence d'exploiter effectivement ces avantages, il n'est pas en mesure de constituer une base suffisante des relations interétatiques » (R. PREISWERK, *La réciprocité dans les négociations entre pays à système sociaux ou à niveaux économiques différents*, in *Journal de droit international*, 1967, p.17). En ce qui concerne la participation des pays en voie de développement à la convention de Vienne, M. Benchikh décrit tous les facteurs handicapants qui les empêchaient de peser efficacement sur les décisions prises. Ces facteurs sont le niveau inférieur de formation des délégués de ces pays, le manque d'expérience dans les négociations internationales, la précarité des moyens dont ils disposent, le manque de prestige nécessaire pour influencer les débats. (Cf. M. BENCHIKH, *Droit international du sous-développement-Nouvel ordre dans la dépendance*, Berger-Levrault, Paris, 1983, p. 283-284). Il faut sans doute faire preuve de créativité pour trouver les solutions. Certains auteurs comme Preiswerk pensent qu'il faut appliquer l'inégalité pour produire de l'égalité en tenant compte de la situation de fait des Etats (situation réelle). Cela a donné le concept de l'inégalité compensatrice considéré comme « une application plus réaliste et plus exacte de l'égalité entre sujets de droit dans des situations différentes » (N. Quoc Dinh – P. DAILLIER – A. PELLET, in A. J. KYELEM de TAMBELA, *Relations diplomatiques et souveraineté*, p. 58). Une autre solution serait la mise en œuvre de l'équité dans l'application des traités. Cela permettra selon Kyelem de Tambela, « le passage d'une société de confrontation à une société de coopération » (A. J. KYELEM de TAMBELA, *ibid.* p. 59). Pour d'ultérieurs approfondissement sur le besoin de réforme du droit diplomatique, voir P. K. BUKASA-MUTEBA, *Privilèges, immunités diplomatiques et consulaires sont-ils dépassés ?*, Editions Publibook, Paris, 2014, p. 115-122.

« l'agenda pour la paix » s'accompagne de *« l'agenda pour le développement »*[92] économique en application des articles 13, 55 et 60 de la charte des Nations Unies. L'Assemblée Générale a, par conséquent, adopté fréquemment des décisions et résolutions afin de booster la coopération économique internationale au point d'empiéter parfois sur le rôle du Conseil économique et social.

Au regard de sa composition, le Conseil économique et social, fut longtemps vu comme un « organe aristocratique » dans les mains des Etats les plus puissants du point de vue économique. Mais très vite réveillé de sa léthargie, selon la pensée de René-Jean Dupuy, le *« machin »* s'est métamorphosé en une véritable *« machine »*[93] véhiculant *« l'idéologie du développement »*[94]. Ainsi les Nations Unies ont contribué à promouvoir le droit au développement et le droit du développement[95]. Il n'est donc pas étonnant que l'on parle aujourd'hui de diplomatie économique dont le coordinateur est l'ambassadeur puisque chaque ambassade est dotée d'une section de coopération économique[96]. Munis d'une vision d'ensemble interconnectée des principes inspirateurs de la diplomatie, nous pouvons conclure notre section d'étude sur l'ambassadeur en plaçant au cœur de son action diplomatique

---

[92] R. J. DUPUY, *Manuel sur les organisations internationales*, p. 706.

[93] Cf. R. J. DUPUY, *La mer, héritage commun de l'humanité,* in *Pays en voie de développement et transformation du droit international,* colloque de la SFDI (Aix en Provence 1973), Pedone, Paris, 1974.

[94] Cf. M. VIRALLY, *l'organisation mondiale*, A. Collin, Paris 1972, pp. 353 ss.

[95] « Le droit au développement peut être envisagé comme un ensemble de principes et règles sur la base desquels, l'homme en tant qu'individu ou membre du corps social (Etat, nation, peuple), pourra obtenir, dans la mesure du possible, la satisfaction des besoins économiques, sociaux et culturels, indispensables à sa dignité et au libre épanouissement de sa personnalité » (*Colloque de l'Académie de droit international de la haye et de l'Université des Nations unies*, 1979, Sijthoff, Leyde, 1980, p. 23).

[96] Cette coopération peut se faire avec certains organes des Nations Unies : CNUCED (Conférence des Nations Unies sur le Commerce et le développement, 1964), PNUD (Programme des Nations Unies pour le Développement, 1965), ONUDI (Organisation des Nations Unies pour le Développement Industriel, 1966), et d'autres institutions spécialisées telles la FAO, l'UNESCO, l'UIT, l'OIT, l'OMI, les institutions financières comme le FMI, la Banque Mondiale, et le GATT…

une préoccupation majeure : « le primat de la personne et de sa dignité »[97]. En étudiant le statut personnel et fonctionnel de l'ambassadeur, nous avons mis en exergue son profil juridique dans le droit international. Cependant une curiosité mérite notre attention: la convention énumère dans la première classe des chefs de mission la figure de l'ambassadeur mais aussi la figure du nonce, représentant du Saint-Siège. De là jaillissent de là de nombreuses questions. Le Saint-Siège est-il un Etat ? Comment peut-il conclure et entretenir des rapports diplomatiques avec les Etats ? Son représentant jouit-il effectivement du statut de chef de mission et des immunités ? Auprès de quelles entités exerce-t-il sa fonction de représentation ? Auprès des Etats ? Ou auprès des Eglises locales ? Alors, les lignes qui suivent tenteront de satisfaire cette curiosité que suscite le Saint-Siège dans la Communauté internationale.

---

[97] *« Spes contra spem, resta una certezza: il primato della persona e de la sua dignità sull'agire di uomini o di aparati puo costituire l'effettivo riparo da violazioni sistematiche dei diritti fondamentali e da attachi diretti contro la dignità e l'esistenza di persone e di popoli »* (V. BUONOMO, *Human rights, People rights, Paths of refection*, Pontificia Università Lateranense, Roma, 2002, p. 12).

CHAPITRE II

Le Saint Siège et la communauté internationale[98]

Il est incompréhensible de parler du nonce apostolique sans clarifier la question statutaire du Saint-Siège dans le droit international. Il s'agit de monter à la racine de sa personnalité juridique internationale pour comprendre aujourd'hui sa capacité à entretenir des relations avec d'autres sujets du droit international à travers ses représentants que sont les nonces. L'objectif de cette section est de lever le doute sur la personnalité *« pleno iure »* du Saint Siège en considérant les interrogations légitimes que pose la nature de ses relations à la Communauté internationale. Aussi devons-nous examiner les relations que le nonce, dans sa mission de représentation, entretient avec le Saint Siège. Il nous faut par conséquent interroger l'histoire afin de restituer à chaque institution sa vérité, notamment au sujet du droit de légation du Souverain Pontife. Cela explique la prépondérance des données historiques dans le traitement de cette partie, car la réalité juridique y

---

[98] Pour la première fois, on dispose d'une large compilation des actions diplomatiques que le Saint-Siège a menées notamment à travers les discours et interventions à l'ONU et à Genève de 2003 à 2015. Le titre de l'ouvrage est évocateur: S.M. TOMASI, *The Vatican in the family of Nations,* Cambridge University Press, Cambridge, 2017. Ce livre a l'avantage d'offrir concrètement à l'argument que nous voulons développer la certitude de la pratique diplomatique pontificale dans les instances internationales. Cela ne nous dispense pas de scruter l'enracinement juridique de ces faits.

trouve son enracinement sinon sa justification. Mais, avant, intéressons-nous à la subjectivité internationale du Saint-Siège.

2.1 LA SUBJECTIVITE *« PLENO IURE »*[99] DU SAINT-SIEGE

Notre réflexion à cette étape trouve ses sources dans les leçons et les écrits du professeur Vincenzo Buonomo[100] et des ouvrages du professeur Giovanni Barberini[101]. Ces derniers montrent comment le Saint-Siège, à travers l'histoire, s'est positionné sur la scène internationale comme un sujet de droit

---

[99] Cf. G. DE MARCHI, *Le nunziature apostoliche dal 1800 al 1956*, et A. G. PILIPAZZI, *Rappresentanze e rappresentanti pontifici dalla seconda metà del XXe secolo*. Ces deux auteurs traitent de l'activité diplomatique du Saint-Siège de façon complémentaire. Tandis que le premier met en relief l'aspect classique de la diplomatie pontificale caractérisée par le bilatéralisme, le second montre comment cette diplomatie s'est transformée pour s'adapter aux urgences de notre temps avec une intense activité au niveau multilatéral. Cela signe le passage d'une diplomatie classique à une diplomatie complexe. Au sujet de la subjectivité du Saint-Siège, il est intéressant de noter l'importance de la qualification *« pleno iure »* en ce sens que la reconnaissance de la personnalité juridique du Saint-Siège ne repose pas sur une procédure *« extra ordinem »,* ni sur un traitement de faveur ou privilégié, ni sur des règles *ad hoc,* mais sur des règles ordinaires de la Communauté internationale. Il entend ainsi participer de plein droit à la vie de la Communauté internationale. Cette intention est clairement affichée notamment lors de la conférence de paix de la Haye en 1899. Non invité à cette conférence à cause du fait que le royaume d'Italie avait posé comme condition de sa participation à cette conférence l'exclusion du Saint-Siège auquel l'opposait la « question romaine », le Saint-Siège réagit par le rappel de son internonce à la Haye, Monseigneur François Tarnassi. On trouve des traces de cet incident dans une lettre de Léon XIII, datée du 11 janvier 1899 à la Reine Wilhelmine de Hollande. Cf. V. BUONOMO, *Brevi annotazioni sulla diplomazia multilaterale della Santa Sede",* pp. 671-675.

[100] V. BUONOMO, *The Holy See in the contemporary international community: A juridical approach according to international law and practice,* in *Civitas et Justitia*, II (2004), pp. 7-40.

-« Vatican », in G. ROBBERS (ed), *Encyclopedia of world Constitutions*, Vol. 3, New York, 2007, pp. 1035-1043.

-*Brevi annotazioni sulla diplomazia multilaterale della Santa Sede,* in *Ius Ecclesiae* 19 (2007), pp. 671-687.

[101] G. BARBERINI, *Le Saint Siège, sujet souverain de droit international*, Cerf, Paris, 2003.

international ayant la personnalité juridique, capable par ricochet d'instaurer et d'entretenir des relations diplomatiques. De nos jours, parvenu à cette certitude désormais consolidée de la personnalité juridique internationale du Saint-Siège, on oublie facilement les truchements ou les hésitations[102] dont l'histoire nous offre quelques témoignages en termes de négations, d'affirmations, de confirmations ou même de modification de la pensée sur le Saint-Siège et sur son rôle dans la Communauté internationale.

---

102 J.-Y. Rouxel révèle que la présence du Saint-Siège scandalise certaines personnes qui qualifient son action comme une « intrusion de l'Eglise dans l'ordre temporel international, considérant cela comme un empiètement du pouvoir spirituel auquel il faut sans tarder barrer la route » (J.-Y. ROUXEL, *Le Saint-Siège sur la scène internationale,* Editions L'Harmattan, Paris, 1998, p. 20). D'autres, moins catégoriques, jugent l'action de l'Eglise inutile, vu que par le passé, celle-ci n'a pas réussi à sauvegarder la concorde entre les peuples et à transformer les hommes en êtres sociables et raisonnables. Les porteurs de ces critiques disent que l'Eglise a échoué parce que, s'intéressant aux représentations diplomatiques, elle s'est mise au même niveau que les puissances et est devenue insensible aux humbles et aux pauvres. Elle est donc accusée d'être symbole de néo-temporalisme, de triomphalisme, de constantinisme, de mondanisme et de connivence avec les régimes les plus disparates. Ils mettent ainsi en doute le sens et la portée de la diplomatie du Saint-Siège. La contestation n'est pas à mettre seulement à l'actif de personnes extérieures à l'Eglise ; même en son sein, la présence du Saint-Siège dans le concert des nations interroge et soulève la question de sa compatibilité avec la nature et la mission de l'Eglise. C'est ainsi que de haut dignitaires (prélats) de l'Eglise catholique, au concile Vatican II, ont réclamé la suppression des nonciatures. Ils ont suggéré au Pape « d'accompagner la clôture du Concile d'un geste spectaculaire et significatif : congédier l'ensemble du corps diplomatique accrédité auprès du Saint-Siège et rappeler tous les représentants pontificaux » (*ibid.* p. 21). La question sera de nouveau soulevée à l'occasion du synode de 1971 où les participants se demandaient s'il n'était pas préférable de « rompre avec une réalité mouvante et vieillie qui abaisse l'Eglise au rang de puissance, aux dépends de sa liberté et de sa crédibilité » (A. DUPUY, *La diplomatie du Saint-Siège*, Téqui, Paris, 1980, p. 11).

2.1.1 La longue joute doctrinale sur la personnalité du Saint-Siège

Nous avons encore en mémoire la position embarrassée de l'ancienne doctrine internationaliste qui, tout en reconnaissant l'importance politique du Saint-Siège, soutient radicalement qu'on ne peut lui attribuer la personnalité juridique internationale parce que, selon ces internationalistes, à nulle autre organisation en dehors des Etats ne peut être reconnue la personnalité juridique internationale. A cette théorie s'opposait en 1925 un juriste italien de renom, G. Arangio Ruiz (senior) qui dénonçait l'obsolescence de cette doctrine en affirmant qu'elle était dépassée et que d'autres organisations politiques ou entités pouvaient être sujets de droit international, avec toutefois une capacité limitée. A propos du Saint-Siège, il soutiendra que sa personnalité juridique ne se déduit pas du fait que plusieurs Etats d'Europe et d'Amérique latine aient maintenu leurs rapports diplomatiques avec lui après 1870. Ces rapports diplomatiques, pour l'auteur, se justifient uniquement par des raisons d'« opportunité » et de « convenance »[103]. Au lieu de relever du droit international, ces rapports diplomatiques sont plutôt le fait du droit interne des Etats qui ont voulu conserver leurs relations avec le Saint-Siège qui n'est pourtant pas un sujet de droit international.

Si G. Arangio Ruiz a eu le mérite de rectifier la théorie internationaliste ancienne en ouvrant la subjectivité internationale à d'autres organisations que les Etats, on aurait souhaité qu'il aille jusqu'au bout de son raisonnement et qu'il garde la même logique au sujet du Saint-Siège. Ceci a d'ailleurs valu à l'auteur la réponse cinglante et lucide de son compatriote A.C. Jemolo qui dit dans une formule lapidaire :

> « En ce qui concerne le Saint-Siège, nous croyons que le juriste perd son temps en relevant les différences nombreuses et substantielles qui existent entre celui-ci et les Etats. Il doit au contraire se poser simplement cette question : Est-ce que les Etats

---

[103] Cf. G. A. RUIZ, *Sulla personalità internazionale della Santa Sede*, in *Rivista di diritto pubblico e della pubblica amministrazione in Italia,* I, 1925, p. 423.

et le Saint-Siège veulent que leurs rapports réciproques aient lieu sous l'égide du droit international ? si la réponse est affirmative, le juriste doit admettre que le Saint-Siège est un sujet de droit international ; si elle est négative, il doit le dénier »[104].

Cet argument historico-rationnel met en lumière la différence fondamentale qui existe entre le droit intérieur d'un Etat, fruit de la volonté du législateur, et le droit de la Communauté internationale qui, lui, se caractérise par la tendance à codifier les faits, les *praxis*, les coutumes et les volontés des Etats ou autres organisations opérant sur la scène internationale. Aussi, au XIXe siècle et dans les premières décennies du XXe siècle, face à la complexité objective du statut international du Saint-Siège, d'autres auteurs ont avancé de multiples théories et hypothèses. Certains ont parlé d'une « position presque internationale » (L. Oppenheim), d'autres comme Santi Romano ont affirmé que le Souverain Pontife était un sujet *« sui generis »* auquel les normes du droit international ne s'appliqueraient que partiellement.

D'autres encore reconnaissaient la personnalité juridique uniquement au Saint-Siège, mais pas au Vatican ni à l'Eglise Catholique à cause de l'universalité de cette dernière (M. Falco). Et si seulement il ne s'agissait que d'une extension du droit international par « analogie » puisque la nature des rapports entre le Pape et les peuples est une relation quasi internationale que règle un *« ius gentium utile »* (J. K. Bluntschli) ? On arrive alors à une quasi-souveraineté du Saint-Siège (H. Geffcken) ou à un « sujet singulier » du *ius gentium* ne participant pas à la formation du droit international (A. Verdross). Après le traité du Latran entre l'Italie et le Saint-Siège en 1929, certains auteurs ont pensé que l'Eglise catholique était un sujet de droit international seulement pour les Etats ou institutions avec lesquels elle avait signé des accords internationaux (G. Morelli). Cela nous semble une solution inconstante et casuistique : comment le Saint-Siège pourrait-il être sujet de droit international pour les uns et ne pas

---

[104] A. C. JEMOLO, *La Santa Sede soggetto di diritto internazionale*, in *Rivista di diritto pubblico e della pubblica amministrazione in Italia,* I, 1925, p. 428. Par la suite l'auteur a avancé d'autres opinions.

l'être pour les autres ? Ne serait-il plutôt un sujet « supranational » et non international (R. Quadri) ? Il y avait enfin ceux qui faisaient une distinction entre les membres de la Communauté internationale (les Etats) et les *simples sujets* dont l'Eglise (J. L. Kunz).

Sur le plan doctrinal, on ne peut négliger l'enrichissement apporté par la doctrine canonique aux approches laïques et qui a amplifié l'abondance des contributions italiennes[105] et françaises[106]. De part et d'autre, se dégage clairement l'impression d'un tâtonnement, compréhensible, quand on considère certains évènements historiques qui ont empêché d'une certaine façon l'emploi d'un langage clair et commun. Nous pensons particulièrement au problème de la *« debellatio »* (la chute des Etats pontificaux) en 1870 qui a donné lieu à un système de relations pour le moins artificiel entre l'Eglise et l'Etat italien. En plus avec le pacte de Londres, le 26 avril 1915, l'Italie a obtenu des Puissances de l'Entente certaines mesures drastiques contre le Saint-Siège, notamment son exclusion des négociations pour la paix et la résolution des problèmes occasionnés par la guerre (article 15), ensuite l'impossibilité pour le Saint-Siège de faire partie de la Société Des Nations, enfin la signature des accords du Latran dans des circonstances pas toujours favorables au Souverain Pontife.

Mais l'historien et juriste E. Ruffini nous fait remarquer un paradoxe intéressant lorsqu'il soutient que la première énonciation et la première élaboration du droit nouveau devant réglementer l'activité dans la communauté des Etats, naquit réellement à partir de l'évolution doctrinale du statut international de l'Eglise et du Saint-Siège. Il observa que « l'Eglise est l'exemple typique de la conception totalement spiritualisée de la souveraineté, qui a fait son chemin à l'intérieur de la doctrine laïque aussi, appliquée progressivement à des sujets du droit international autres que

---

[105] Certains auteurs italiens: M. Siotto Pintor, F. Ruffini, G. Cansacchi, D. Anzilotti, C. Jannacone, A. Checchini, G. Balladore Pallieri, V. Del Giudice, G. Diena, G. Forchielli, F. Scaduto, A. Piola, D. Schiappoli.

[106] Exemples : Y. De La Briere, J.T. Delos, L. Le Fur, H. Wagnon, P. Dilhac, P. Fauchille, M. Gidel, M. Pernot, R. Bompard, R. Jarrige, M. De Taube, A. Vergnes, F. Le Roy, Ch. Rousseau, L. Rivet, L. Tostain.

des Etats, à partir de la Société Des Nations »[107]. La clé de voute de la Communauté internationale[108] réside dans l'idée d'une unité du genre humain au sein d'un système conciliant autonomie des Etats et besoin universel de justice. A ce niveau, les travaux des théologiens espagnols Vitoria et Suarez furent décisifs en ce sens qu'ils ont redonné vie à cette vieille idée d'unité du genre humain autour de valeurs supranationales pouvant intéresser tout sujet de droit international. Par conséquent, ils relativisaient le rapport bilatéral (d'Etat à Etat) pour donner plus d'espace au rapport multilatéral (institutions, organisations, agences…) et l'Union européenne en est l'emblème le plus éloquent. C'est pourquoi, comme le souligne Giovanni Barberini,

> « un discours qui voudrait être vraiment actuel devrait abandonner les freins et les doutes d'autrefois qui parfois ont été mis en avant sur la base de considérations plus idéologiques que juridiques, mais que l'expérience juridique contemporaine, pour sa part, a désormais privé de leurs significations originaires »[109].

La trame de la personnalité juridique du Saint-Siège s'est tissée au long des siècles. Barberini découpe cette histoire en cinq périodes.

La première traite des origines de l'Eglise, de sa place dans l'organisation juridique romaine où elle était perçue selon le mot de Tertullien comme un *« corpus »,* une organisation corporative, habilitée suivant le droit romain à être propriétaire de biens patrimoniaux, d'avoir des domaines en propriété et de recevoir des héritages et des legs. De l'édit de Constantin en 313 à l'édit de Théodose Ier en 380, l'Eglise passe donc de la tolérance à l'officialité en tant que religion de l'empire. Durant

---

[107] In G. BARBERINI, *Le Saint-Siège,* p. 14.

[108] Sur l'idée de Communauté Internationale : « Le terme Communauté internationale désigne en général une collectivité humaine qui se distingue avant tout par le fait d'avoir pour membres primaires des entités non pas physiques mais politiques et souveraines » (R. J. DUPUY, *Manuel sur les organisations internationales*, p. 3). Trois éléments caractérisent la Communauté internationale : communauté naturelle, formation spontanée, composée d'entités jalouses de leur égale souveraineté (refus de toute hiérarchie entre ses membres).

[109] G. BARBERINI, *Le Saint-Siège,* p. 15.

ces trois premiers siècles, on assiste à un processus de libération de l'Eglise qui a conquis son droit à une autonomie sociale à base de liberté. Malgré la dislocation de l'empire romain d'Occident, le Siège romain est resté consolidé.

La seconde période, plus longue, s'étend du IVème XIVème siècle et couvre tout le moyen-âge. Elle se caractérise par une intervention croissante de la papauté dans les affaires politiques et par l'unité de la chrétienté. Cela donne naissance à la doctrine gélasienne du rapport entre le pouvoir temporel et le pouvoir spirituel (César et Dieu). Dès lors vont se confronter deux principes opposés du dualisme et de l'unité qui sont les deux spectres à travers lesquels sont évaluées les relations entre l'Etat et l'Eglise durant l'époque médiévale. La théorie des deux vicaires de Dieu et des deux glaives étroitement unis, incarnés par l'empereur d'un côté et le Pape de l'autre, va vite dégénérer en un duel, chacun des deux cherchant la suprématie sur l'autre. Finalement en 1077 avec la victoire à Canossa de la Papauté sur Henri IV, le prince le plus puissant de la chrétienté, la personnalité juridique de l'Eglise même si elle n'était pas dite internationale, ne souffrait plus l'ombre d'un doute. La reforme grégorienne et le concordat de Worms (1122) mettant fin à la querelle des investitures furent des moments historiques de cette indépendance et de cette liberté ecclésiale conquises par rapport aux relents du césaropapisme. A l'intérieur de l'Eglise, on a vu se développer dans la doctrine canonique les théories de la *« potestas directa Ecclesiae in temporalibus »* et plus tard, avec la réforme protestante, celle de la *« potestas indirecta Ecclesiae in temporalibus ».*

La troisième période se situe entre le XVème et le début du XIXème siècle, plus exactement en 1815, date du congrès de Vienne complété lui-même par le protocole d'Aix-la-Chapelle en 1818 et où le titre de « doyen du corps diplomatique » fut attribué au nonce du Pontife (article 4). Le Pape participe en qualité de souverain[110] reconnu même par des puissances non

[110] Le Pape fut considéré comme un souverain temporel et fut défendu par des canonistes comme Dominico Toschi, Agostino Barbosa et Prospero Fagnani : *« Papa in temporalibus Ecclesiae romanae acquisitis est absolutus, et supemus, ita quod non habet maiorem, neque aequelem, neque alium*

catholiques. C'est donc l'époque de la naissance de la diplomatie pontificale ainsi que de la présence politique de l'Eglise des Etats pontificaux dans les affaires européennes. Pendant cette période, en dépit du rejet d'un ordre international dominé par le christianisme ou de l'hostilité anticléricale de l'Autriche et ses influences sur les Etats italiens, malgré aussi les rapports difficiles avec Napoléon Bonaparte, la personnalité internationale du Saint-Siège est définitivement assertée, résolvant du même coup la crise de la position internationale du Saint-Siège dont le traité de Westphalie est le point d'orgue.

La quatrième période s'étale jusqu'en 1929 avec le pacte du Latran. C'est une nouvelle période de crise pour l'Eglise qui, mise à part la question de la *debellatio*[111], doit faire face à la

---

recognoscere potest in honore, vel iurisdictione, aut maioritate, quia imo Imperator tenetur iurare fidelitatem romae Ecclesiae... Amplia quia regnum beati Petri, et illius patrimonium est liberum, et plus liberum ab imperiali iurisdictione quam liberum regnum francorom...Amplia, quia omnes civitates et universitates habentes aliquam iurisdictionem potest supremum princeps in suo domino privare, quia permissive ab eo dicuntur habere, et mutuo magis in statu Ecclesiae, quia Papa est princeps principum, et dominus dominantium ; ideo potest confirmare et revocare statuta, tollere, et dare iurisdictionem, prout sibi placet » (P. PRODI, *Il sovrano pontefice,* Società editrice il Mulino, Bologna, 2006, p. 72). Il y a un lien étroit entre la souveraineté politique et celle économique. Les canonistes ont donc appliqué à la papauté les théories civiles de la souveraineté étatique. Dans le livre de Juan-Antonio Llorenté, on lit dans la préface cette volonté de Rome d'être comme les autres Etats : « La cour de Rome a toujours voulu avoir une splendeur, un luxe, une autorité et des richesses égales à celles des autres cours d'Europe, sans trouver en elle-même les moyens que celles-ci possédaient. Réunissant dans la personne du souverain pontife, la souveraineté temporelle de la Romagne et des provinces contigües, à la présidence spirituelle de la corporation mystique de l'Eglise, ces présidents profitèrent de leur dignité pour enrichir leur puissance temporelle » (J.-A. LLORENTE, *Portrait politique des Papes,* Forgotten Books, London, 2015, préface I). Ce livre, en plusieurs tomes, dresse de façon chronologique le portrait politique des Papes de 43 à 1822.

[111] La question de Etats pontificaux est posée en lien avec celle du pouvoir temporel du Pape dans ce que l'histoire a appelé « la question romaine » qui s'est soldée avec la réunification de l'Italie et la perte des Etats pontificaux. Les Etats pontificaux occupaient le centre de l'Italie entre la mer Adriatique et la mer Tyrrhénienne et étaient composés de cinq provinces : le Latium, l'Ombrie, la Romagne, les Marches et les Abruzzes. C'était le plus ancien Etat d'Europe, remontant à une donation faite par Pépin Le Bref au Pape Etienne II pour le mettre à l'abri des poussées expansionnistes des Lombards. Pour

montée du luthérianisme d'une part et du jusnaturalisme d'autre part, tous les deux mettant en doute sa personnalité juridique. En réponse à la Réforme, l'Eglise rappelle à ses détracteurs les grandes définitions ecclésiologiques du concile de Trente (1545-1563) mais, pour contrer le jusnaturalisme de Samuel Von Pufendorf, elle élabore la doctrine canoniste du *« jus publicum ecclesiasticum »* qui définit l'Eglise comme une *« societas iuridice perfecta sibi sufficiens »*[112]. Parmi les initiateurs de cette doctrine figurent les cardinaux Soglia Giovanni (1779-1856), Tarquini Camillo (1810-1874), Cavagnis Felice (1841-1906), Ottaviano Alfredo (1890-1979) et Gasparri Pietro (1852-1934). Ils avaient pour but de défendre la *« libertas ecclesiae »* contre les négations de Pufendorf[113] qui

---

approfondissement, voir J. GUENEL, *La dernière guerre du Pape,* Presses universitaires de Rennes, Rennes, 1998.

[112] Pour approfondissement, voir M. NACCI, *Origini, sviluppi e caratteri del jus publicum ecclesiasticum*, Lateran University Press, Roma 2009. *« Il jus publicum ecclesiaticum, nato in Germania nel XVIII secolo grazie all'initiativa di alcuni canonisti gravitanti intorno all'università di Würzburg, puo essere definito come una speciale branca della scienza del diritto canonico i cui contenuti, metodi e finalità si sono modificati in ragione dei mutamenti sociali, politici e culturali susseguiti nel corso della storia » (Ibid.* p. 15).

[113] Matteo Nacci expose la vision de Pufendorf en ces mots : *« Pufendorf vede la Chiesa come un collegium, un'associazione di persone uguali fra di loro sul piano giuridico e aventi scopi comuni ; essa non è uno stato, anche se gode di una peculiarità rispetto agli altri enti privati : vive all'interno dello stato ma non è sottoposta ad un controllo ideologico e dogmatico » (Ibid.* p. 18). Dans son argumentaire Pufendorf fait une comparaison entre Moïse, fondateur de l'Etat hébraïque, et le Christ, fondateur du Christianisme. Il affirme que dans le judaïsme, l'Etat et la religion forment un *unicum* et que Moïse était à la fois un prince et un guerrier. Tandis que le Christ, qui n'avait pas de buts terrestres, n'est ni prince ni guerrier et n'a fondé aucun Etat. Le Christ était plutôt un maître et ses adeptes étaient appelés disciples (élèves). Il leur enseignait la vérité qui n'a pas besoin d'un Etat et ne doit être imposée par la coercition. Alors, quel rapport entre l'Eglise et l'Etat selon Pufendorf ? Selon Pufendorf, l'Etat existe sans religion et la religion sans Etat. Cependant, l'Etat possède la "direction externe" de l'Eglise, a un droit de contrôle sur elle afin d'éviter que ne soient accomplies en son sein des actions visant à réduire les droits étatiques en particulier dans les tribunaux épiscopaux lorsque ceux-ci s'arrogent les compétences propres des tribunaux séculiers. L'Etat a aussi le droit de participer à la nomination des ecclésiastiques et le droit de légiférer en matière ecclésiastique. Ce contexte historique explique pourquoi le *jus*

pensait que l'Eglise ne peut pas être appelée *« Societas perfecta »* et qu'elle devait se soumettre au contrôle et à la direction externe de l'Etat. Ce dernier a droit sur elle comme sur tous les autres *« collegia »* intra-étatiques. On voit alors comment se répand l'esprit des lumières du *Ius publicum* à travers lequel l'Etat libéral étend sa propre suprématie et sa propre souveraineté territoriale et juridique sur tous les secteurs de la vie sociale, y compris celui ecclésial. On aboutit finalement, en ce qui concerne l'Italie, à la signature du pacte du Latran pour résoudre la question Romaine et sceller l'unification de l'Italie avec Rome pour capitale et, en ce qui concerne le Saint-Siège, à une reconnaissance officielle et internationale de la personnalité juridique du Pape en qui on voit une autorité morale et spirituelle.

Enfin, la cinquième période est celle contemporaine que nous allons considérer du point de vue catholique et du point de vue laïc. Pour la partie catholique, il faut souligner la centralité du concile Vatican II (1962-1965) qui amène à distinguer la période avant le concile et la période post conciliaire. L'avant-concile est marqué par la défense de la liberté de l'Eglise qui utilise les ressources du *Ius publicum ecclesiasticum* et le moyen des concordats régis par le droit international ; l'après-concile est caractérisé par la mise en exergue de la souveraineté spirituelle de l'Eglise. Elle a réussi à créer une symbiose qui concilie sa singularité morale et spirituelle avec les spécifications propres aux Etats notamment dans les textes conciliaires sur la relation entre l'Eglise et la communauté

---

publicum ecclesiasticum, dans son profil méthodologique, était fortement apologétique, comme en témoigne le ton des dissertations juspubliscistes de ses auteurs de Würzburg : Gregor Zallwein, Johann Caspar Barthel, Jakob Anton Von Zalinger-Thurn et Johann Nepomuk Endres. Car ils cherchaient à répondre doctrinalement à chaque attaque: « *le loro opere si caracterizzano per essere pervase da un marcato fine apologetico e per l'uso di un metodo letterario appropriato al fine che si intende perseguire[...] : ad ogni proposizione avversaria si contrappone, infatti, la corrispondente doctrina ortodossa, sostenuta, il piu delle volte, da una copiosa elencazione di dotte citazioni al fine di avvalorare le proprie tesi* » (C. M. PETTINATO, *I profili metodologici della scienza del jus publicum ecclesiasticum nel secolo XVIII*, in *Diritto e Religione, I (2008), nota 3,* p. 105).

politique.[114] Cela a eu pour conséquence l'abandon progressif des concordats et une intensification de l'activité internationale dans tous les domaines internationaux et diplomatiques. Le Saint-Siège est signataire de nombreuses conventions au sein de l'ONU et de l'Europe. Quant à la partie laïque, se fondant sur le traité du Latran, elle accepte la personnalité juridique du Saint-Siège selon le droit international du XXème siècle en tant qu'entité morale et politique à vocation spécifiquement spirituelle[115]. Il ressort de ce bref parcours historique l'importance capitale du *« pacta lateranensis »* dont l'examen nous permettra de mieux comprendre la personnalité internationale du Saint-Siège[116] et d'élucider en même temps l'énorme confusion sémantique née des différentes prises de position entre les expressions « Saint-Siège », « Eglise Catholique » et « Vatican ».

2.1.2 L'Eglise Catholique, le Saint-Siège et le Vatican

L'ecclésiologie conciliaire de Vatican II dont le code de droit canonique de 1983 est l'expression juridique[117], définit

---

[114] Il s'agit en particulier de *Gaudium et spes* ou *Lumen gentium.*

[115] Cela nous est démontré lors d'une conférence de Cardinal Casaroli à la veille de la conférence d'Helsinki. Il affirme la reconnaissance définitive du Saint-Siège comme sujet de droit international et précise la prééminence de la dimension spirituelle dans sa diplomatie : « La Communauté internationale reconnaît au seul Saint-Siège... en tant qu'organe central du gouvernement de l'Eglise catholique, le caractère de membre de plein droit de la communauté elle-même, en l'admettant à prendre place et à agir en son sein à l'égal des Etats » (in J.-Y. ROUXEL, *Le Saint-Siège sur la scène internationale,* p. 104).

[116] Cf. E. TAWIL, *Relations internationales*, pp. 110-114.

[117] Jean-Paul II lui-même donne de façon explicite l'indication du lien entre l'ecclésiologie du concile Vatican II et le code de droit canonique : *« per essere compreso, questo codice deve essere studiato seriamente. Esso non è cio che sopratutto fu il Codice del 1917 : l'unificazione e la purificazione del diritto esistente, secondo gli intendimenti di quel pastore incomparabile che fu S. Pio X. Il codice del 1983, promulgato e mandato in vigore in quest'anno giubilare della Redenzione, è un codice molto differente. E il codice del Concilio, e in questo senso, è l'"ultimo documento conciliare", il che indubbiamente costituirà la sua forza e il suo valore, la sua unità e il suo irraggiamento »* (in P. GHERRI, *Lezioni di Téologia del diritto canonico,* Lateran University Press, Citta del Vaticano, 2010, p. 258). Le secrétaire de la

l'Eglise comme peuple de Dieu (canon 204). Composée des baptisés réunis dans la communion d'une même foi, la célébration d'un même culte (sacrements) sous la conduite d'un même guide, l'Eglise du Christ subsiste dans l'Eglise catholique c'est-à-dire l'Eglise universelle. Elle est de droit divin positif parce qu'instituée ainsi par la volonté de son divin fondateur, le Christ (Canon 113 §1). L'autorité suprême y est exercée par le Souverain Pontife, évêque de Rome, successeur de Pierre, et par le collège épiscopal en communion avec le pasteur suprême (le Pape). Le code de droit canonique qualifie l'Eglise catholique et le Siège apostolique de *« persona moralis »* comme l'ont fait tous les codes successifs depuis la codification napoléonienne de 1804. Avec la qualité de *« persona moralis »,* il est clair que l'Eglise catholique, de nature primordialement théologique, jouit d'une grande importance au plan juridique à l'intérieur du droit privé ou public, et même à l'intérieur du droit international avec tout de même un statut juridique différent de celui du Saint-Siège. Les *pacta lateranensis,* signés le 11 février 1929 dans les palais du Latran à Rome entre le Saint-Siège (Pie XI) et l'Italie (Mussolini), nous éclairent à ce sujet.

Ce pacte, reconnu de grande prépondérance tant juridique que politique par les deux parties, a été ratifié suivant les normes et les formes spécifiques des accords internationaux. Composé d'un préambule et de 27 articles, il est formé d'un traité, d'un concordat et d'une convention financière en annexe au traité. Il a été signé entre l'Etat italien et le Saint-Siège. Ce dernier y participait à double titre, celui d'organe suprême de l'Eglise catholique, responsable de ses intérêts et celui de sujet de droit international reconnu à priori par l'Etat italien parce que c'était là un prérequis *sine qua non* à la capacité de contracter selon une règle fondamentale du droit international. Sans cette reconnaissance a priori, le Saint-Siège ne pouvait pas contracter validement un pacte d'envergure internationale. Il est, de ce fait, pertinent de relever cette reconnaissance à priori

---

Commission de rédaction du code, le cardinal Castillo Lara, confirme ce lien en déclarant : *« La fedeltà al concilio è stato quindi il principio direttivo generale piu importante. Il "concilium dixit" divento il criterio definitivo di discernimento »* (*Ibid.* p. 259).

de la personnalité juridique du Saint-Siège pour l'opposer à ceux qui pensent que c'est à partir du Latran que le Saint-Siège est devenu sujet de droit international. Il l'était bien avant ; le Latran a été simplement l'occasion de la légitimation formelle a posteriori. Les objectifs énoncés dans le préambule et l'article 26 engagent l'Etat italien à assurer avec stabilité, dans les faits et dans le droit, la reconnaissance et les conditions concrètes de la liberté ainsi que de l'indépendance, indispensables à la mission du Saint-Siège. L'Italie reconnaît aussi l'Etat de la cité du Vatican sous la souveraineté du Pontife romain. Le Saint-Siège, en retour, s'engage aussi à tenir pour définitivement close et irrévocablement résolue la question romaine.[118]

Afin de servir de garantie à la stabilité et au respect de ce pacte, dès l'apparition des premières dissensions entre le Saint-Siège et l'Etat fasciste, Pie XI posa d'emblée le principe de l'indissolubilité du lien entre le traité et le concordat : *« simul stabunt, vel simul cadent ».* Dans l'article premier du traité, la religion catholique, apostolique et romaine est considérée comme seule religion d'Etat, en conformité avec le statut de Sardaigne promulgué en 1848. La seconde affirmation majeure du traité est la reconnaissance de la souveraineté du Saint-Siège au niveau international (article 2). Dans le but d'asseoir cette souveraineté internationale du Saint-Siège sur une base matérielle fut créé un petit Etat de 44 hectares, nommé la Cité du Vatican, sur laquelle l'Etat italien reconnaît la pleine propriété, le pouvoir exclusif, absolu et la juridiction souveraine du Saint-Siège en particulier le Pape (article 3). L'Etat du Vatican a donc une fonction instrumentale[119] visant à donner

[118] Les Etats pontificaux, objet de querelle entre l'Italie et le Saint-Siège.

[119] La participation du Saint-Siège aux conférences internationales était sujette à confusion entre les institutions, pas seulement l'Etat du Vatican, mais aussi la Secrétairerie d'Etat. Cela a amené le Saint-Siège à préciser les modalités de sa participation. Le droit à une représentation aux Nations Unies était alors dû au fait que l'Etat du Vatican était membre de l'U.I.T (Union Internationale des Télécommunications) et de l'U.P.U. (Union Postale Universelle). C'est quand la délégation du Saint-Siège prit part à la conférence de l'A.I.E.A. (Agence Internationale de l'Energie Atomique) que le problème s'est posé. La Secrétairerie d'Etat échangea alors des notes avec le Secrétaire Général insistant pour que la participation du Saint-Siège soit bien comprise : « au vu de certaines incertitudes qui se sont manifestées au sujet des relations que le

visibilité à la souveraineté et à l'indépendance du Saint-Siège[120]. Et justement, aux lendemains des accords du Latran, le juriste français, Le Fur, disait que c'était

---

Secrétariat des Nations Unies entretient avec la Secrétairerie d'Etat, celle-ci tient à préciser que ces relations s'entendent établies entre les Nations Unies et le Saint-Siège. De même, c'est le Saint-Siège qui est représenté par les Délégations que la Secrétairerie d'Etat accrédite aux diverses sessions des différents organes des Nations Unies ». (H. de RIEDMATTEN, *Présence du Saint-Siège dans les organismes internationaux,* in *Concilium,* n° 58, 1970, p. 75). Cette précision est confirmée par une note du Directeur Général de l'A.I.E.A. en janvier 1960 et une note du Secrétaire général de l'ONU en mars 1964, à l'occasion de l'établissement d'une mission permanente du Saint-Siège. L'Annuaire des Nations Unies a enregistré le changement survenu à partir de 1958 : Les participations du Saint-Siège qui, auparavant, étaient inscrites au titre du Vatican, le sont désormais, au nom du Saint-Siège. En dégageant la participation du Saint-Siège de tout lien territorial, ce changement revêt une importance capitale en ce sens qu'il permet de ne pas réduire la présence du Saint-Siège au rang d'une puissance exclusivement européenne. (Cf. J.-Y. ROUXEL, *Le Saint-Siège sur la scène internationale,* p. 104). Cela fait dire à Joseph Joblin que « si Paul VI avait accepté que la présence de l'Eglise fut justifiée par l'existence de l'Etat du Vatican, il serait rentré par la petite porte dans la communauté des nations » (J. JOBLIN, *Paul VI et les institutions internationales,* Actes du colloque de l'Ecole Française de Rome, 1981, p. 537). Si d'une part le Saint-Siège ne veut pas être confondu à un Etat, il récuse d'autre part d'être assimilé à une ONG (Organisation Non Gouvernementale). Sa non-participation à la conférence des Nations Unies sur la liberté d'information tenue à Genève en 1948 se justifie par le risque qu'il courait d'être classé dans le camp occidental. (Cf. J.-Y. ROUXEL, *Le Saint-Siège sur la scène internationale,* p. 107-108).

[120] Cette indépendance et cette souveraineté assurent au Saint-Siège de pouvoir développer sur la scène internationale ses activités. Ces activités ont pu être souvent perçues comme celles d'une ONG à cause de la prévalence donnée aux œuvres socio-caritatives. Ainsi, l'hebdomadaire anglais, *The economist* du 21 juillet 2007, après avoir dédié des pages à la diplomatie du Saint-Siège qu'il couvre d'éloges, termine en invitant le Saint-Siège à renoncer à son statut diplomatique pour se définir comme « la plus grande ONG du monde ». Est-ce une invitation recevable ? Assurement non ! répond Monseigneur Dominique Mamberti et il explique pourquoi : *« Dietro l'invito a ridursi a Ong, oltre all'incomprensione dello statuto giuridico della Santa Sede, vi è anche probabilmente una visione riduttiva della sua missione, che non è settoriale o legata ad interessi particolari, ma universale e comprensivi di tutte le dimensioni dell'uomo e dell'umanità. E per questo che l'azione della Santa sede nell'ambito della Comunità internazionale è spesso un "segno di contraddizione", perché essa non cessa di levare la sua voce in difesa della dignità di ogni persona e della sacralità di ogni vita umana,*

« pour couper court désormais à l'objection de certains juristes et hommes d'Etat qu'il ne peut y avoir de souveraineté en dehors de la souveraineté territoriale ; mais il est clair que pour le Saint-Siège, cette souveraineté territoriale, si restreinte qu'elle n'a en quelque sorte qu'une existence symbolique, apparaît simplement comme le support au point de vue du droit positif d'une souveraineté d'un autre ordre, conforme à la nature du Saint-Siège et à ses attributions normales »[121].

Le Vatican est un Etat-Appareil ou un Etat-Patrimoine et non un Etat-Communauté.

Par ailleurs, c'est au Saint-Siège que le traité reconnaît le droit de légation active et passive en conformité avec les règles du droit international. Pour cela, l'Italie observe les prérogatives et les immunités des représentants des gouvernements étrangers et de leurs résidences diplomatiques. Elle protège la liberté de correspondance entre le Saint-Siège et les Etats, le libre accès des diplomates et des évêques au Vatican. Elle respecte aussi les traitements dévolus aux agents diplomatiques et à tous les diplomates du Saint-Siège (articles 12 et 19). A cause de son caractère instrumental, aucun Etat n'entretient directement avec l'Etat de la Cité du Vatican des relations diplomatiques ordinaires. Cela n'empêche pas que lui ait été reconnue une personnalité juridique différente dans certains concordats (Espagne en 1953, République Dominicaine en 1954 et Venezuela en 1964). Le *« ius contrahendi »* est exercé par le Saint-Siège « au nom et pour le compte » de l'Etat du Vatican qui, lui-même n'a pas signé directement ou peu les soixante accords et conventions avec des organisations internationales. Ces accords portent sur les aspects techniques ou les moyens

---

soprattutto quella piu debole, a tutela della famiglia fondata sul matrimonio fra un uomo e una donna, per rivendicare il fondamentale diritto alla libertà religiosa e per promuovere rapporti fra uomini e popoli fondati sulla giustizia e sulla solidarietà. Nello svogere il proprio ruolo internazionale, la Santa Sede è sempre al servizio della salvezza integrale dell'uomo, secondo il comando ricevuto da Cristo. Non stupisce che qualcuno cerchi di sminuire l'ecco della sua voce! ». (D. MAMBERTI, *La Santa Sede punta sul multilateralismo,* in *Avvenire,* giovedi 9 Agosto, 2007, p. 3).

[121] L. LE FUR, *Précis de droit international public*, Dalloz, Paris 1937, p. 139.

nécessaires à son fonctionnement[122]. Dans le même but, l'Etat du Vatican participe aussi à de nombreuses organisations internationales[123].

Il n'y a point de doute, le Saint-Siège est l'organe central de gouvernement de l'Eglise. Dans le code de droit canonique de 1983, l'expression « Saint-Siège » ou « Siège apostolique » a plusieurs acceptions. Elle peut désigner le Siège primatial romain, signe visible de l'unité des Eglises particulières « dans lesquelles et à partir desquelles existe l'Eglise catholique une et unique » (canon 368). Elle peut également se référer, dans un sens large, au Pontife romain et aux institutions du gouvernement central de l'Eglise catholique[124]. Enfin, dans un sens strict, elle indique le Pontife romain, avec son office primatial et sa qualité personnelle de souverain. Dans le droit international, le professeur Buonomo enseigne que l'expression « Saint-Siège » revêt un sens technique et désigne la personne du Souverain Pontife, sujet de droit international, en raison de son droit de légation et de sa capacité à contracter des accords internationaux[125].

---

[122] Services postaux, de radio et de télécommunication, tourisme, navigation maritime, protection des œuvres littéraires, blé, testament international, apatrides…

[123] L'Union Postale Universelle, l'Union Internationale des Télécommunications, Le Conseil International du blé, l'Organisation internationale de Télécommunications par satellites (INTELSAT)…

[124] La Secrétairerie d'Etat, le conseil pour les affaires publiques de l'Eglise et les autres instituts de la curie romaine.

[125]*« Anzitutto è necessario precisare che chi agisce al livello internazionale sotto il nome di Santa Sede è sempre il Romano Pontefice e non la Curia Romana. Questo nonostante la prassi evidenzi che in tempi recenti la presenza internazionale della Santa Sede, in particolare nei contesti intergovernativi, tende a specializzarsi: infatti, sempre più a tale azione concorrono i differenti Dicasteri e istituzioni della Curia Romana in ragione della loro competenza. Non si tratta, però, di una presenza internazionale della Santa Sede in senso ampio, bensì di un elemento rilevante esclusivamente agli effetti interni ed assolutamente ininfluente per l'ordinamento internazionale. Il riferimento esclusivo al Papa è dato da ragioni di ordine giuridico – canonico e, di conseguenza, internazionale – e non solo da motivi di carattere storico. È sufficiente richiamare come alla capacità di porre in essere atti con rilevanza internazionale corrispondano effetti localizzabili esclusivamente sull'ufficio del Papa – la Santa Sede in senso stretto – in forza della sua autorità che è "suprema, piena, immediata e*

2.1.3 Le droit de légation du Souverain Pontife[126]

Le canon 362 cite :

« Le Pontife romain a le droit inné et indépendant de nommer des légats et de les envoyer auprès des Eglises particulières dans les diverses nations ou régions, ou en même temps auprès des Etats et des autorités publiques ; ainsi que de les transférer et de les rappeler, en respectant cependant les règles du droit international en ce qui concerne l'envoi et le rappel des légats accrédités auprès des Etats »[127].

---

universale" nell'ordinamento della Chiesa (CIC, can. 331) » (V. BUONOMO, *Considerazioni sul rapporto tra diritto canonico e diritto internzionale*, in *Anuario de derecho canonico* 4 abril 2015, p. 21-22). La version électronique in URL :
< http/ file : ///C:/Users/J%C3%A9sus/Downloads/Dialnet-ConsiderazioniSulRapportoTraDirittoCanonicoEDiritt-5029897.pdf >, consulté le 5 décembre 2017 à 16h54. Quant à la doctrine canonique, elle donne à l'expression « Saint-Siège », une double approche, c'est-à-dire un sens strict et un sens large : *« Da questo quadro strutturale e terminologico la scienza canonistica ha elaborato una duplice connotazione dell'espressione Santa Sede, considerandola: a) in senso stretto, e cioè come la funzione primaziale del Vescovo della Chiesa di Roma, "in cui permane l'ufficio concesso dal Signore singolarmente a Pietro (...); egli perciò in forza del suo ufficio, ha potestà ordinaria suprema, piena, immediata e universale sulla Chiesa, potestà che può sempre esercitare liberamente" (CIC, can. 331). Così considerata la Santa Sede è dunque l'ufficio del Papa, segno visibile dell'unità della Chiesa, costituita dalle "Chiese locali, nelle quali e dalle quali sussiste la sola e unica Chiesa cattolica" (can. 368); b) in senso ampio, e cioè riferita anche gli organi centrali del governo della Chiesa mediante i quali il Papa esercita il suo ufficio (munus petrino): è la Curia Romana, quale insieme di organi e organismi attraverso cui "il Sommo Pontefice è solito trattare le questioni della Chiesa universale, e che in suo nome e con la sua autorità adempie alla propria funzione per il bene e a servizio delle Chiese" (can. 360) ».* (*Ibid.* p. 20-21).

[126] Cf. J.-Y. ROUXEL, *Le Saint-Siège sur la scène internationale*, p. 57-72.

[127] *Can. 362 : « Romano Pontifici ius est nativum et independens Legatos suos nominandi ac mittendi sive ad Ecclesias particulares in variis nationibus vel regionibus, sive simul ad Civitates et ad publicas Auctoritates, itemque eos transferendi et revocandi, servatis quidem normis iuris internationalis, quod attinet ad missionem et revocationem Legatorum apud Res Publicas constitutorum »* (JOANNES PAULUS II, *Codex Iuris Canonici*, 25 Ianuarii 1983, in *AAS*, 75/II (1983), p. 64).

Les dispositions du code actuel, plus complètes que celles du code de 1917, doivent être lues et interprétées à la lumière du *Motu Proprio Sollicitudo omnium Ecclesiarum* de Paul VI dont elles reçoivent non seulement une grande partie de leur contenu mais aussi le vocabulaire. Le droit de légation du Pape *« ius nominandi ac mittendi »* est un pouvoir originaire, inné et primordial qui fait écho aux caractéristiques de son pouvoir dans l'Eglise vu comme ordinaire, suprême, plénier, immédiat et universel (canon 331). On distingue la légation active à savoir la capacité d'envoyer des représentants auprès des Eglises particulières, des Etats ou des autres organisations, et la légation passive à savoir la capacité à recevoir les envoyés et représentants des Etats ou des autres institutions auprès du Saint-Siège. Le droit de légation active a un double fondement du point de vue canonique et du point de vue du droit international. Au niveau du droit canonique, il est l'expression de la primauté pontificale dont la sollicitude voudrait assurer auprès des Eglises particulières une présence efficace et s'informer en temps réel des conditions de ces régions. Ce droit s'exerce librement sans accord ni approbation préalable, sauf en cas d'opposition ou d'hostilité politique de l'Etat qui entraverait la visite ou la permanence du légat pontifical. La sollicitude pastorale du Pape, tel est le fondement théologique et ecclésiologique du droit de légation dont parle *Sollicitudo omnium Ecclesiarum*.

Du point de vue du droit international, le droit de légation du Pape dérive d'une part de la pratique coutumière, expression de la souveraineté spirituelle reconnue au Saint-Siège et désormais codifiée dans la convention de Vienne 1961, d'autre part, ce droit dérive également de la volonté des parties d'instaurer entre elles des relations, d'où la dimension conventionnelle et contractuelle. Le Saint-Siège a participé aux travaux de codification du droit diplomatique à Vienne en tant que sujet *pleno iure* de droit international. A cette occasion, à la veille de la conférence, le 23 février 1961, il a présenté aux Etats un mémorandum arguant qu'

> « il est de fait que, parmi les puissances qui composent la Communauté internationale, le Saint-Siège, et lui seul, se distingue

par sa nature spéciale et les caractéristiques très particulières de ses finalités et de son action : nature, finalité et action qui se réfèrent directement à ce qu'il y a de plus élevé et plus respectable pour tous les hommes et tous les peuples, les valeurs spirituelles et morales »[128].

Cette déclaration souligne la nature religieuse, la mission universelle et le devoir humanitaire qui caractérisent la souveraineté du Saint-Siège[129]. La spécificité du Saint-Siège n'est pas à entendre comme s'il s'agissait d'un sujet « différent » des autres sujets, ni « atypique », ni comme « sujet spécial » ni comme sujet *« non optimo iure »,* mais un sujet *pleno iure* comme les autres[130]. Cela explique pourquoi, même si les conventions de Vienne parlent explicitement d'« Etats », il fut admis durant les débats que ce terme soit applicable au Saint-Siège en sa qualité de sujet participant. Celui-ci, en raison de son impartialité et de sa neutralité, renonce à la compétition temporelle entre les Etats, aux opérations politico-militaires, tout en maintenant son rôle de médiation *super partes* au service de la paix[131]. Son objectif est de faire valoir sa puissance morale et spirituelle et il ne manque pas l'occasion de le

[128] Voir la conférence de Mgr Casaroli à la Société Italienne pour l'Organisation Internationale, le 10 décembre 1974, dans la *Documentation catholique,* n° 1673, 1975, p. 312.

[129] Pour connaître quels sont les centres d'intérêts de l'activité diplomatique du Saint-Siège dans le monde, nous avons croisé les index thématiques des deux principaux documents sur le sujet à savoir le livre de Bertone *La diplomazia pontificia in un mondo globbalizato* et celui de Tomasi, *The Vatican in the family of nations.* Nous avons pu dégager les centres d'intérêts suivants : le caractère pastoral de la diplomatie pontificale, la défense de la dignité humaine et du droit à la vie, la garantie internationale de la liberté religieuse, les droits de l'homme, la construction de la paix, le souci de l'unité de l'Europe, le développement économique et social, la solidarité humaine et les urgences humanitaires, l'environnement (souci écologique), la bioéthique et le progrès scientifique, la question des migrants, le désarmement, l'économie comme un moyen et non une fin…Quant à la teneur des interventions, on peut les regrouper en trois pôles : 1) la vie avec une place centrale pour la dignité humaine, 2) la liberté avec une place centrale pour la liberté religieuse, 3) la paix avec au cœur la promotion des droits de l'homme.

[130] Comme le sont à leur manière la Suisse, la Finlande, la Suède, l'Autriche…

[131] Cf. article 24 §1 du traité du Latran.

rappeler, par exemple le 30 décembre 1993, lors de l'accord avec Israël :

> «Le Saint-Siège, tout en préservant à chaque occasion son droit d'exercer son enseignement moral et spirituel, juge opportun de rappeler en raison même de sa spécificité, son engagement solennel à demeurer à l'écart de tous les conflits uniquement temporels ... »[132].

C'est dans ce cadre général que nous devons comprendre l'exercice du droit de légation active du Souverain Pontife.

En ce qui concerne le droit de légation passive, il est étonnant que le code de droit canonique ne le traite pas explicitement mais nous le déduisons implicitement des renvois aux normes internationales qui y sont faits[133]. L'article 4, §1 de la constitution apostolique *Pastor Bonus*, prévoit qu'il soit du ressort de la première section de la Secrétairerie d'Etat de s'occuper du traitement de toutes les fonctions afférant aux représentants des Etats auprès du Saint-Siège. Pour compléter notre approche, nous devons signaler que la règle de la réciprocité n'est pas absolue ni contextuelle au sens où l'exercice de la légation active impliquerait automatiquement celui de la légation passive. En illustration, on peut rappeler que l'Organisation pour la Libération de la Palestine (OLP) a accrédité auprès du Saint-Siège un Directeur du bureau de représentation, mais en retour aucune représentation de la part du Saint-Siège. Ou encore le cas de l'Union européenne où le

---

132 «*The Holy See, while maintaining in every case the right to exercise its moral and spiritual teaching-office, deems it opportune to recall that, owing to its own character, it is solemnly committed to remaining a stranger to all merely temporal conflicts ...* » (C. A. COLLARD - A. MANIN, *Droit International et Histoire Diplomatique, documents choisis, tome premier*, Editions Montchrestien, Paris 1971, p. 265).

133 Cf. cann 3 et 22. Can. 3 : *« Codicis canones initas ab Apostolica Sede cum nationibus aliisve societatibus politicis conventiones non abrogant neque iis derogant ; eadem idcirco perinde ac in praesens vigere pergent, contrariis huius Codicis praescriptis minime obstantibus ».* (JOANNES PAULUS II, *Codex Iuris Canonici*, 25 Ianuarii 1983, in *AAS*, 75/II (1983), p. 1).

Can. 22 : *« Leges civiles ad quas ius Ecclesiae remittit, in iure canonico iisdem cum effectibus serventur, quatenus iuri divino non sint contrariae et nisi aliud iure canonico caveatur ».* (JOANNES PAULUS II, *Codex Iuris Canonici*, 25 Ianuarii 1983, in *AAS*, 75/II (1983), p. 4).

Saint-Siège a accrédité un de ses représentants alors que celle-ci n'exerce pas le droit de légation active auprès du Saint-Siège[134]. Sans pour autant pouvoir épingler au cas par cas l'exercice de droit de légation, il serait judicieux d'étudier les subtilités de la représentation dans la diplomatie pontificale. Cela nous aidera à mieux comprendre l'activité diplomatique du Saint-Siège depuis sa genèse.

2.1.4 La représentation dans la diplomatie pontificale[135]

Nous trouvons un fondement biblique à la *praxis* d'envoyer des représentants officiels auprès des Eglises dans l'épisode où saint Paul envoie Tite et Timothée[136], aux communautés chrétiennes d'Asie mineure. La base doctrinale de cette pratique est inséparable du mandat apostolique pétrinien de confirmer ses frères. La première forme historique de la représentation pontificale dans l'Eglise des premiers siècles remonte à l'envoi des légats du Pape aux différents conciles et aux synodes. Ces légats étaient des ecclésiastiques ou des diacres. L'exemple le plus notoire fut l'envoi d'Osio de Cordoue et de ses collègues pour présider le concile de Nicée (325), de Sardique et d'autres conciles orientaux. L. De Echeveria précise que c'est au concile de Sardique que fut reconnu le droit au Pape de se faire représenter :

> «Le concile même de Sardique en son canon 5 reconnut le droit du Pape de les envoyer à n'importe quelle église, et par la suite furent alors fréquentes les légations pontificales, non seulement celles temporaires pour des affaires déterminées mais aussi celles

---

[134] Il y a aussi le cas de la confédération suisse qui n'a envoyé son représentant en « mission spéciale » que depuis 1993, alors que le Saint-Siège y avait accrédité un nonce depuis longtemps.

[135] Cf. J. ORLANDIS, *Le istituzioni della Chiesa Cattolica, Storia, diritto, attualità,* Edizioni San Paolo, Milano 2005, pp. 71-80.

[136] Exemple: 1Th 3, 1-2; Tt 1, 4, in *La Bible de Jérusalem,* cerf, Paris, 1974.

permanentes auprès des empéreurs de Byzance et autres princes»[137].

Il est vrai que d'autres évêques et patriarches, à l'instar du Pape, envoyaient aussi leurs représentants mais le concile de Calcédoine (451) reconnaitra la primauté au Siège Romain, *« prima sedes »*. Ainsi, afin de suivre les Eglises éloignées de Rome, naquit sous le pontificat du Pape Damase (366-384) la figure du « *vicaire apostolique* » qui devait servir de pont entre Rome, l'Orient et l'Occident. Le premier vicariat apostolique fut celui de la province d'Illyrique, le vicariat de Thessalonique, localité importante de par les lettres pauliniennes et de par sa position géographique stratégique. Par la suite d'autres furent créés en Gaulle (Arles, Vienne, Reims, Metz, Lyon, Angoulême), en Espagne, en Germanie et en Angleterre. Déjà en 343, le vicaire apostolique était considéré *« Vicarius Papae »,* stable avec des prérogatives très amples : visiter les Eglises, examiner l'idonéité des candidats à l'épiscopat, ordonner des évêques métropolitains, convoquer les conciles provinciaux ou généraux, recevoir des informations concernant l'action des évêques et leurs zones, juger les causes majeures en première instance[138]. Sa mission était d'assurer l'unité de l'Eglise, de veiller avec attention sur la foi et le salut des peuples nouvellement convertis au christianisme sans oublier l'œuvre missionnaire en faveur de nouvelles conversions.

Après il y eut aussi la figure des *apocrisiaires* dont on trouve des témoignages dans la sixième Novella de l'empereur Justinien (525-565). Du verbe grec *ἀποκρίνομαι* (répondre) dont le substantif est *ἀπόκρισις* (réponse), le mot apocrisiaire est synonyme de *responsalis* ainsi que de *missus discurrens* et est traduit par « envoyé » ou « chargé d'une mission ». Incarnant la figure du Pape, les apocrisiaires étaient envoyés à

---

[137] « *El proprio concilio di Sàrdica en su canon 5 reconocio el derecho del Papa a enviarlos a cualquier Iglesia, y desde entonces fueron frequentes las legaciones pontificias, non solo las temporales para determinados negocios, sino tambien las permanentes cerca de los Emperadores de Bizancio y otros príncipes* » (L. DE ECHEVERIA, *Funciones de los legados del Romano Pontífice,* in *Revista Espanola de Derecho canonico* 24 (1970), p. 589).

[138] Cf. M. CANTORI, *La diplomazia pontificia, Aspetti Ecclesiastico-canonistici*, Tau editrice, Todi 2016, p. 29.

Constantinople aux empereurs et aux patriarches auprès desquels ils faisaient office de gardien de la foi *(in custodia fidei),* de sentinelles de l'orthodoxie *(contra temporis nostri haereticos)* et de garants de la discipline religieuse *(propter Ecclesiarum pacisque concordiam).* Le premier apocrisiaire connu fut un certain Julien, évêque de Cos, nommé par le Pape Leon Le Grand (440-461) comme son représentant auprès de l'empereur byzantin. Selon certains auteurs, il avait déjà participé au concile de Calcédoine comme légat pontifical et avait accumulé une grande expérience de la réalité ecclésiale orientale aux prises avec l'hérésie monophysite. Pèlerins au début, les apocrisiaires devinrent des missions stables notamment avec Justinien et durèrent jusque vers les années 742-743, affublés d'un prestige de plus en plus croissant aux yeux de l'autorité civile[139]. La présence et l'action de ces représentants ne signifiaient pas la sujétion politique du Pape de Rome à l'empereur, mais plutôt l'alliance et l'entente entre l'Eglise et l'Empire. Par conséquent, la principale fonction du représentant consistait à stimuler et à maintenir l'autorité de l'empereur en matière de défense de l'orthodoxie et dans le respect des prérogatives de l'Eglise de Rome[140]. M. Oliveri résume les fonctions des apocrisiaires de la façon suivante :

a) agir en faveur de la discipline et du dogme,
b) suggérer au Pontife romain tout ce qui est opportun au maintien de l'unité,
c) être la sollicitude de l'évêque de Rome pour la sauvegarde de la foi et de la discipline ecclésiastique,
d) exercer une compétence disciplinaire, administrative et aussi juridictionnelle,
e) fournir une information constante et régulière sur la situation de l'Eglise,
f) faire des suggestions à l'empereur.

---

[139] On signale la présence des apocrisiaires auprès de la cour carolingienne, à la faveur de la conversion de Clovis en 496, suite aux prêches de saint Rémi.

[140] Cf. M. OLIVERI, *Natura e funzioni dei legati pontefici nella storia e nel contesto ecclesiologico del vaticano II*, Roma, 1982, p. 75.

Ils étaient souvent pour la plupart des diacres à l'exception de Julien de Cos et du presbytre Michel et ce, pour plusieurs raisons : la première est d'ordre pratique vu qu'il était plus facile de choisir un diacre et de lui confier cette mission à cause de la rareté des prêtres mais aussi de la conception de la charge d'âmes comme un office impliquant nécessairement la stabilité. Le diacre, s'il avait charge d'âmes, cela empêcherait sa mobilité. Un autre motif qui est une raison de principe est qu'au plan doctrinal, le diacre, étant plus rattaché à l'évêque en vertu de son ordination, était doté d'une fonction de service de l'évêque qu'il était susceptible de représenter, d'où son serment de fidélité. Une autre raison c'est que les diacres avaient une bien meilleure formation spirituelle et doctrinale, ils étaient bien préparés et compétents si bien que beaucoup parmi ceux qui ont officié auprès de l'empereur d'Orient sont devenus à leur tour des Papes. Il suffit d'évoquer les figures de Vigile qui fut apocrisiaire de 535 à 537, de Pélage (538-545), Grégoire (578-587), Sabinien (593-596), Boniface (603) et de Martin. Il se déduit aisément de ce détail historique que la mission des apocrisiaires était donc conçue comme une diaconie, eux qu'on appelait *« gerere personam pontificis »* (représentant la personne du Pape). En effet, ils représentaient non le Siège apostolique mais le Pape. Sans nier que la fonction des apocrisiaires ait des conséquences importantes sur la pratique politique et diplomatique, il serait anachronique de les qualifier juridiquement de « représentation diplomatique » dans la mesure où l'Empereur et le Pape n'étaient que deux autorités complémentaires au sein d'une même société et non pas deux Souverains face à face. Les apocrisiaires avaient qualité de *« procurator ad omnia »* en charge d'une mission permanente. Toutefois, on peut dire qu'ils sont les « embryons » (Matteo Cantori) sinon les « précurseurs » (Giovanni Barberini) des nonciatures et représentations pontificales modernes au niveau au moins supranational. Avec eux, nous sommes donc à l'état initial de la diplomatie pontificale.

Il y eut aussi l'institution des *« legati a latere »* qui joua un rôle remarquable dans le gouvernement de l'Eglise. *Pleno iure*, mandatés par l'autorité du Siège apostolique, ils étaient souvent des évêques résidents ou des cardinaux chargés de représenter le Souverain Pontife dans certains évènements particuliers comme les conciles. Ils étaient aussi envoyés auprès des empereurs, des princes, des évêques ou d'autres institutions ecclésiastiques à l'image des « légats » civils de la Rome antique qui, nommés par le sénat ou l'empereur, accomplissaient des missions politiques auprès des populations. Considérés comme *alter ego* du Pontife romain, leurs fonctions acquièrent de plus en plus de stabilité à partir du XIème siècle, ce qui en fit une fonction éminemment prestigieuse. On comprend pourquoi ils ont servi de levier à la réforme grégorienne qui, usant de leur influence et de leurs compétences, a implanté davantage le centralisme romain et a, de ce fait, permis au Pape de contrôler directement les évènements politiques. Eu égard à la finalité et aux moyens employés, leur mission revêt principalement un caractère ecclésial même si elle n'est pas dénuée de conséquences politiques et diplomatiques selon le principe de la *Potestas directa ecclesiae in temporalibus*. Il était d'ailleurs impossible de distinguer la légation auprès des Eglises et celle auprès des princes et souverains. Toutefois nous avons la certitude qu'avant la période de la Renaissance, il n'y avait pas d'action strictement politique et diplomatique de l'Eglise en dehors de ces légations à caractère personnel et temporaire bien que souvent prolongées ou extraordinaires en fonction des nécessités.

Parmi les légats d'importance mineure, on peut distinguer les *legati missi* et les *legati nati.* Les premiers étaient simplement des évêques de la Province ecclésiastique confiée à leurs soins. Souvent ils pouvaient jouir des mêmes prérogatives que les *legati a latere*, contenues dans leurs lettres de mission. Quant aux seconds, on ne dispose pas suffisamment d'informations les concernant dans les décrétales, mais on sait qu'ils sont la continuation du point de vue historico-juridique de la figure des Vicaires apostoliques. Le cas d'école employé pour les illustrer est celui de l'archevêque de Canterbury. La caractéristique distinctive des *legati nati* tient du fait que ce titre est plutôt attaché au Siège épiscopal et non à la personne. Sur le plan financier, afin de satisfaire les besoins de la cour pontificale et les intérêts de l'Eglise furent instituées les figures des *nuntii collectores* et des *commissarii decimarum*, chargés de collecter l'argent nécessaire. En fait, l'histoire de la diplomatie montre l'entrelacement du phénomène religieux et des relations interétatiques à tel point que l'établissement des missions permanentes de l'Eglise se fera concomitamment au développement des relations diplomatiques entre Etats européens. Au premier ambassadeur d'Espagne, Fernandez de Heredia Gonzalo, accrédité à Rome en 1482 correspondit dix ans plus tard le premier *nuntius et collector*[141] permanent en Espagne en 1492, Francisco Des Prats. Il y eut ensuite, en 1500, le premier Nonce permanent à Venise, Angelo Leonini, en réponse à l'ambassade vénitienne constituée à Rome en 1488[142]. Considéré comme le Père fondateur de la diplomatie pontificale moderne, le Pape Leon X (1513-1521) visait, à travers l'action diplomatique, à accroître le prestige de l'Eglise et à promouvoir l'entente entre les catholiques européens afin de se prémunir contre les luttes qui opposaient catholiques et protestants dans certains Etats comme la France, la Suisse et l'Allemagne. Le protestantisme a provoqué un rétrécissement des relations économico-financières, religieuses et politico-diplomatiques du Saint-Siège, contraignant les diplomates du Siège apostolique à se cantonner surtout aux questions spirituelles et à préparer la réforme tridentine.

Mais ce fut Grégoire VIII (1572-1585) qui, en fin diplomate, donnera une organisation et un encadrement juridique aux nonciatures. Ensuite, l'évolution de la représentation pontificale[143], toujours en parallèle avec la représentation

---

[141] Cantori signale, avant cela, en 1450 l'envoi en Espagne (Madrid) de Jacopo De Veneris come nonce stable par le Pape Nicolas V. Cf. M. CANTORI, *La diplomazia pontificia,* p. 47.

[142] G. BARBERINI, *Le Saint-Siège,* p. 128.

[143] On dispose par exemple de la correspondance du Pape Innocent XI avec ses nonces de septembre 1676 à décembre 1679. Cette correspondance montre la constante préoccupation du Pape de mener une politique qui assure la paix entre les princes catholiques dans le but de pouvoir repousser les attaques de l'envahisseur turc. Il était aussi soucieux de maintenir devant les autorités civiles l'autorité religieuse et la sauvegarde des immunités ecclésiastiques. En outre, ces lettres font voir un autre côté de ce pontife qui se laissait toucher sentimentalement par les situations humanitaires de ses Etats mais aussi celles des peuples des autres Etats de la chrétienté si bien qu'il fut surnommé par ses

diplomatique civile sans laquelle elle serait moins compréhensible, a été marquée par une série d'évènements parmi lesquels on peut citer la révolution française, les deux guerres mondiales, la création de la Société Des Nations puis de l'Organisation des Nations Unies, les conventions de Vienne, le concile Vatican II et d'autres facteurs contemporains comme la globalisation et la laïcité. Lorsque l'envoyé du Pape est investi d'une mission officielle uniquement auprès des Eglises locales, il prend le nom de *délégué apostolique*. Mais désormais la représentation diplomatique du Saint-Siège auprès des Etats et des Eglises s'accomplit principalement par les missions permanentes sous l'égide du nonce apostolique. Parmi les agents diplomatiques, on distingue les *nonces*, les *pro-nonces* et les *internonces*[144]. Les nonces ont rang de chef de mission, sont diplomates de première classe et doyens du corps diplomatique selon la pratique coutumière. Mais avec certains Etats, le Saint-Siège a jugé préférable de ne point appliquer la convention en ce qui concerne le doyen du corps diplomatique, si bien qu'il envoie dans ces Etats des diplomates ayant le même rang que

---

contemporains *Pater pauperum.* On voit le Pape envoyer son secrétaire d'Etat, le cardinal Alderano Cybo, aux princes pour leur rappeler leurs devoirs religieux, notamment la défense de la foi, la discipline, les biens du clergé, les immunités. Il s'intéresse également à la question du blé, du sel, de l'usure... Cf. INNOCENT XI, *Sa correspondance avec ses nonces,* Forgotten Books, London, 2017, p. 593.

[144] André Dupuy décrit le rôle du nonce, du pro-nonce et de l'internonce en ces termes : « La nonciature apostolique est dirigée soit par un nonce quand le représentant pontifical jouit du privilège du décanat, soit par un pro-nonce quand ce privilège ne lui est pas reconnu. La catégorie du pro-nonce est de création récente. Les deux premiers, ceux du Kenya et de la Zambie, furent nommés en octobre 1965. Devant l'usage quasi général de placer au niveau d'ambassades les représentations diplomatiques entre les Etats, la nomination d'un internonce (chef de mission de deuxième catégorie) pouvait apparaître peu agréable à l'Etat accréditant. C'est pour dissiper toute équivoque que le Saint-Siège institua le pro-nonce, appartenant à la première catégorie des représentants diplomatiques. Mais il n'entendait pas ainsi abandonner le privilège du décanat, privilège lié à l'appréciation des valeurs spirituelles et morales dont il est le porteur au sein de la Communauté internationale. La création du pro-nonce n'a pas, en droit, supprimé la catégorie de l'internonce. Mais en pratique, on ne rencontre plus aujourd'hui d'internonciature ; celle de Corée fut la dernière érigée par Paul VI le 11 décembre 1963 » (A. DUPUY, *La diplomatie du Saint-Siège,* p. 24).

les nonces mais qui ne sont pas doyens du corps diplomatique. Ceux-ci sont appelés *Pro-nonces* en raison de leur fonction de suppléance et furent institués en 1965[145]. Quant à *l'internonce*, ce vocable renvoie à l'abréviation latine de *Interinus Nuntius* donc *internuntius*. Il s'agissait d'un ambassadeur par *interim*, remontant à l'époque de Léon X (1513-1521) qui, en remplacement du nonce, assumait les fonctions de ce dernier le temps de son absence jusqu'à son retour. A partir du XVIème siècle, il fut reconnu comme un diplomate de seconde classe. Dans la convention de Vienne, il a rang d'envoyé et de ministre plénipotentiaire[146]. Actuellement l'emploi de cette forme d'agent diplomatique a été abandonné par le Saint-Siège.

Pour compléter la question sur les agents diplomatiques du Saint-Siège, nous devons évoquer les figures du *régent*, des *délégués* et des *observateurs*. Le régent ou chargé d'affaires accrédité par lettre ou chargé d'affaires *ad interim*, est prévu par la convention comme agent diplomatique de troisième classe, avec un caractère stable et de suppléance. Il gère temporairement la mission diplomatique en cas d'absence du chef de la mission. Par ailleurs, d'autres situations de la représentation pontificale doivent être prises en compte. Il existe en effet des situations où les envoyés du Saint-Siège n'exercent leur mission ni auprès des Eglises locales, ni auprès des Etats mais auprès des Organisations internationales ou encore des cas où les représentants pontificaux ont une mission pour le moins supplétoire et intérimaire, même mandatés auprès des Eglises locales ou auprès des Etats. C'est dans ce contexte général qu'il faut situer la mission des *délégués* et des *observateurs*. Les *délégués* sont des chefs ou des membres de mission auprès d'une organisation internationale dont le Saint-Siège est membre. Il peut s'agir aussi des chefs ou membres d'une mission auprès de conférences ou de congrès internationaux auxquels participe le Siège apostolique avec

---

[145] De nos jours les Etats dans lesquels le nonce jouit de la dignité de doyen du corps diplomatique sont 45 et 32 nonces sont accrédités auprès de plusieurs Etats.

[146] Article 14 de la convention. Cf. I. CARDINALE, *Le Saint-Siège et la diplomatie*, p. 279.

droit de vote. Les *observateurs*[147], eux, sont des chefs ou membres d'une mission auprès d'une organisation internationale[148] dont le Saint-Siège n'est pas membre ; ou alors ce sont des chefs ou membres de mission auprès des conférences ou congrès internationaux auxquels participe le Saint-Siège, mais sans droit de vote. Il convient de noter que les *délégués* ou les *observateurs* sont souvent des laïcs.

En définitive, la représentation pontificale a une multitude de facettes et engage toutes les composantes du corps ecclésial, à tous les niveaux de la hiérarchie. La figure du *nonce apostolique* joue néanmoins un rôle de proue dans cette diplomatie pontificale et est équiparée à celle de l'ambassadeur. En regardant de plus près ces deux agents diplomatiques, nous

---

[147] Ce statut d'observateur permanent est une position ingénieuse cohérente avec la nature et la finalité du Saint-Siège. Il lui permet de participer directement à la définition des programmes, des plans d'actions, des organisations à travers l'exercice du droit de la Parole, mais en même temps, il lui permet de rester en dehors de certains procédés décisionnels portant sur des domaines incompatibles avec sa nature et sa finalité ou pouvant réduire la portée universelle de son message. A la conférence de Vienne de 1975 sur le projet de convention concernant les relations entre les Etats et les Organisations internationales, la participation de la délégation du Saint-Siège a porté sur trois points : 1) l'inscription dans la convention des normes regardant le statut d'observateur au lieu de les mettre en appendice comme le préconisait la Commission du droit international, 2) la nature de l'observateur permanent : il y avait deux positions contrastantes, l'une tenue par l'Espagne qui souhaitait une extension du rôle des observateurs tandis que l'autre position prônée par les Etats-Unis cherchait à réduire la capacité de négociation des observateurs, 3) le fait qu'un citoyen d'un Etat abritant le siège d'une Organisation internationale pouvait représenter un Etat tiers dans ladite organisation. Au terme de cette convention de 1975, la mission permanente d'Observateur fut équiparée à celle de la mission permanente d'un Etat membre, sauf l'exercice du droit de vote et le paiement des cotisations obligatoires. Le Saint-Siège participe aux cotisations non obligatoires. Les statuts des Organisations internationales ne font pas souvent mention de la figure de l'Observateur, sauf l'ONIDO (Organisation des Nations Unies pour le développement durable) qui le prévoit en son article 4 (1979). Enfin, dans certaines organisations, le statut d'observateur est une étape préalable et transitoire qui ouvre au statut de membre. C'est le cas par exemple de l'OMC (Organisation Mondiale du Commerce). Cf. V. BUONOMO, *Brevi annotazioni sulla diplomazia multilaterale della Santa Sede",* pp. 83-84.

[148] Ces organisations internationales peuvent être des organisations intergouvernementales ou des organisations non-gouvernementales.

prenons conscience du lien entre le canon 363, §1 et la convention de Vienne. C'est pourquoi, au sujet de la nonciature, Verdross a parlé d'un *« dualisme articulé »* dans la mesure où le droit international trouve là une connexion avec le droit canonique et le droit ecclésiastique. Afin de mieux camper cette rencontre du droit canonique et du droit international, il s'avère nécessaire d'étudier le profil juridique du nonce et de pouvoir le comparer à celui de l'ambassadeur. Quel est donc le profil juridique du nonce apostolique ?

2.2 LE NONCE APOSTOLIQUE

Le nonce apostolique est un légat pontifical chargé de représenter le Pape auprès d'une Eglise locale et auprès d'un Etat. Pour mieux cerner son profil juridique, il est impossible de faire l'impasse sur les dimensions théologiques, ecclésiologiques et canoniques de sa mission. Le nonce apostolique se situe au confluent du droit international[149] et du droit canonique. A ce titre, il convient de rappeler que le canon 3 consacre la supériorité de l'ordonnancement international sur les dispositions du code de droit canonique qui lui seraient contraires. Cela est utile en cas de conflit entre les deux ordonnancements, mais, en ce qui concerne le nonce, il s'agit plus d'une coordination entre les deux, en harmonie avec la tradition et le magistère de l'Eglise. Nous aurons donc à rapprocher la convention de Vienne et le *Motu Proprio Sollicitudo omnium Ecclesiarum* ainsi que le droit canonique. Tous contribuent à définir le statut personnel, le statut de fonction et les principes inspirateurs de la diplomatie du nonce apostolique.

---

[149] Le 18 avril 1961, le Saint-Siège ratifiait la convention de Vienne sur les relations diplomatiques. Ainsi, plaçait-il l'activité du nonce sous l'égide du droit international.

2.2.1 Statut personnel

De même que ce fut le cas pour l'étude du statut personnel de l'ambassadeur, ainsi du nonce, l'interrogation porte également sur les questions touchant sa personne: comment devient-on nonce ? Qui est idoine pour cette charge ? Quelles qualités humaines et spirituelles sont requises ? D'emblée, il faut souligner encore que tout ce qui concerne le chef de mission selon les dispositions de la convention de Vienne s'applique également au nonce apostolique dans la spécificité de son être et de sa mission. Afin d'éviter les répétitions, il convient donc d'étudier les éléments propres au nonce apostolique. Le point de départ qui nous permet de cerner la personne et la mission du nonce se trouve dans le ministère pétrinien du Pape, institué de droit divin pour confirmer et conforter ses frères dans la foi[150]. C'est pourquoi Giovanni Barberini soutient que « le premier agent diplomatique du Saint-Siège est le Pontife romain lui-même »[151]. Le nonce est un représentant du Pape et l'aide à accomplir son *munus* de serviteur de la communion et garant de l'unité dans l'Eglise. Il est un instrument de gouvernement du Pontife romain auprès des Eglises locales et des communautés politiques. La représentation diplomatique qu'exerce le nonce apostolique

---

[150] *« Revera, Episcopus Romanus, vi sui muneris, habet in Ecclesia plenam, supremam et universalem potestatem, quam semper libere exercere valet (CONC. VAT. II, Const. dogm. de Ecclesia Lumen gentium, n. 22: AAS 57 (1965), p. 26), cum sit ordinaria et immediata (Cf CONC. VAT. I, Const. dogm. De Ecclesia Christi Pastor Aeternus: Denz 1821 - 3050s); praeterea, ut successor Petri, est unitatis, tum Episcoporum tum fidelium multitudinis, perpetuum ac visibile principium et fundamentum (CONC. VAT. II, Const. dogm. de Ecclesia Lumen gentium, n. 23: AAS 57 (1965), p. 27): has proinde inter praecipuas in Ecclesia habet partes, ut Episcopatum ipsum unum et indivisum reddat (Cf CONC. VAT. II, Const. dogm. de Ecclesia Lumen gentium, n. 18: AAS 57 (1965), p. 22). Pastor aeternus enim, Vicario suo claves Regni caelorum tradens, eumque petram ac fundamentum Ecclesiae constituens (Cf Mt 16, 18), eidem mandavit ut fratres suos confirmaret (Cf Lc22, 32), seu moderaretur et ad unum quoddam, in suo nomine, redigeret, sed et adiuvaret et solaretur, verbo quidem et ipsa quodammodo praesentia »* (PAULI PP.VI, Litt. Apost. m. p. datae: *Sollicitudo omnium Ecclesiarum*, 8 angusti 1969, in *AAS*, 61 (1969), p. 473).

[151] G. BARBERINI, *Le Saint-Siège*, p. 159.

constitue un office ecclésiastique selon le canon 145 du code de droit canonique de 1983 qui récite : « Un office ecclésiastique est toute charge constituée de façon stable par disposition divine ou ecclésiastique pour être exercée en vue d'une fin spirituelle »[152]. Le code précise que les droits et devoirs inhérents à chaque office seront indiqués par le droit, divin ou positif et par l'autorité compétente. Ainsi l'*« officium »* du nonce apostolique accrédité en tant que chef de mission et donc responsable de la nonciature est érigé *(stabilier constitutum)* fidèlement au canon 145 et établi par le droit positif ecclésiastique et non par disposition divine. Cet office de représentation du nonce appartient à la constitution hiérarchique de l'Eglise et conditionne de ce fait le *status ecclesiae,* c'est-à-dire l'identité des titulaires d'une telle charge. L'état ecclésial[153] du re-présentant pontifical a été pendant longtemps objet de débat dans la période immédiatement postconciliaire, et malgré tout requiert aujourd'hui encore, une réflexion approfondie.

La question était de savoir si le nonce[154], communément appelé l'ambassadeur du Vatican, devait nécessairement être un ecclésiastique, plus ou moins élevé à la dignité épiscopale[155]. Certains juristes et penseurs dans la matière ont affirmé avec conviction l'idonéité des fidèles laïcs[156] à pouvoir exercer un tel

---

[152] *« Officium ecclesiasticum est quodlibet munus ordinatione sive divina sive ecclesiastica stabiliter constitutum in finem spiritualem exercendum »* (JOANNES PAULUS II, *Codex Iuris Canonici*, 25 Ianuarii 1983, in *AAS*, 75/II (1983), p. 23).

[153] Cf. M. CANTORI, *La diplomazia pontificia,* p. 81, note 84.

[154] En raison de la non-fixation de la terminologie juridique au XVIème siècle, le titre de nonce était attribué à tous les envoyés pontificaux sans distinction : ordinaires, intermédiaires, extraordinaires ou spéciaux.

[155] En général, les nonces étaient choisis parmi les auditeurs de la Rote et les autres prélats et parfois parmi les évêques et archevêques. Depuis 1584, à l'exception de quelques cas rares, ils sont toujours revêtus de la dignité épiscopale. Ils furent nommés archevêques d'un siège titulaire par Paul V (1605-1621). Cf. I. CARDINALE, *Le Saint-Siège et la diplomatie*, pp. 93-94.

[156] Jusqu'au pontificat de Paul III (1534-1549), en plusieurs situations la charge de nonce a été confiée aux laïcs mais sans vraiment une réelle juridiction spirituelle. Ce fut le cas par exemple de Francesco Petrarca, ambassadeur de Clément VI (1342-1352) auprès du Seigneur de Vérone, Mastino II Della Scala, en 1347. Giovanni Rucellai lui aussi fut représentant de Leon X (1513-1521) auprès du roi de France en 1520. Tout en étant marié

office. Mais, à l'opposé, d'autres comme Cantori y voient un problème. Cantori soutient que le laïc ne peut pas être candidat[157] à la nonciature puisque le nonce doit « représenter » le Souverain Pontife (tous deux étant le plus souvent des évêques) et pas seulement le peuple chrétien. Le nonce incarne la hiérarchie de l'Eglise et doit être un « homme consacré »[158]. Il aurait pu être à la rigueur un diacre permanent, mais le concile Vatican II a tranché avec clarté et netteté au numéro 6 a du décret conciliaire *Christus Dominius : «* Chacun d'eux (légats pontificaux), ensemble avec les autres évêques, est dans une certaine mesure, garant de l'Eglise ». Sans nul doute, de façon générale, le légat pontifical est un clerc ayant reçu l'ordre sacré et, en ce qui concerne le nonce apostolique, il est évêque avec souvent le titre d'évêque titulaire ou *in partibus*[159].

---

et père de famille, Bernadino Pimentel fut envoyé nonce du Pape Adrien V (1522-1523) en Espagne et en Baldassarre de Castiglione, auprès de Charles Quint de 1524 à 1529. Exceptionnellement, après le traité de Tolentino (19 février 1797), le marquis Camillo Massimo fut mandaté à Paris comme ambassadeur de Pie VI (1775-1799). Voir I. Cardinale, *Le Saint-Siège et la diplomatie*, pp. 93-94.

[157] *« I futuri nunzi sono formati presso l'Accademia Ecclesiatica della Santa Sede; sono tutti sacerdoti con ètà non superiore ai trentacinque anni[...]. Il futuro nunzio, inoltre deve avere una dote ulteriore rispetto all'ambasciatore di un paese qualunque. Costui è persona Christi, in quanto presbytero, rappresenta il pontefice all'estero, e con esso, la Chiesa. Col Papa, oltretutto, potrà condividere l'ordine episcopale. E un mediatore fine; il suo sia un "esprit de finesse": sappia parlare e sappia quando tacere. Deve essere flessibile e santo »* (M. CANTORI, *La diplomazia pontificia,* pp. 51-52).

[158] *Ibid.* p. 81, note 84.

[159] L'évêque titulaire est distinct de l'évêque diocésain (canon 376 CIC 1983). En observation du principe affirmé au concile de Nicée portant interdiction de faire des ordinations absolues, c'est-à-dire sans assignation d'un office ecclésiastique et d'une charge pastorale d'un peuple, on attribue à l'évêque ordonné un ancien diocèse disparu. Cette *fictio iuris* s'applique aux évêques auxiliaires, mais aussi aux évêques qui reçoivent une charge au service du Siège Apostolique, soit dans la curie romaine, soit comme légats du Pontife romain. Ceux-ci, autrefois désignés sous le nom d'évêques *in partibus*, pour *in partibus infidelium* (« en pays des infidèles ») par référence à d'anciens diocèses disparus au cours de l'histoire sont, depuis Léon XIII (1882), dénommés « évêques titulaires »... Cependant la pertinence théologique de ces évêques apparemment sans charge pastorale réelle nourrit encore des débats. Le problème est de savoir si la collation d'une Église sans existence réelle constitue un cas d'ordination absolue, c'est-à-dire sans

Cependant, comme l'admet Cantori lui-même, la question mérite encore une réflexion approfondie. L'activité diplomatique et ecclésiale du nonce implique-t-elle nécessairement et préalablement l'ordination sacerdotale ? Un laïc ne peut-il pas accomplir la mission de représentation pontificale auprès des Etats et des Eglises locales ?[160] Juridiquement, ni le code de droit canonique, ni la convention de Vienne (1961) ne précisent que le représentant du Saint-Siège doit nécessairement être un clerc. Quant à l'argument de l'école des nonces (l'Académie Pontificale), il peut être infirmé puisque tous les nonces ne sont pas forcément issus de cette école. Toutefois, il reste l'argument de la tradition ou de l'usage désormais consolidé selon lequel depuis 1584, en dépit des rares exceptions, les nonces sont toujours revêtus de la dignité épiscopale. Les articles I et II du *Motu Proprio* de Paul VI le

---

détermination pastorale, condamnée dès le concile de Nicée I (325). L'exhortation synodale *Pastores gregis* du 16 octobre 2004 exprime une position sur l'argument : « Principalement en raison du fait que le collège épiscopal est une réalité antécédente à l'office du chef de l'Eglise particulière, il y a plusieurs évêques qui, bien qu'exerçant des fonctions purement épiscopales, ne sont pas à la tête d'une Eglise particulière. Tout évêque, toujours en union avec ses frères dans l'épiscopat, et avec le Souverain Pontife, représente le Christ Chef et Pasteur de l'Eglise : non seulement de façon propre et spécifique, lorsqu'il reçoit la charge pastorale d'une Eglise particulière, mais aussi lorsqu'il collabore avec l'évêque diocésain au gouvernement de son Eglise, ou encore lorsqu'il participe à l'office de Pasteur Universel du Pontife romain pour le gouvernement de l'Eglise Universelle. Héritière du fait que tout au long de son histoire, l'Eglise, en plus de la forme ordinaire de présidence d'une Eglise particulière, ait reconnu même d'autres formes d'exercice du ministère épiscopal comme celle de l'évêque auxiliaire ou du représentant du Pontife romain, dans les offices du Saint-Siège ou dans les légations pontificales, de même, aujourd'hui, conformément au droit, elle admet de telles formes quand elles sont nécessaires » (*AAS*, 96, 2004, p. 834, traduit de l'italien par nous). Cf. P. VALDRINI, *Comunità, persone, governo*, Lateran University Press, Città del vaticano 2013, p. 63-64.

[160] Il est clair que si nous ouvrons la réflexion à tous les représentants pontificaux, même aux délégués qui sont dans les organisations internationales, la question perd naturellement de sa pertinence en ce sens que pour l'exercice de la représentation pontificale, point n'est besoin intrinsèquement de l'état clérical bien que ce ne soit pas une détermination indifférente. Un diplomate prêtre accomplit sa diplomatie avec son être sacerdotal, tout comme un diplomate laïc le fera selon ses propres caractéristiques.

confirment clairement. L'article I, paragraphe 1, stipule : « Par le nom de représentants pontificaux sont désignés ici les ecclésiastiques ordinairement marqués du sceau de la dignité épiscopale qui reçoivent du Pontife romain la charge de le représenter, de façon stable, dans les diverses nations ou régions du monde »[161]. Au paragraphe 2, il est écrit que

> « quant à cette légation, de nature religieuse et ecclésiale, se joint celle diplomatique, près des Etats ou des gouvernements, ils [représentants pontificaux] reçoivent le titre de Nonce, Pro-nonce et Internonce, suivant qu'ils aient le grade d'ambassadeur, avec le droit connexe du décanat dans le corps diplomatique, ou sans ce droit, ou qu'ils aient le grade d'envoyé extraordinaire ou de ministre plénipotentiaire »[162].

Le *Motu Proprio* a opté sans ambiguïté pour l'ordination épiscopale du nonce conformément à la tradition. Mais cette tradition multiséculaire relève-t-elle seulement de l'usage ou a-t-elle le caractère de l'*opinio iuris ?* Là se trouve le nœud de la question ! Au regard de la valeur juridique du *Motu Proprio* qui est la référence normative régulant l'identité et la mission du nonce, l'option est faite pour que le nonce soit un clerc élevé à la dignité épiscopale. S'agit-il d'un choix intrinsèque définitif du législateur ou ce choix peut-il un jour changer ?

Pour notre part, en ce qui concerne le nonce, sans que l'ordination sacerdotale ne soit indispensable à son activité

---

[161] Article I : *« 1. Nomine Legatorum Romani Pontificis hic appellantur viri ecclesiastici, plerumque Episcopali Ordine insignes, quibus Romanus Pontifex officium committit suam stabili modo gerendi personam in variis terrarum Orbis Nationibus vel Regionibus »* (PAULI PP.VI, Litt. Apost. m. p. datae: *Sollicitudo omnium Ecclesiarum*, 8 angusti 1969, in *AAS,* 61 (1969), p. 478).

[162] Article I : *« 2. Iidem pontificiam legationem exercent vel apud Ecclesias locales tantum, vel apud Ecclesias simul et Res Publicas atque civilia Gubernia. Qui legatione funguntur tantum apud Ecclesias locales, vocantur Delegati Apostolici; si vero ad hanc legationem, indolis religiosae atque ecclesialis, accedit etiam munus publicas fovendi rationes cum Civitatibus et civilibus Guberniis, tunc Legati proprio titulo nuncupantur vel Nuntii, vel Pro Nuntii, vel Internuntii, prouti vel ad ordinem pertinent "Publicorum Legatorum" cum iure partes gerendi Decani in Legatorum coetu, vel hoc iure carent, vel recensentur inter "Legatos extraordinarios et Administros liberis cum mandatis" »* (*ibidem*).

purement diplomatique[163], nous ne pouvons pas nier la convenance du sacerdoce à sa mission auprès des Eglises, des conférences épiscopales et surtout pour l'exercice de la mission de sanctification, à travers l'administration des sacrements qui occupent une place importante dans la vie des communautés chrétiennes. La pratique actuelle met l'accent sur l'ordination sacerdotale et épiscopale du nonce apostolique. Or, le canon 1024 stipule que n'est validement ordonné que le baptisé de sexe masculin. Cela veut dire que le nonce est avant tout un *vir baptizatus*. Une femme ne peut donc pas être nonce apostolique en raison de l'ordination sacerdotale marquée par la masculinité dans l'Eglise romaine. En dépit des revendications des mouvements féministes, cette question semble définitivement close. Cela nous montre combien, dans la pratique actuelle, la dimension sacramentelle est importante pour la fonction de représentation du Pape, à commencer par le baptême, ensuite l'ordre qui implique la confirmation et l'Eucharistie. Le nonce a donc un statut théologique parce qu'il a la faculté d'agir *« in persona Christi capitis »*, un statut ecclésiologique en tant que membre du collège épiscopal et représentant du Souverain Pontife. Enfin, il possède un statut international en raison de l'action du Saint-Siège sur la scène internationale.

Le recrutement des nonces ne se fait pas par un concours mais sur signalement d'un candidat par un évêque diocésain. Les candidats sont choisis parmi les prêtres diocésains jugés aptes à entrer au service de la diplomatie pontificale. Ceux-ci doivent avoir moins de 35 ans et être titulaires d'une licence en droit canonique ou en sciences théologiques. Les candidats

---

[163] L'article II parlant des représentants pontificaux près des organisations internationales ou des intervenants dans les conférences ou les congrès renseigne que ces représentants peuvent être des laïcs ou des ecclésiastiques. Ils ont dans ces cas le titre de délégué ou d'observateur, selon que le Saint-Siège y soit membre à part entière ou non, avec droit de vote ou sans droit de vote. L'article II, paragraphe 1 cite : *«1. Personam gerunt Sanctae Sedes ii quoque ecclesiastici et laici veri, qui, ut praepositi vel membra, in pontificiam Missionem cooptantur apud Consilia Internationalia, aut apud Conferentias et Congressus. Hi vocantur Delegati vel Observatores, prout Sancta Sedes recensetur aut non recensetur inter membra Consiliorum Internationalium, et partem habet in aliqua Conferentia cum aut sine iure suffragat »* (*ibidem*).

retenus entrent dans l'Académie pontificale ecclésiastique[164] où ils suivent une double formation à l'interne et à l'externe. L'école des nonces connue sous le nom d'Académie pontificale ecclésiastique, fut fondée en 1701 par Pierre Garagni sur instigation du bienheureux Sebastian Valfrè à Turin. L'école avait comme protecteur le Pape Clément XI et Pierre Garagni voulait répandre des institutions du même genre dans d'autres diocèses. Elle était alors dénommée « Académie des nobles ecclésiastiques » car, à l'origine, elle servait à former les greffons diplomatiques des familles d'ascendance nobiliaire. Elle avait son premier siège au palazzo Taverna, anciennement Gabrielli à Monte Giordano. Le fondateur, entouré de ses sept élèves, était loin de se douter du destin qu'allait connaitre son œuvre naissante au cours des siècles. En 1703, Clément XI transfère le siège au palais Godefroid, place de Venise à Rome et trois ans plus tard, le 2 juin 1706, l'Académie est de nouveau transférée dans son siège actuel au Palais Severoli, place de la Minerve à Rome. Après la mort de Clément XI, elle traversa une dure période de crise économique si forte qu'en 1739 les Pères chargés de sa gestion finirent par l'abandonner. Ce fut un déclin général : les locaux furent squattés par les sans-abris et les étrangers de passage. Elle demeura fermée pendant 11 ans malgré les vains efforts de redressement entamés par un ancien élève de l'école, Rezzonico, devenu Pape sous le nom de Clément XIII.

L'Académie rouvrit ses portes en novembre 1776, à la faveur de l'élection au siège de Rome du Pape Pie VI qui redonna un nouveau souffle à l'institution en confiant la présidence à Paul Antoine Paoli, procurateur général de la congrégation de la Mère de Dieu en Campitelli. Pie VI la visite en 1776 et instaure la coutume selon laquelle à la fête de la Chaire de Saint Pierre, un élève de l'Académie doit prononcer un discours solennel devant le Saint Père en personne. Pie VI

---

[164] Tout ce que nous dirons sur l'Académie pontificale ecclésiastique dans les pages qui suivent se trouve sur le site du Vatican et dans le livre de M. CANTORI, *La diplomazia pontificia,* pp. 52-55. Nous avons préféré sa chronologie des faits pour sa concision dans la narration, nous limitant à épingler les évènements saillants.

fut un véritable bienfaiteur pour l'académie, même sur le plan économique. A l'occasion de l'extinction de l'ordre des moines réguliers de Saint Antoine, absorbé par l'ordre de Malte, les biens du dit ordre qui se trouvaient à la frontière des Etats pontificaux furent concédés à l'Académie, et Saint Antoine, jadis protecteur de l'ordre disparu, fut déclaré par le Pape patron de l'Académie, *« propter unionem bonorum »*. Une nouvelle vague de crises allait frapper encore l'école avec l'avènement de la révolution de 1798 qui entraîna une fermeture de 5 ans. La réouverture eut lieu en 1803 ; par volonté expresse de Pie VII, l'Académie devint un institut avec des cours de théologie et de droit. En outre, elle obtint le privilège de présenter chaque année deux étudiants pour la licence en droit et en théologie à l'Université de la Sapienza. A cette période, l'Académie connut un déclin quant à la qualité de son offre formative si bien que, devant la gravité de la situation, le Pape Pie IX constitua une commission cardinalice *ad hoc* en vue de la relancer. Mais cette commission conclut dans son rapport à la fermeture pour un temps indéterminé de l'Académie et au renvoi de tous les élèves (1847). Pendant les émeutes populaires de 1848 et la naissance de la république Romaine, son siège de la place de la Minerve fut occupé par le Ministère de la guerre et de la marine, certains de ses biens furent confisqués par les troupes françaises. Une fois passés ces trois ans d'« obscurité générale », Pie IX ordonna encore la réouverture de l'Académie. Il émana un nouveau règlement qui exigeait que les étudiants soient formés avec soin et diligence soit pour le service diplomatique, soit pour le service administratif de la curie romaine ou des Etats pontificaux (1850). Les étudiants obtenaient la licence en théologie et pendant un cours de trois ans, ils apprenaient les langues étrangères et la diplomatie.

En 1878, le Pape Leon XIII accéda au trône et décida d'intensifier la discipline en imposant aux académiciens des dissertations publiques périodiques. Au temps de la présidence de Monseigneur Raphaël Merry Del Val, futur secrétaire d'Etat de Pie X, eut lieu l'internationalisation de l'Académie. Plusieurs étudiants britanniques convertis au catholicisme s'y formèrent en vue du sacerdoce. A la mort de Pie X, au temps de la grande guerre, fut élu sous le nom de Benoit XV (1914-1922) l'archevêque de Bologne, le cardinal Giacomo Dalla Chiesa, ancien élève et professeur de style diplomatique à l'Académie. Les successeurs de Benoit XV, Pie XI et Pie XII apportèrent quelques nouveautés à l'institution en fonction des nécessités des temps. Pie XI a établi que le président de l'Académie serait le Secrétaire d'Etat et que l'institution porterait le nom d' « Académie Pontificale Ecclésiastique ». Pie XII, qui y a été ancien élève et professeur de diplomatie ecclésiastique, la dote en 1945 d'un règlement encore en vigueur de nos jours. Jean XXIII, lui, a voulu refaire complètement l'intérieur de l'édifice. Paul VI, Jean-Paul II, Benoit XVI et le Pape François, ont visité à maintes reprises l'Académie pour encourager les pensionnaires et les professeurs.

Les futurs nonces reçoivent une double formation, à l'externe où ils vont dans les universités pontificales pour préparer leurs thèses en droit canonique ou en théologie, ensuite à l'interne pour une durée de deux ans où ils reçoivent des cours sur la diplomatie et les langues étrangères puisqu'il leur est exigé de parler au moins deux langues. Les matières de la formation à l'interne sont au nombre de huit : diplomatie ecclésiastique, style diplomatique, histoire de la diplomatie pontificale, fonctionnement de la curie, doctrine sociale de l'Eglise, institutions politiques, pratique administrative, droit oriental. Après une série d'examens et des stages à la Secrétairerie d'Etat, ces études se terminent, sanctionnées par un diplôme délivré par la Secrétairerie d'Etat. Il n'est pas superflu d'indiquer que la formation se déroule dans un climat de prière, de vie communautaire : messes quotidiennes, retraites ou recollections mensuelles, exercices spirituels., etc. A cause de la conception que l'Eglise a de l'office du nonce non comme un travail mais comme un ministère, et aussi du rapport entre la Secrétairerie d'Etat et le nonce, tout à fait différent du rapport employeur-employé, il est donc difficile de parler réellement de carrière dans la représentation diplomatique pontificale. Cela n'exclut pas qu'il y ait une certaine progression dans le recouvrement des offices ecclésiastiques à l'intérieur d'une mission diplomatique du Saint-Siège. Selon Cantori, on entre à l'Académie comme préposé, après, on devient secrétaire de seconde puis de première classe, ensuite, on est conseiller de seconde puis de première classe, et enfin nonce apostolique avec la consécration épiscopale. Un nonce peut être transféré d'une nonciature importante à une moins importante sans que cela ne signifie une diminution de sa dignité ou de l'estime que l'on a pour lui.

L'étude des discours des différents Papes à la communauté de l'Académie ainsi qu'au corps diplomatique, permet de faire ressortir les qualités[165] humaines et spirituelles que doivent avoir les nonces apostoliques. Pour notre part, nous retenons particulièrement un discours de Jean-Paul II le lundi 17 mars 1980 et un autre de Benoit XVI le vendredi 10 juin 2011. Jean-Paul II vante comme première qualité du nonce le fait d'avoir une âme authentiquement sacerdotale qui lui fait rechercher, non une satisfaction personnelle, mais le bien et la croissance spirituelle des communautés où il est envoyé. Il devra aussi avoir une vision surnaturelle des choses, cela implique de cultiver

> « la charité sacerdotale, l'esprit missionnaire, le dévouement et l'abnégation, un esprit apostolique de sorte à pouvoir dire « Nous sommes des ambassadeurs du Christ, comme si Dieu exhortait par nous » (2 Corinthiens 5, 20) »[166].

Dans la même logique, Benoit XVI dira du diplomate en particulier du nonce : « En premier lieu -comme il a été souligné plusieurs fois- c'est un prêtre, un évêque, un homme qui a déjà choisi de vivre au service d'une parole qui n'est pas

---

[165] A ce sujet, Igino Cardinale met l'accent sur la probité des candidats et la force de leurs paroles. Il écrit : « N'est pas diplomate de l'église celui qui use de la ruse et de l'astuce dans ses relations avec le gouvernement qui l'a agréé comme interlocuteur diplomatique. Le diplomate ecclésiastique apporte des paroles d'entente ; il est l'avocat des causes justes de la population ; il collabore avec le gouvernement et avec la nation dont il est l'hôte. Les intérêts qu'il représente ne sont pas des sujets de dissension mais de rapprochement. C'est pourquoi pour l'Eglise, la diplomatie se présente comme une forme d'amour envers les peuples et l'école qui y prépare est une école de haute charité » (I. CARDINALE, *Le Saint-Siège et la diplomatie,* p. 194).

[166] JEAN PAUL II, discours à l'Académie pontificale ecclésiastique, 17 mars 1980 in URL :
< http://w2. vatican.va/content/john-paul-ii/it/speeches/1980/march/documents/hf_jp-ii_spe_19800317_pont-ac-eccl.html >, consulté le 25 novembre 2017 à 23h35.

la sienne ». Pour lui, c'est la fidélité à cette Parole, l'évangile, qui fait l'habileté véritable du nonce. A cette dimension sacerdotale s'ajoutent d'autres qualités telles

> « la capacité d'ouverture à l'autre, l'impartialité de jugement, la distance critique de ses opinions personnelles, le sacrifice, la patience, la constance et parfois aussi la fermeté dans le dialogue à l'égard de tous »[167].

L'excursus historique que nous venons de parcourir nous enseigne deux choses importantes. D'abord l'Eglise ne considère pas le service de la nonciature comme une tâche facultative ni accessoire, mais indispensable[168] pour assurer la présence du Pape dans les relations internationales. A défaut, elle aurait laissé tomber l'Académie Pontificale Ecclésiastique, dont les soubresauts de l'histoire auraient simplement eu raison ; l'Eglise se serait aussi épargnée les efforts, peines et argent investis à chaque décadence pour redresser cette *« école supérieure de la charité »,* selon le mot de Paul VI cité par Benoit XVI[169]. Ensuite, deuxième chose, c'est que l'Eglise est

---

[167] BENOIT XVI, discours à l'Académie pontificale ecclésiastique du 1er juin 2011 in URL :
< http://w2.vatican.va/content/benedictxvi/fr/speeches/2011/
june/documents/hf_benxvi_spe_20110610_ accademia-ecclesiastica
.html >, consulté le 25 novembre 2017 à 23h42.

[168] Le 25 avril 1951, à l'occasion du 250ème anniversaire de l'Académie Pontificale, le Secrétaire d'Etat, Giovanni Battista Montini, futur Paul VI, dans sa conférence, se fait le défenseur de la diplomatie pontificale pour en montrer le bien fondé. Il affirme : « Si donc, la diplomatie tend à construire la paix et qu'elle multiplie pour cela les initiatives, elle ne saurait être contraire à l'esprit ecclésiastique, ni à l'autorité de l'Eglise et du Souverain Pontife puisque l'Eglise catholique, plus que tout autre bien terrestre, cherche, prêche, fait naître cette paix, la vraie paix » (in J.-Y. ROUXEL, *Le Saint-Siège sur la scène internationale,* p. 22). Quelques années avant le concile, le philosophe Etienne Gilson avait justifié la diplomatie pontificale en ces termes : « La paix du Christ n'est pas de la terre, mais elle ne se désintéresse pas non plus de celle de la terre. Elle nous impose même un devoir précis à son égard : faire que la paix terrestre serve l'avènement de la paix céleste, exactement comme la nature s'offre à la grâce, la raison à la foi, et la volonté à la charité » (*Ibid.* p. 23).

[169] BENOIT XVI, Discours à la communauté de l'Académie Pontificale Ecclésiastique du 14 juin 2010, in URL :

regardante quant au choix de la personne de ses représentants, en particulier le nonce apostolique. Afin de faciliter l'accomplissement de sa mission, la personne du nonce jouit de l'inviolabilité, des immunités et privilèges. En quoi consiste donc cette mission ?

2.2.2 Statut de fonction

Il serait intéressant de retracer les débats qui ont émaillé les fonctions du nonce apostolique dans l'Eglise depuis le concile de Trente jusqu'à nos jours, mais, pour les besoins de notre travail, nous nous cantonnons à redéfinir les fonctions du nonce à la lumière du concile Vatican II, du *Motu Proprio Sollicitudo omnium Ecclesiarum* et du code de droit canonique de 1983. En effet, le thème du nonce ainsi que celui du délégué apostolique furent abordés dans le cadre de la réforme de la curie romaine sous l'angle plus général des rapports entre le Siège apostolique et les évêques. A la 49ème Congrégation Générale, le 16 octobre 1963, Monseigneur Amman, au nom des évêques missionnaires, intervint soulignant trois points : 1) la nonciature représenterait aux yeux du monde l'Eglise structurée à la manière des puissances politiques ; 2) le rôle des nonces pourrait être confié aux présidents des conférences épiscopales et aux patriarches, ceux-ci ayant l'avantage de mieux connaitre la langue, la culture, l'histoire, la vie sociale politique et religieuse de leurs pays respectifs ; 3) les fonctions des nonces pourraient être assumées par des laïcs compétents. Lors de la même Congrégation fut exprimée la difficulté pour l'autorité épiscopale de concilier la présence des nonces du Saint-Siège dans les conférences épiscopales. A la 60ème Congrégation, il fut question de la formation des nonces et à la 62ème Congrégation, on a soutenu la nécessité de pourvoir à l'internationalisation de la curie romaine et à l'adéquation des nonciatures aux exigences des temps.

< http://w2.vatican.va/content/benedict-xvi/fr/speeches/2010/june/documents/hf_ben-xvi_spe_20100614_ accademia-eccles.html >, consulté le 25 novembre 2017 à 23h42.

Le thème du nonce est revenu à la 67ème congrégation, le 14 novembre 1963, lorsqu'il s'est agi d'établir une règle pour les conférences épiscopales au cas où elles n'atteindraient pas la majorité qualifiée dans les votes sur les affaires relatives aux gouvernements civils. Auxquels cas il fut décidé qu'il fallait renvoyer ces affaires à la commission permanente ou au nonce ou au délégué apostolique. Toutes ces discussions eurent lieu durant la seconde Session conciliaire de 1963, donc juste après la convention de Vienne sur les relations diplomatiques. Aussi, le silence sur les nonces est frappant dans l'énoncé des documents qui ont servi de schéma aux différents travaux de la session conciliaire. Ni le premier schéma, *Schema decreti de Episcopis ac de dioecesium regimine* (1963) ni le second *De pastorali Episcoporum munere in Ecclesia* (1964) ne font mention des légats pontificaux, le nonce y compris. Ce silence traduit le malaise et les difficultés à trouver le juste rapport entre les légats pontificaux, le nonce et les évêques si bien qu'au vote du 4 novembre 1964, il y eut de très nombreux *« iusta modum »* et beaucoup ont demandé que le vote sur les légats pontificaux soit introduit dans le décret. Le décret final *Christus Dominus* parle des légats pontificaux en général mais nous en déduisons certains éléments concernant le nonce. Notre attention se porte principalement sur les numéros 9, 10 et 38. Au numéro 9, *Christus Dominus* enseigne qu'en considération du ministère pastoral des évêques, on devrait définir plus précisément l'office des légats du Pontife romain. Le numéro 10 affirme que les légats du Pontife romain, dans la mesure du possible, devraient être choisis en majeure partie dans les diverses régions de l'Eglise. Enfin, le numéro 38, parlant des membres de la conférence épiscopale, établit qu'en raison de la particularité de leur office sur les territoires, les légats pontificaux, le nonce y compris, ne sont pas de droit membres de la conférence.

La Constitution apostolique *Regimini Ecclesiae Universae* du 1 aout 1967 visant la réforme de la curie romaine, entrée en vigueur le 1 mars 1968, traite indirectement du nonce en attribuant à la Secrétairerie d'Etat et au conseil pour les affaires publiques de l'Eglise, le devoir de s'occuper des relations avec eux tout comme avec les autres légats. Quant au *Motu Proprio*,

Sollicitudo omnium Ecclesiarum (24 juin 1969), sa préparation a été faite en plusieurs phases successives[170] et il se présente comme une réponse aux différentes questions soulevées par les pères conciliaires notamment dans le décret *Christus Dominus.* Dans le *Motu proprio,* Paul VI affirme :

> « Nous pensons donc satisfaire en ce domaine l'espoir conçu par Nos Frères dans l'épiscopat, en publiant ce document sur les fonctions de Nos représentants auprès des Eglises constituées dans divers lieux, et auprès des Etats du monde entier».[171]

Le document devrait aussi prendre en compte les enseignements et les nouvelles perspectives théologiques exprimés dans la Constitution dogmatique *Lumen Gentium* au sujet de la nature et des fins de l'Eglise, au sujet de l'épiscopat, de la collégialité, du ministère pastoral des évêques. Tout cela a pour conséquence l'urgence et la nécessité de repenser la fonction du nonce et des légats pontificaux pour en cerner le fondement, la nature, les finalités, l'utilité et les limites. En outre, le document devait affronter l'épineuse question soulevée par certains au concile mais surtout en dehors du concile et dans la phase post conciliaire, celle portant sur la justification de l'existence même d'une telle institution. Alors ce *Motu Proprio* est avant tout une référence pour la réflexion en ce sens qu'il peut servir de point d'appui afin de traduire en langage juridique l'identité du nonce apostolique en lien avec la théologie du concile Vatican II. Le cardinal Suenens affirme que « La théologie de Vatican II invite à reprendre les choses par la racine en fonction de la finalité de ces deux fonctions : la

---

[170] Il a fallu tenir compte du point de vue et de l'expérience vive des représentants pontificaux, des consultations de personnes compétentes, ainsi que de la pratique et de l'évaluation des Congrégations impliquées telles la Congrégation pour les évêques, pour les églises orientales, pour l'évangélisation des peuples et celle pour les religieux. Il fallait enfin avoir l'avis des cardinaux experts en la matière et spécialistes en droit.

[171] *Arbitramur ergo, ad haec quod attinet, Nos spem merito conceptam a Fratribus Nostris in Episcopatu implere, hasce Litteras edendo de muneribus Legatorum Nostrorum apud Ecclesias variis locis constitutas et apud Civitates, quae sunt in cunctis orbis partibus.* (PAULI PP.VI, Litt. Apost. m. p. datae: *Sollicitudo omnium ecclesiarum*, 8 angusti 1969, in *AAS,* 61 (1969), p. 475).

fonction diplomatique et la fonction religieuse. Et cela commande une profonde restructuration »[172]. Il est clair que l'établissement d'une ligne d'action pratique dans l'Eglise est naturellement précédé d'une réflexion doctrinale préalable. Telle est d'ailleurs la méthode suivie par le concile : le décret procède de la doctrine. Par exemple, *Christus Dominus* est le décret d'application du troisième chapitre de la Constitution dogmatique *Lumen Gentium*.

La même méthodologie fut employée dans le *Motu Proprio Sollicitudo omnium Ecclesiarum* composé de deux parties. La première partie, essentiellement doctrinale, rappelle les enseignements des documents conciliaires tandis que la seconde partie, plus pratique, est formée de 12 articles divisés en paragraphes. Le *Motu Proprio*[173] commence par déclarer l'impérieux devoir et le service du Pape pour toute l'Eglise. Ceci exige que le Pape soit présent de façon adéquate dans toutes les régions de la terre et qu'il connaisse les diverses conditions des différentes Eglises (E.V., n. 3537). Ensuite, le *Motu Proprio* parle du pouvoir (*potestà*) du Pape, plénier, suprême, universel, ordinaire et immédiat et de son office qui est d'être « le perpétuel et visible fondement de l'unité aussi bien avec les évêques qu'avec la multitude des fidèles ». Enfin, il évoque la mission diplomatique du représentant du Souverain Pontife, en insistant sur le double mouvement, de Rome vers les Eglises locales et des églises locales vers Rome. L'ecclésiologie conciliaire qui y est présente définit l'Eglise comme un « mystère »[174] plutôt que comme une institution, signant du même coup le primat de la dimension charismatique sur celle institutionnelle. L'accent est mis sur la dimension trinitaire, christologique, pneumatologique et charismatique (l'Eglise est communion de vie dans l'Esprit). Les documents conciliaires ont une préférence pour les concepts et catégories bibliques plus

---

[172] SUENENS, *Le statut et la mission du nonce*, in *Information Catholique Internationale*, n.336 parenth 15.5.1969, *supplément*, XIV.

[173] Nous nous inspirons de M. OLIVERI, *Natura e funzioni dei legati pontifici nella storia e nel contesto ecclesiologico del Vaticano II,* Marietti Editori, Torino, 1979, pp. 155-166.

[174] PAULUS PP. VI, Const. Dogm.: *Lumen Gentium*, 22 Novembris 1964, in *AAS* 57 (1965), 5-71.

que ceux sociaux et juridiques. L'Eglise est donc une réalité surnaturelle, transcendante, salvifique. Peuple de Dieu [175], elle est « constituée par le Christ pour une communion de vie, de charité et de vérité »[176], « communion de foi, d'espérance et de charité »[177]. L'Eglise est vue comme Sacrement en Christ, Sacrement universel de salut, non seulement communauté de salut mais aussi instrument et moyen de salut. Sa dimension sacramentelle, ministérielle et institutionnelle est mise en lumière. L'Eglise est aussi considérée société visible et juridique. Cette dernière dimension que le *Motu Proprio* a voulu maintenir, en utilisant encore l'expression de *societas perfecta* malgré les atténuations apportées par le concile Vatican II, est tout de même essentielle à la nature de l'Eglise dans son pèlerinage terrestre. Toutes ces dimensions de l'Eglise dont nous venons de parler s'intègrent harmonieusement et ne doivent pas être prises isolement. Séparées, elles restent vraies même si incomplètes ; elles sont, de ce fait, indivisibles parce qu'elles « forment une seule réalité complexe résultant de deux éléments, humain et divin »[178].

Cette prémisse ecclésiologique nous aide à mieux prendre conscience de la mission religieuse du nonce apostolique car la tentation de vouloir réduire la mission du nonce, soit uniquement à son aspect diplomatique, soit à son aspect religieux, n'est jamais définitivement éradiquée. L'histoire rapporte la tentative dangereuse de l'Espagne en octobre 1801 de réduire le rôle du nonce à celui d'un simple ambassadeur d'un chef d'Etat temporel, niant ainsi la fonction religieuse qu'il doit exercer dans les pays où il est envoyé[179]. Certes, le Pape

---

[175] *Ibidem.*

[176] *Ibidem.*

[177] PAULUS PP. VI, Const. Dogm.: *Lumen Gentium*, 22 Novembris 1964, in *AAS* 57 (1965), 5-71.

[178] *Ibidem.*

[179]Dans le même sens, le Conseil d'Etat grec, en août 1979 estima que le décret présidentiel établissant les relations diplomatiques entre la Grèce et le Saint-Siège était anticonstitutionnel parce que le « Vatican » ne constituait pas à ses yeux un Etat au sens juridique du terme. Ou encore, la Déclaration du synode de l'Eglise orthodoxe de Grèce en 1979 assimila l'échange mutuel d'ambassadeurs entre le Saint-Siège et les Etats à une « reconnaissance de

était Souverain temporel des Etats pontificaux, mais cette tentative n'a pas manqué de provoquer la réaction du cardinal Consalvi[180], alors secrétaire d'Etat, qui écrit le 2 janvier 1802 : « La souveraineté temporelle de Sa Sainteté est purement secondaire par rapport à son grand apostolat »[181]. Secondaire dans ce cas n'est guère synonyme de négligeable ou de non nécessaire. Au contraire, le *Motu Proprio* concilie les deux aspects au point de mettre le nonce en face d'un dilemme cornélien s'il venait à devoir choisir entre l'un et l'autre.

L'autre prémisse qui conditionne notre compréhension du rôle du nonce est une prémisse anthropologique qui a imprégné tout le concile mais aussi le code de droit canonique de 1983. Il s'agit du personnalisme qui a pénétré toute l'ecclésiologie de la communion. Les deux concepts clés de la *communio* et de la *persona*, qui sont au cœur de la Constitution dogmatique *Gaudium et Spes*, informent les relations interpersonnelles à l'intérieur de l'Eglise et dans le reste du monde. Le personnalisme conciliaire offre une vision de l'homme qui exalte sa dignité de fils de Dieu et aiguise l'attention sur les droits fondamentaux de la personne. Il incite à s'insurger contre toute violation et ouvre aux valeurs communément partagées. Le personnalisme contribue à la construction de la communauté parce qu'il scelle une alliance naturelle entre l'individu et la communauté dans le sens du bien commun. L'Eglise et l'Etat, bien qu'entités à finalités diverses, toutes deux autonomes et indépendantes, sont au service de la communauté humaine dont l'homme est le sujet commun. Naît ainsi la nécessité du dialogue afin de : a) se comprendre et collaborer b) éviter les dissensions c) travailler ensemble pour la paix et le progrès (grandes espérances de l'humanité)[182]. Plus spécifiquement, ce dialogue a pour but de : a) Garantir la liberté de l'Eglise b)

---

l'Eglise papale comme Etat avec des pouvoirs temporels terrestres ». Cf. A. DUPUY, *La diplomatie du Saint-Siège,* p. 21.

[180] Le Cardinal Consalvi fut le grand négociateur du congrès de Vienne 1815.

[181] Cf. WERKNZ, *Ius Decretalium*, t.II, Romae, 1928, p. 464, note 18.

[182] *Evangelium Vitae* n. 3548, in JOANNES PAULUS II, Litt. Encycl : *Evangilium vitae,* 25 Martii 1995, in *AAS*, 87 (1995), 401-522 et *Gaudium et spes* n. 1-3, in PAULUS PP. VI, Const. Pastor. : *Gaudium et Spes*, 7 Decembris 1965, in *AAS* 58 (1966), 1025-1120.

assurer l'Etat des intentions pacifiques de l'Eglise c) offrir l'aide des énergies spirituelles à la société civile afin qu'elle puisse œuvrer pour le bien commun de tous ses membres[183].

L'article IV[184] du *Motu Proprio* duquel le canon 364 tire sa source, assigne à l'activité[185] du nonce un but principal et spécifique qui est celui de rendre toujours plus étroits et plus efficaces les liens entre le Siège apostolique et les Eglises locales (fonction religieuse et ecclésiale). Interprète de la sollicitude du Pape pour le bien du pays dans lequel il est envoyé, le nonce doit s'intéresser avec zèle aux problèmes de la

---

[183] Cf. *Gaudium et Spes* n.76, in PAULUS PP. VI, Const. Pastor. : *Gaudium et Spes*, 7 Decembris 1965, in *AAS* 58 (1966), 1025-1120.

[184] L'article IV récite : « *1. Praecipuum ac proprium munus Pontificii Legati est ut firmiora atque efficaciora in dies reddat unitatis vincula, quae inter Apostolicam Sedem et Ecclesias locales intercedunt. 2. Ipse praeterea quasi interpres fit sollicitudinis Romani Pontificis de bono Nationis, in qua legatione fungitur, eique peculiari modo corde esse oportet quaestiones ad pacem, ad progressum et ad consociatam populorum operam spectantes, eo quidem consilio, ut totius hominum familiae spirituale, morale atque oeconomicum bonum promoveatur.3. Pontificii Legati est etiam apud moderatores Civitatis, in qua officio suo fungitur, ea quae pertinent ad Ecclesiae et Apostolicae Sedis missionem, consociata cum Episcopis actione, tueri. Quod quidem munus spectat insuper ad illos Legatos, qui non sunt missi ad Civitatum moderatores: iidem igitur contendant fructuosas necessitudines cum civilibus moderatoribus fovere. 4. Quatenus personam gerit Supremi Pastoris animorum, Legatus Pontificius, iuxta mandata et instructiones quae accipit a competentibus Apostolicae Sedis Officiis, et collatis consiliis cum Episcopis loci in quo munere suo fungitur, in regionibus quidem orientalibus praesertim cum Patriarches, foveat opportuna commercia inter Catholicam Ecclesiam et alios coetus christianos, foveatque rationibus cantate innixis erga Religiones non christianas. 5. Multiplici munere suo Pontificius Legatus fungitur sub ductu et iuxta mandata Cardinales Secretarii Status eiusdemque Praefecti Consilii pro publicis Ecclesiae negotiis, cui quidem directe rationem reddere debet de perfunctione muneris sibi a Romano Pontefice cullati* » (PAULI PP.VI, Litt. Apost. m. p. datae: *Sollicitudo omnium Ecclesiarum*, 8 angusti 1969, in *AAS*, 61 (1969), pp. 479-480).

[185] A ce sujet, la nonciature est organisée comme un organe périphérique de la Secrétairerie d'Etat. Il s'agit le plus souvent d'une résidence (maison) dans laquelle vivent deux personnes : le nonce (chef de la mission diplomatique) et son secrétaire (conseiller de première classe). Chaque nonciature est composée de trois secteurs à savoir celui technique comprenant les bureaux, la salle ou les salons de la représentation, ensuite un secteur réservé à la famille et à la communauté de religieuse et un secteur public comportant le plus souvent une chapelle. Cf. M. CANTORI, *LA diplomazia pontificia*, p. 56.

paix, du progrès, de la collaboration des peuples, en vue du bien spirituel, moral et matériel de la famille humaine entière. En union avec les évêques, il promouvra auprès des autorités civiles du territoire où il exerce son office, la mission de l'Eglise et du Saint-Siège. Il travaillera aussi suivant les instructions des organes compétents du Saint-Siège, en accord avec les évêques, surtout les patriarches en Orient, à favoriser des rencontres fructueuses entre l'Eglise catholique et les autres communautés chrétiennes, puis entretiendra des rapports cordiaux avec les religions non chrétiennes.

Le canon 364[186] stipule que le nonce doit informer le Siège apostolique des conditions des Eglises particulières ainsi que de tout ce qui touche à la vie même de l'Eglise et au bien des âmes. D'une part, il fait connaître au Saint-Siège les pensées des évêques, des clercs, des religieux et des fidèles de son territoire de mission et d'autre part, il se fait l'interprète autorisé des actes, documents, informations, et instructions provenant du Saint-Siège. Pour cela, chaque office et dicastère de la curie romaine n'oubliera pas de lui communiquer les décisions prises et pourra se prévaloir de ses bons offices pour les faire parvenir à destination. Ils ne manqueront pas de lui demander son avis sur les mesures à prendre pour le territoire sur lequel il accomplit sa mission. Aussi le nonce doit-il assister les évêques par ses actions, ses conseils, son service prompt et généreux, dans un esprit de fraternelle collaboration, tout en sauvegardant l'exercice libre de leur pouvoir légitime, celui de pasteurs propres. Le *Motu Proprio* tient à préserver la centralité de l'épiscopat : la mission du nonce ne se superpose pas à

---

[186] *Can. 364 : « § 1. Legati pontificii, qui simul legationem apud Civitates iuxta iuris internationalis normas exercet, munus quoque peculiare est : 1° promovere et fovere necessitudines inter Apostolicam Sedem et Auctoritates Rei Publicae ; 2° quaestiones pertractare quae ad relationes inter Ecclesiam et Civitatem pertinent; et peculiari modo agere de concordatis aliisque huiusmodi conventionibus conficiendis et ad effectum deducendis. § 2. In negotiis, de quibus in § 1, expediendis, prout adiuncta suadeant, Legatus pontificius sententiam et consilium Episcoporum dicionis ecclesiasticae exquirere ne omittat, eosque de negotiorum cursu certiores faciat »* (JOANNES PAULUS II, *Codex Iuris Canonici*, 25 Ianuarii 1983, in *AAS*, 75/II (1983), p. 65).

l'exercice du pouvoir des évêques, ni ne le remplace, mais au contraire le favorise et le soutient avec son conseil fraternel et discret. Paul VI écrit dans le *Motu Proprio* que le Saint-Siège a toujours considéré comme norme de gouvernement valide dans l'Eglise ce que son prédécesseur, saint Grégoire Le Grand, a énoncé comme principe : « Si la juridiction de chaque évêque n'est pas respectée, la confusion sera créée par nous-mêmes qui devons garder l'ordre dans l'Eglise »[187].

Le nonce doit favoriser de fréquentes relations avec la conférence épiscopale, fournissant à celle-ci toute l'aide possible. Bien que n'étant pas membre de la conférence épiscopale, il prendra part à la session initiale de chaque Assemblée Générale, restant ouverte la possibilité de participer à d'autres actes de la conférence sur invitation des évêques eux-mêmes ou par mandat explicite du Saint-Siège. Par ailleurs, il sera informé en temps utile de l'ordre du jour de l'Assemblée et recevra copie des procès-verbaux pour en prendre connaissance et les transmettre au Saint-Siège. En ce qui concerne la nomination des évêques, le nonce est chargé d'instruire le processus canonique d'information sur les candidats, de communiquer les noms aux dicastères compétents à Rome, conjointement à un rapport approprié dans lequel il exprimera devant le Seigneur son propre point de vue et son vote préférentiel. A cet effet, il entreprendra librement les enquêtes tout en imposant le secret tant aux sujets actifs que passifs de la consultation. Il procédera suivant les normes établies par le Saint-Siège concernant la proposition des noms des candidats pour le ministère épiscopal dans l'Eglise, conscient en particulier de la compétence de la conférence épiscopale en la matière. Il respectera les privilèges légitimes accordés ou acquis et toute procédure spéciale reconnue par le Saint-Siège. Restent toutefois en vigueur les normes concernant l'élection des évêques dans les Eglises orientales et la désignation des candidats pour les circonscriptions ecclésiastiques confiées à des congrégations religieuses et qui dépendent de la

[187] « *Si sua unicuique Episcopo iurisdictio non servetur, quid aliud agitur nisi ut per Nos, per quos ecclesiasticus custodiri debuit ordo, confundatur?* » (S. GREGORII M., *Registrum Epistolarum*, II, 285).

congrégation pour l'évangélisation des peuples. Il revient au nonce, l'initiative pouvant être personnelle, d'étudier les questions relatives à l'érection, au démembrement ou à la suppression des circonscriptions diocésaines ou provinciales, restant sauves les facultés des Conférences épiscopales de formuler leurs votes et propositions. Le nonce achemine le tout au dicastère compétent du Saint-Siège en y joignant son propre vote.

Quant à l'appui qu'il doit apporter aux communautés religieuses de droit pontifical, le *Motu Proprio* cite que vue leur nature juridique de droit pontifical et le besoin de renforcer leur union interne et leur association sur le plan national et international, le nonce, représentant du Pontife romain, est appelé à donner conseil et assistance aux Supérieurs Majeurs résidents sur son territoire de mission, dans le but de promouvoir et de consolider les conférences des Religieux et Religieuses et de coordonner leurs activités apostoliques éducative, sociale et d'assistance, en accord avec les normes directives du Saint-Siège et des conférences épiscopales locales. De même qu'il le fait pour les conférences épiscopales[188], le nonce est tenu de prendre part à la session initiale des conférences des religieux et religieuses et aux actes qui requièrent sa présence en entente avec les Supérieurs

[188] Article VIII récite : « *1. Quod attinet ad rationes habendas cum Episcopis, quibus ex divino mandato animorum cura in singulis dioecesibus commissa est, Legatus Pontificius, integram relinquens Episcopis eorum iurisdictionis exercitium, iis opem ferre, consilia dare, prompte generoseque suam operam praestare debet, fraterno consociatae operae spiritu permotus. 2. Ad rationes cum Conferentiis Episcopalibus quod spectat, Legatus Pontificius meminerit earum munera et officia summa esse momenti, ac propterea crebras cum illis relations esse fovendas, et omnimodam opem praestandam. Quamvis ex iure membrum Conferentiae non sit, nihilominus ipse primo coetui cuiusvis sessionis generalis intererit, salvo iure participandi alios Conferentiae coetus ex ipsorum Episcoporum invitatione aut ex expresso Apostolicae Sedis mandato ; praeterea ipsi notae fient tempore utili quaestiones in sessione tractandae, atque exemplar actorum mittetur, ut ipse de his certior reddatur eademque ad Apostolicam Sedem transmittat* ». (PAULI PP.VI, Litt. Apost. m. p. datae: *Sollicitudo omnium Ecclesiarum*, 8 angusti 1969, in *AAS,* 61 (1969), p. 482).

Majeurs[189]. Il sera informé en temps utile de l'ordre du jour, et recevra copie des procès-verbaux pour en prendre connaissance et les transmettre au dicastère compétent de la curie romaine.

Nous pouvons résumer les huit fonctions du nonce comme suit : 1) information 2) assistance 3) relation avec les conférences épiscopales 4) consultation et avis sur la nomination des évêques 5) promotion de la paix 6) promotion de l'œcuménisme 7) mission des Eglises près des Etats 8) accomplissement des charges reçues du Siège Apostolique. Pour ce qui est de l'activité proprement diplomatique, l'article X du *Motu Proprio* attribue au nonce le devoir de : a) favoriser et promouvoir des relations avec le gouvernement de l'Etat (Nation) auprès duquel il est accrédité b) traiter des questions se rapportant aux relations entre l'Eglise et l'Etat c) s'occuper particulièrement de la signature de *« modus vivendi »*, d'accords, de concordats, de conventions sur des questions relevant de la sphère publique, notamment les matières mixtes. A cette diplomatie bilatérale s'ajoute, à l'article XI du *Motu Proprio*, la diplomatie multilatérale[190] imposant au nonce le

---

[189] Article IX : « *1. Attenta natura iuridica Communitatum Religiosarum iuris pontificii, atque opportunitate roborandi internam earum unitatem earumque coniunctionem intra atque extra fines Nationis, ad Legatura Romani Pontificis spectat consilio et opera adesse Superioribus Maioribus, qui in legationis suae territorio commorantur; eo quidem proposito, ut Religiosorum Religiosarumque Conferentiae promoveantur et confirmentur, atque ut apto inter se ordine conectantur varia Institutorum Religiosorum opera ad actionem pastoralem, ad educationem, ad auxilia egenis praebenda et ad rem socialem spectantia, plene servatis tum normis ab Apostolica Sede latis, tum rationibus cum loci Conferentiis Episcopalibus. 2. Quapropter Legatus Pontificius intererit primo coetui Conferentiarum Religiosorum Religiosarumque, itemque iis actibus qui, mito consilio cum Superioribus Maioribus, ipsius praesentiam postulare videantur ; tempore autem utili ipse de quaestionibus in sessione tractandis certior fiet, eidemque exemplar actorum mittetur, ut ea cognoscat atque ad competens Romanae Curiae Dicasterium transmittat* » (*ibid.*, pp. 482-483).

[190] A la question de savoir comment tout cela est advenu surtout au niveau multilatéral, il faut souligner le travail des précurseurs, qui ont jeté les bases d'une relation du type diplomatique du moins du type institutionalisé entre le Saint-Siège et les Organisations internationales. Au nombre des pionniers, on peut retenir trois grandes figures non diplomatiques n'appartenant pas au corps des représentants diplomatiques du Saint-Siège : deux prélats (Monseigneur Louis Liguti et le Père Henri De Riedmatten) et un laïc (Jean

devoir de suivre attentivement les programmes des Organisations Internationales lorsque le Saint-Siège n'y a pas de délégué ni d'observateur permanent[191]. Il est de ses

---

Larnaud), qui ont travaillé dans des contrées différentes (Washington-Rome, Paris et Genève). A travers leurs relations personnelles et leur travail de « non diplomate », ils ont préparé la voie à l'insertion du Saint-Siège dans les relations multilatérales. Monseigneur Louis Liguti (Washington-Rome) a été directeur de la « National Catholic Rural Conférence » aux Etats-Unis. Ensuite, il fut envoyé à Rome au moment de la fondation de la FAO (Organisation Mondiale pour l'Alimentation) afin de pouvoir partager avec l'organisation la longue expérience de l'Eglise en matière de lutte conte la pauvreté et la faim dans les pays pauvres. Le 2 février 1945, il fut nommé observateur permanent du Saint-Siège près de l'organisation. Il fut ainsi le premier à être reconnu comme observateur permanent même si les normes statutaires ne le prévoient pas. Cela fut décidé par les Etats membres à cause de la nature du Saint-Siège. Le Père Henri De Riedmatten (Genève) était un dominicain qui a mené des études sur les relations entre le Saint-Siège et la communauté politique. Son principal ouvrage porte le titre : *« Le Catholicisme et le développement du droit international »* (1976). Il fut publié dans les recueils de l'Académie de Droit International de la Haye. Riedmatten a contribué à mieux faire connaitre le Saint-Siège par ses écrits. Il a été nommé comme premier observateur permanent à Genève, siège de l'Office des Nations-Unies pour l'Europe et d'autres institutions spécialisées de l'ONU. Quant à Jean Larnaud (Paris), c'était un laïc membre du « Comité Catholique International de coordination de l'UNESCO », organisation directement rattachée à la Secrétairie d'Etat et à la Nonciature en France. Jean Larnaud a servi de canal de communication entre le Saint-Siège et l'Unesco. Ces trois figures, Liguti, De Riedmatten et Larnaud, s'accordent à montrer la prépondérance de Monseigneur Jean-Baptiste Montini au cœur de l'activité diplomatique pontificale, d'abord en tant que substitut à la Secrétairie d'Etat et ensuite en tant que Pape (Paul VI). En témoigne la lettre par laquelle fut nommé le premier observateur permanent à l'UNESCO. Cette lettre est dite la « lettre des trois Papes » : elle fut signée par Jean-Baptiste Montini, (Paul VI) au nom de Pie XII, qui nommait le nonce de Paris, Monseigneur Angelo Roncalli (Jean XXIII), comme observateur permanent à l'UNESCO. Cf. V. BUONOMO, *Brevi annotazioni sulla diplomazia multilaterale della Santa Sede"*, pp. 681-683.

[191] Article XI : « *1. Ubi desit Delegatus vel Observator Sanctae Sedis apud Consilia Internationalia, Legati Pontificii est diligenter persequi agendorum negotiorum rationes ab iisdem Consiliis statutas. Ipsi praeterea curae erit : a) de his Apostolicam Sedem statis temporibus certiorem facere ; b) collatis consiliis cum Episcopis frugiferam mutuamque operam fovere inter Instituta ad auxilium et educationem spectantia ab Ecclesia condita ac cetera similia Instituta, sive his Gubernia intersunt sive non intersunt ; c) navitatem Consiliorum Internationalium Catholicorum sustinere ac promovere.*

prérogatives d'informer régulièrement le Saint-Siège sur les activités de ces Organisations ainsi que de faciliter les accords avec l'Episcopat local, l'entente entre les instituts d'assistance et d'éducation de l'Eglise et les instituts analogues intergouvernementaux ou non-gouvernementaux. Enfin, il doit soutenir et favoriser l'activité des Organisations Internationales Catholiques.

Nous avons étudié les relations du nonce avec chaque évêque, avec la conférence épiscopale, les conférences des religieux et religieuses, avec les Etats et gouvernements et avec les Organisations internationales. Il nous reste à scruter les relations du nonce avec la Secrétairerie d'Etat, car l'article IV du *Motu Proprio* stipule que la mission du nonce doit se dérouler sous la conduite et les instructions du Cardinal Secrétaire d'Etat et du Préfet du Conseil pour les affaires publiques de l'Eglise. Envers la Secrétairerie d'Etat, il est directement responsable dans l'exécution du mandat à lui confié. La Secrétairerie d'Etat est l'organe central qui gère les affaires politico-religieuses du Saint-Siège. Elle remplace l'ancienne secrétairerie apostolique, instituée le 31 décembre 1487 par la Constitution apostolique *« Non debet reprehensibile »*. C'est un office dirigé par le Cardinal Secrétaire d'Etat, autrefois appelé *Secretarius intimus* ou *secretarius papae* ou *maior*, aidé par d'autres personnes susceptibles de s'occuper de l'honneur et des intérêts du Siège apostolique dans ses rapports avec les Puissances. Suite au développement des relations internationales advenu dans le monde, les Papes ont conforté leur *leadership* dans la conduite de la politique générale de l'Eglise avec les gouvernements externes, mais en ont confié la direction concrète et pratique à une personne de confiance et ce fut, au début, la figure du Cardinale Nepote (cardinal neveu). Le premier qui eut le titre de Secrétaire d'Etat fut le neveu de Pie IV, saint Charles

2. *Delegati et Observatores Sanctae Sedis apud Consilia Internationalia munus sibi concreditum absolvant, consiliis initis cum Legato Pontificio Nationis, in qua commorantur »* (PAULI PP.VI, Litt. Apost. m. p. datae: *Sollicitudo omnium Ecclesiarum*, 8 angusti 1969, in *AAS*, 61 (1969), p. 483-484).

Borromée, en 1560, futur archevêque de Milan. Sept années plus tard, en 1691, le Pape Innocent XII nomma secrétaire d'Etat le Cardinal Fabrizio Spada.

C'est donc seulement à partir de cette époque que cette charge est désormais attribuée à un membre du Sacré Collège. Jusqu'à cette période, elle pouvait être assumée par un prélat délégué du Cardinale Nepote. La Secrétairerie d'Etat a connu plusieurs réformes dont les plus importantes furent celle de Paul VI avec la Constitution apostolique *« Regimini Ecclesiae Universae »* du 15 août 1967 et celle de Jean-Paul II avec la Constitution apostolique *« Pastor Bonus »* du 28 juin 1988. Elle est composée de trois sections[192], la première chargée des affaires générales et la deuxième chargée des rapports avec les Etats et la troisième chargée du personnel diplomatique du Saint-Siège. La section des affaires générales, pour ce qui est de notre thème, s'occupe de réguler les relations entre les nonces et les évêques. Dirigée par un archevêque ayant fonction de substitut aux affaires générales, elle comprend d'une part une section de langues[193] pour le secrétariat du Pape et d'autre part divers services, par exemple pour les affaires internationales, les statistiques, l'expédition du courrier diplomatique et des télégrammes, services généraux du protocole. En cas de vacance du siège, la Secrétairerie d'Etat est gérée par le substitut pour les affaires générales. La seconde section, qui régit les relations avec les Etats, est responsable de la diplomatie pontificale. Nous l'avons mentionnée quand nous avons étudié le droit de légation passive du Pape. Dirigée par un

---

[192] Jusqu'alors composée de deux sections, la Secrétairerie d'Etat ouvre une troisième section sous le pontificat du Pape François. L'annonce en fut faite le 21 novembre 2017. La troisième section renforce le bureau actuel du délégué pour les représentations pontificales et a pour mission de manifester au personnel diplomatique du Saint-Siège « l'attention et la proximité du Saint-Siège et des responsables de la Secrétairerie d'Etat ». Elle traite des questions affairant aux personnes vouées au service diplomatique pontifical, notamment pour ce qui relève du recrutement, de la formation initiale et permanente, des conditions de vie, de service et de promotion. Elle est responsable de l'académie pontificale, « l'école des nonces », in URL : < https://fr.zenit.org/articles/secretairerie-detat-une-section-pour-le-personnel-diplomatique/>, consulté le 22 novembre 2017 à 11h25.

[193] Allemand, anglais, espagnol, français, italien, polonais, portugais.

archevêque secrétaire aux relations avec les Etats, elle assure les relations avec les différents gouvernements civils, négocie les concordats ou conventions similaires. Elle représente le Saint-Siège lors des conférences internationales.

Quant au Secrétaire d'Etat proprement dit, « premier collaborateur du Pape dans le gouvernement de l'Eglise Universelle », il œuvre en étroite proximité avec le Souverain Pontife. A cause de cette proximité, il est le seul cardinal de la curie romaine dont le mandat n'est pas limité à 5 ans, mais est *« ad nutum »* donc révocable à tout moment. Alors, le nonce devra lui aussi accomplir son mandat en étroite collaboration avec le Secrétaire d'Etat dont il suivra les instructions et directives. Le nonce a aussi des liens avec les responsables des deux sections, le substitut aux affaires générales pour les relations avec les églises locales et le secrétaire aux relations avec les Etats en ce qui relève des relations internationales et de la diplomatie. Mais tout cela se réalise sous l'égide du Secrétaire d'Etat qui est le définisseur de la politique intérieure et extérieure de l'Eglise au nom du Pape, premier responsable. La fonction du nonce ne cesse pas à la vacance du Siège apostolique, mais cesse à la fin de son mandat *(espleto mandato),* par révocation du mandat *(revocatione eidem intimata)*, par renonciation acceptée du Pontife romain *(renuntiatione a Romano pontifice acceptata)* ou par sa mort. Au nonce s'applique également la norme du Règlement Général de la Curie Romaine qui fixe à 75 ans l'âge limite dit « norme de jubilation » pour la cessation de l'office. A cette étape de notre investigation, nous pouvons retenir que le nonce a une mission qui le place aussi bien dans l'Eglise qu'en face de l'Etat, sans oublier son devoir de satisfaire aux exigences des espérances de toute l'humanité. Devant l'immensité du défi, on est en droit de se demander quels sont les principes inspirateurs de sa diplomatie.

2.2.3 Principes inspirateurs de l'action du nonce apostolique

Matteo Cantori énonce une liste de six (6) principes directeurs[194] de la diplomatie pontificale en général: 1) l'autorité spirituelle, morale et non temporelle du Saint-Siège qui entend jouer un rôle non commun sur le plan international en tant qu' « experte en humanité », « conscience morale de l'humanité », 2) la centralité de la personne dans la diplomatie pontificale, 3) ne privilégier aucun modèle d'agrégation des peuples, seulement garantir la participation et la coresponsabilité dans un contexte social actif et démocratique, 4) contribution à la formation du droit supranational voire international et par conséquent appuyer l'action de l'ONU en faveur de la paix, 5) le refus de tout conflit comme principe du pacifisme juridique, 6) promouvoir une culture du dialogue. Ces principes ont des recoupements saisissants avec les quatre (4) principes stables que nous avons évoqués au sujet de l'action de l'ambassadeur à savoir :1) le principe de non-ingérence dans les affaires internes, 2) le principe de l'universalité de la Communauté internationale, 3) le principe de la responsabilité collective des Etats pour le maintien de la paix et la prévention de l'agression, 4) le principe de la coopération internationale pour l'avancement du progrès social et économique[195]. Sans exclure tous ces principes concordants, communs à toute diplomatie, tout en nous inspirant de l'ecclésiologie du concile

---

[194] Cf. M. CANTORI, *La diplomazia pontificia*, pp. 177-180.

[195] On peut avoir une idée de l'impact social et économique de l'action de l'Eglise dans le monde à travers les statistiques récentes dont on dispose en ce qui concerne l'éducation, les œuvres caritatives et la santé. Dans l'éducation, l'Eglise possède 70544 garderies d'enfants avec 6 478 627 élèves, 92847 écoles primaires avec 31 151 170 élèves ; 43591 écoles secondaires avec 17 793 559 élèves. L'Eglise éduque aussi 2 304 171 étudiants des écoles supérieures et 3 338 455 étudiants des universités. En ce qui concerne les œuvres caritatives et la santé, elle a 5305 hôpitaux, 18179 dispensaires, 547 léproseries, 17223 maisons pour les personnes âgées, les malades chroniques ou les personnes vivant avec un handicap, 9882 orphelinats, 11379 crèches, 15327 centres de conseil matrimonial, 34331 centres sociaux de réhabilitations et 9391 autres institutions caritatives. Cf. S.M. TOMASI, *The Vatican in the family of Nations*, p.177.

et du *Motu Proprio Sollicitudo omnium Ecclesiarum*, nous voulons spécifier pour le nonce le caractère ecclésial de sa diplomatie qui nous fait dire que l'action du nonce devrait s'inspirer davantage de deux principes à savoir celui de la communion et celui de la pastorale. Le nonce doit penser sa diplomatie comme un instrument privilégié de la communion entre le Siège de Rome et les Eglises particulières.

En définissant l'Eglise particulière en tant que « portion du peuple de Dieu »[196] *(in quibus et exquibus,* Canon 368) confiée à la charge pastorale de l'évêque diocésain, le code souligne justement ses liens d'unité et de communion. C'est pourquoi au niveau de la constitution hiérarchique de l'Eglise, on n'a cessé d'affirmer la centralité de l'épiscopat. Par conséquent, bien qu'il soit reconnu au nonce la préséance sur les évêques de son territoire de mission en raison du droit de légation du Pape, il reste que l'Evêque diocésain, pasteur de son peuple, possède un pouvoir ordinaire propre tandis que le pouvoir du nonce est un pouvoir ordinaire vicaire. Le nonce, artisan de la communion, doit orienter son action pour valoriser les Eglises particulières en chacun de leurs membres. Ce principe de la communion implique également le respect du principe de subsidiarité tel que souhaité dans les points énumérés par le synode des évêques de 1968 et qui ont prévalu à la révision du code de droit canonique de 1983. Le nonce, vu comme la « bouche de Rome », devra logiquement développer une diplomatie de l'inculturation afin de favoriser l'enracinement de la sollicitude du Pape dans ces Eglises particulières, surtout dans les Eglises d'Afrique. C'est la condition pour que la communion ne soit pas imposée mais proposée. Au mieux, grâce à l'action du nonce, elle devra naitre de l'intérieur des Eglises locales dans une adhésion franche et cohérente. La volonté de communion inscrite dans la légation pontificale ne dicte pas un mouvement de haut en bas (de la hiérarchie vers la périphérie) ni un mouvement de bas en haut

---

[196]Can. 368: *« Ecclesiae particulares, in quibus et ex quibus una et unica Ecclesia catholica exsistit, sunt imprimis dioeceses, quibus nisi aliud constet, assimilantur praelatura territorialis et abbatia territorialis, vicariatus apostolicus et praefectura apostolica necnon administratio apostolica stabiliter erecta »* (JOANNES PAULUS II, *Codex Iuris Canonici*, 25 Ianuarii 1983, in *AAS,* 75/II (1983), p. 66).

(de la périphérie vers la hiérarchie) mais un mouvement circulaire fondé, non plus sur une relation pyramidale, mais sur l'égale dignité des fidèles dans l'Eglise, conférée au baptême. Cette prospection donne à la diplomatie du nonce des accents nouveaux notamment en ce qui concerne la qualité du dialogue avec les Eglises locales.

Par ailleurs, le principe de la communion entraine une intensification et une extension de ce dialogue au monde. Pour l'Eglise, il existe trois domaines du dialogue dans lesquels elle doit être présente afin d'accomplir un service en faveur du plein développement de l'être humain et la poursuite du bien commun : le dialogue avec les Etats, avec la société qui comprend le dialogue avec les cultures et les sciences, et le dialogue avec d'autres croyants qui ne font pas partie de l'Eglise Catholique[197]. Ici, nous rappelons que dans le Pacte du Latran, le Saint-Siège a consacré deux autres principes qui orientent sa diplomatie, celui de l'impartialité et celui de la neutralité vis-à-vis des autres sujets de droit international y compris les Etats. Ces principes sont au service de la nature éminemment spirituelle de l'action du nonce et traduisent la communion de l'Eglise à la famille humaine toute entière dont elle contribue à former la conscience morale autour des valeurs inaliénables de la dignité humaine, de l'égalité, de la liberté, surtout de la liberté religieuse, premier droit fondamental de l'homme.

Le principe de communion est pour le nonce un principe clé en ce sens qu'il est inépuisable et ouvre toujours de nouvelles perspectives à son action en le portant vers des horizons encore vierges parce que, là où la question de l'Homme est en jeu, là se trouve l'intérêt supérieur du Saint-Siège. L'amour de l'homme qui constitue le cœur de la diplomatie pontificale donc le moteur principal de l'action du nonce, n'est pas une simple philanthropie mais une théologie en ce sens que tout cela est ordonné à la *« salus animarum »* qui est la loi suprême de

---

[197] Cf. *Evangelii Gaudium*, n. 238, in FRANCISCUS PP, Adhortatio apostolica: *Evangelii Gaudium*, 6 decembris 2013, in *AAS,* 105 (2013), 1-119.

l'Eglise[198]. L'expression *salus animarum* que certains juristes traduisent par *salus personarum* est un concept théologique à grande valeur juridique pour l'Eglise. Ainsi, l'action du nonce est-elle caractérisée par une diplomatie salvifique, une diplomatie du salut. Cela nous introduit au deuxième grand principe qui doit informer toute son œuvre : l'action du nonce est avant tout une pastorale puisque l'être sacerdotal du nonce s'exprime dans sa diplomatie, signant de part en part la présence de la religion au cœur de la diplomatie. On comprend alors les privilèges liturgiques que le *Motu Proprio* octroie au nonce sur le territoire dans lequel se déroule sa mission[199]. En plus, le domaine de la nonciature est exempté de la juridiction de l'évêque diocésain afin de lui assurer la liberté nécessaire au bon accomplissement de sa fonction. Même en effectuant les actes les plus ordinaires d'une mission diplomatique, le nonce apostolique le fait dans la pleine conscience de son âme de pasteur, investi d'une mission d'évangélisation, l'Eglise étant par essence missionnaire. Cela donne à son action diplomatique un caractère prophétique.

L'étude de la personnalité juridique du Saint Siège ainsi que l'approfondissement du profil juridique du nonce apostolique nous ont permis de mieux comprendre la place du Saint-Siège dans la Communauté internationale. Nous avons ainsi une meilleure connaissance des principes-clés de sa diplomatie. Le nonce apostolique, en tant que représentant du Saint Siège, œuvre surtout à l'actuation de cette diplomatie. La confrontation des figures de l'ambassadeur et du nonce apostolique souligne la nouvelle conscience d'une pluralité dans l'action diplomatique générée par la diversité des principes sur lesquels reposent leurs activités respectives. Certes, il existe des

---

198 Can. 1752: *« In causis translationis applicentur praescripta canonis 1747, servata aequitate canonica et prae oculis habita salute animarum, quae in Ecclesia suprema semper lex esse debet »* (JOANNES PAULUS II, *Codex Iuris Canonici*, 25 Ianuarii 1983, in *AAS*, 75/II (1983), p. 301).

199 Le nonce peut bénir le peuple, accomplir des fonctions sacrées, dans toutes les églises du territoire de sa légation, en avisant dans la mesure du possible l'ordinaire du lieu. Cf. *Sollicitudo Omnium Ecclesiarum*, n. 12, in PAULI PP.VI, Litt. Apost. m. p. datae: *Sollicitudo omnium Ecclesiarum*, 8 angusti 1969, in *AAS,* 61 (1969), 473-484.

points de jonction, mais ceux-ci n'empêchent pas qu'à chaque profil juridique corresponde une certaine manière de concevoir la diplomatie. On peut, de ce fait, parler de diplomatie plurielle.

CHAPITRE III

Diplomatie plurielle

Au niveau de la terminologie, la convention de Vienne a préféré la locution « chef de mission » pour désigner celui qui conduit la mission auprès de l'Etat accréditaire en n'insistant pas sur le fait que cette mission pouvait être ordinaire, permanente ou extraordinaire donc temporaire. Cependant, le droit classique utilise les termes « ambassadeur » en lien avec l'ambassade et « nonce apostolique » en lien avec la nonciature. Alors, pour notre travail, sans perdre de vue, les précisions sémantiques de la convention, nous avons utilisé l'appellation classique qui a aussitôt l'avantage de nous mettre à l'abri des confusions. Le mot « ambassadeur » a pour racine « ambassade », terme déjà attesté au XIIIème siècle. Initialement orthographié *ambaxade*, il a eu d'autres formes telles *ambaxée* ou *enbasee* qui ont donné en anglais *embassy*. Mais le terme vient de l'italien *« ambasciata »*, lui-même issu du provençal *ambaissada,* réminiscence du latin médiéval d'origine germanique *ambactia* qui dérive en dernier essor du gaulois *ambactus*, (vassal ou serviteur) ou encore « celui qui conduit, envoyé autour », autrement dit originairement une sorte de client. On retient de cette étude lexicale que l'ambassadeur (de l'italien *ambasciatore*) est un envoyé, un serviteur, un représentant, un négociant[200].

[200] Cf. Centre National de Ressources Textuelles et Lexical (CNRTL), étymologie/ Ambassade, in URL : < http://www.cnrtl.fr/etymologie/ambassade >, consulté le 07 décembre 2017 à 11h 32.

Le mot « nonce » est une traduction française du mot italien *« nunzio »*, lui-même tiré du latin *« nuntius »* (messager, annonciateur)[201], du verbe *« nuere »* (faire signe de la tête). L'adjectif *« apostolique »* vient du latin *apostolicus*, venant du grec *ἀποστολικος* (apôtre, envoyé de Dieu) et désigne ce qui vient du Siège apostolique. On peut penser qu'assembler ces deux mots « nonce apostolique » serait une forme de pléonasme eu égard à sa qualité d'envoyé et de messager. Mais leur conjonction a le mérite de souligner le caractère ecclésial de la mission du nonce. Cette distinction n'a pas seulement une signification missiologique (l'Eglise) mais elle a aussi une valeur juridique en raison de la référence au Saint-Siège comme sujet de droit international. En comparant ces deux « chefs de mission », ces deux « envoyés », nous nous basons sur les textes normatifs qui régulent leurs statuts personnels et fonctionnels dans une approche analytique. Comme en un procédé de dissection, nous les avons considérés chacun singulièrement pour mieux les comprendre avant de vouloir les confronter à présent. Ce rapprochement de l'ambassadeur et du nonce apostolique ne peut faire l'économie du problème de la laïcité et celui de la liberté religieuse.

3.1 A L'EPREUVE DE LA LAICITE

Il apparaît clairement, aussi bien pour l'ambassadeur que pour le nonce, urgent de prendre en compte le phénomène religieux, devenu récurrent ces dernières décennies et parfois source de conflits internationaux. En 2014 a eu lieu à Paris un colloque commandité par Laurent Fabius et Régis Debray portant sur le thème suivant : « la Diplomatie au défi des religions, tensions, guerres, médiations »[202]. Cette rencontre a

---

[201]Cf. CENTRE NATIONAL DE RESSOURCES TEXTUELLES ET LEXICAL (CNRTL), étymologie/ Nonce, in URL : < http://www.cnrtl.fr/etymologie/nonce >, consulté le 07 décembre 2017 à 12h30.

[202] Le compte-rendu de cette rencontre a donné naissance à un ouvrage : D. LACORNE – J. VAISSE, J.-P. WILLAIME, *La Diplomatie au défi des religions, tensions, guerres, médiations,* Odile Jacob, Paris 2014.

mis en lumière le fait que, désormais, aucune politique étrangère ne peut faire fi de la donne religieuse et qu'en vue de la stabilité des régimes politiques, il est impérieux pour les Etats de trouver un nouvel équilibre dans leur dialogue avec les religions.

Cela implique naturellement une bonne intelligence du concept de laïcité, différemment interprété selon les Etats. La laïcité semble cette nouvelle « carte d'identité » pour plusieurs nations, surtout en Europe et en Amérique. Il s'agit donc pour nous, tout en montrant l'importance et la complexité du phénomène religieux dans la diplomatie à travers la mise en parallèle[203] du nonce apostolique et de l'ambassadeur, d'élucider les mécanismes juridiques pouvant contribuer à une

---

[203] Le professeur Caponetto fait une différence entre la comparaison juridique *stricto sensu* et l'information comparative. La comparaison juridique est une méthode qui cherche les éléments communs à deux réalités afin de les mettre simultanément en parallèle tandis que l'information comparative traite de chacune des réalités l'une après l'autre. La nature de notre étude tient fondamentalement de la comparaison juridique même si elle intègre beaucoup d'éléments qui pourraient être rattachés à l'information comparative. Caponetto affirme : *« L'atto di nascita della comparazione, come la intendiamo noi, è nata nel 1900 col 1° congresso internazionale di diritto comparato, tenutosi a Parigi, in concomitanza con l'esposizione universale. Non è che la comparazione giuridica nasce nel 1900, ma in questa data si arriva a una svolta nella comparazione. In passato, nel mondo antico filosofi come Platone, mettevano a confronto le leggi delle citta stato della Grecia, pero non si poteva trattare di comparazione, ma di speculazioni filosofiche su base comparatistica »* (note de cours « sistemi giuridici comparati » du 05-10-2015 à l'université pontificale du Latran, publiée dans le site : in URL: < https://www.docsity.com/it/sistemi-giuridici-comparati-255/779333/ >, consulté le 20 novembre 2017à 9h15.
Pour un traité plus complet sur la méthode de la comparaison, voir A. GAMBARO – R. SACCO, *Sistemi Guiridici Comparati*, terza éditione, UTET giuridica, Milano 2008, pp 1-7. Ces auteurs dégagent une triple utilité de la comparaison. Ils présentent la comparaison juridique d'abord comme un instrument épistémologique voué, non tant à enseigner des solutions qu'à inculquer un mode de raisonnement ouvert aux exigences culturelles et professionnelles de celui qui apprend. Ensuite, la comparaison juridique comporte une dimension politologique c'est-à-dire qu'elle contribue à rechercher le meilleur modèle juridique susceptible d'être efficace. Enfin, la comparaison a des avantages pour le praticien du droit dans la mesure où elle lui ouvre les frontières d'autres ordonnancements juridiques étrangers. Cela rend possible la coopération entre juristes de contrées différentes.

meilleure intégration de ce facteur dans les politiques internationales. Il y va des équilibres au sein des Etats, des relations bilatérales et multilatérales, des enjeux transnationaux, des questions sécuritaires, du respect des normes internationales et des défis du développement durable. Mais avant d'aller plus en profondeur dans le développement de ces aspects, fidèles à la structure de notre développement, nous relèverons les similitudes et les différences entre le profil juridique du nonce et celui de l'ambassadeur en suivant leur statut personnel, statut de fonction et les principes inspirateurs de leurs diplomaties.

3.1.1 Les similitudes et les différences

Quels sont donc les points de similitude et les différences entre les profils juridiques du nonce et de l'ambassadeur ? Nous commençons par les similitudes, puis les différences.

3.1.1.1 Les similitudes

Au niveau du statut personnel, l'ambassadeur et le nonce apostolique ont en commun d'avoir une période de préparation, à l'Ecole Nationale d'Administration (ENA) pour le premier et à l'Académie Pontificale Ecclésiastique pour le second. Cette formation contient certaines matières communes tels le droit international, les sciences politiques et les langues. A leur nomination comme ambassadeur ou nonce apostolique, ils sont en commun d'être tous les deux des « chefs de mission » de première classe bénéficiant des immunités et privilèges ordonnés au bon fonctionnement de la mission diplomatique. Leurs personnes sont inviolables ainsi que leurs résidences et leurs courriers diplomatiques. Les locaux de l'ambassade et ceux de la nonciature ne doivent être ni violés, ni détruites, ni la paix être troublée en leur sein. L'ambassadeur et le nonce apostolique sont tous les deux des acteurs du droit international donc destinataires des normes du droit international, précisément du droit diplomatique.

Au niveau du statut de fonction, formellement, selon la convention de Vienne, ils ont tous deux une fonction de représentation et prennent part aux négociations dans les conférences internationales. Ils offrent leurs contributions à l'édification d'un droit des gens basé sur l'idée de l'unité du genre humain. Ils mènent autant une diplomatie bilatérale que multilatérale ouverte aux grandes préoccupations de l'humanité, notamment en matière de maintien de la paix mondiale. Par ailleurs, ils préparent les accords, les conventions, les ententes ou autres pactes semblables au profit des Entités qu'ils représentent.

Quant aux principes inspirateurs de leurs diplomaties, l'ambassadeur et le nonce apostolique accueillent l'évolution du droit international marqué par la centralité de la personne et de sa dignité avec la Déclaration Universelle des droits de l'homme. Cela influence leurs actions et, pour répondre aux exigences de notre temps, ils doivent s'inspirer, tous les deux, des quatre principes majeurs dont nous avons déjà parlé. Il s'agit des principes de non-ingérence dans les affaires internes, de l'universalité de la Communauté internationale, de la responsabilité collective des Etats pour le maintien de la paix et la prévention de l'agression et enfin de la coopération internationale pour l'avancement du progrès social et économique.

Au regard de tous ces aspects, nous nous rendons compte que la base juridique de toutes ces similitudes demeure la convention de Vienne de 1961 sur les relations diplomatiques ainsi que les grandes conférences internationales (par exemple, la charte de l'ONU). Cette identité commune de l'ambassadeur et du nonce est due à leur statut de diplomate. Cependant subsistent quelques différences notoires qui méritent d'être relevées.

3.1.1.2 Les différences

Au niveau du statut personnel, les modes de recrutement de l'ambassadeur et du nonce apostolique diffèrent en ce sens, que pour le premier, cela advient généralement par un concours public, tandis que, pour le second, cela se fait par signalement de l'évêque diocésain. On a d'une part un recrutement public même si la nomination établit un rapport de confiance entre le chef de l'Etat et l'ambassadeur. D'autre part, en ce qui concerne le nonce, le recrutement est discrétionnaire, tout comme la nomination par le Pape, même si les actes sont publiés dans le journal officiel du Saint-Siège. L'élément principal de démarcation entre l'ambassadeur et le nonce vient du fait que le nonce est un évêque[204], un homme qui a donc reçu la perfection du sacrement de l'ordre après le diaconat et le presbytérat. Evoquer le sacerdoce ministériel comme signe de distinction entre l'ambassadeur et le nonce peut sembler un argument plus théologico-ecclésial que juridique. Cependant en raison du fait que cette caractéristique personnelle détermine le statut juridique du nonce et l'exercice de sa mission de diplomate (selon les dispositions du *Motu proprio Sollicitudo omnium Ecclesiarum*), la question devient poignante sur le plan juridique. Ici, il y a une unité entre l'être et l'agir, engendrant une forte jonction du statut personnel et du statut de fonction[205]. Techniquement, pour ce qui est du sacerdoce, en appliquant de façon générale au diplomate pontifical les critères objectifs de l'obligatoriété, de la nécessité et de l'opportunité, il est clair

---

204 PAULI PP.VI, Litt. Apost. m. p. datae: *Sollicitudo omnium Ecclesiarum*, 8 angusti 1969, in *AAS,* 61 (1969), p. 478.

205 Au niveau personnel, la question du sacerdoce ministériel ne se pose pas avec les délégués ou les observateurs pontificaux qui ne sont pas des prêtres. Mais, dans le cas du nonce qui assume la veste du pasteur et du diplomate, la question mérite une attention particulière à cause des implications éthico-religieuses que cela entraîne. En abordant les rapports du nonce et de l'ambassadeur sous l'angle de la *ratio personae* plutôt que de la *ratio institutionis*, nous sommes intéressés de voir comment le statut personnel (l'ensemble droits et devoirs liés à la personne) influence la manière de tenir les institutions, donc la manière de faire la diplomatie. Au niveau fonctionnel, le nonce et les autres représentants pontificaux diffèrent de l'ambassadeur par les présupposées ecclésiologiques et théologiques qui caractérisent le Saint-Siège qu'ils représentent. La condition juridique étant une jonction du statut personnel et du statut de fonction, nous devons accueillir la singularité du nonce non seulement par rapport aux autres agents de la représentation pontificale mais aussi par rapport à l'ambassadeur et aux autres chefs de mission. Souligner l'élément sacerdotal dans le cas particulier du nonce ne doit pas conduire à la « cléricalisation » de l'activité diplomatique du Saint-Siège mais à la spécificité d'une figure de la représentation pontificale qu'est le nonce.

qu'il n'est ni obligatoire ni nécessaire ni opportun qu'il soit clerc pour faire son travail de diplomate.

Mais en ce qui concerne le cas spécifique du nonce, la double représentation auprès des Etats et des Eglises particulières crée une raison d'opportunité pour son ordination. Et comme le précise le professeur Emile Kouveglo :

> « De ce point de vue, les différences qui existent (entre laïcs et clercs et autres types de différenciation) dans l'organisation de la vie active et missionnaire de l'Eglise ne peuvent être traitées *a priori* de discriminatoires, à condition évidemment que l'élément de distinction soit vraiment fondé sur des critères objectifs, comme la *ratio missionis,* restant sauves les dispositions de droit divin »[206].

Le critère qui soustrait cette distinction à l'arbitraire serait donc la *ratio missionis* qui rend opportune l'ordination épiscopale du nonce. C'est dire que si, pour la fonction de l'ambassadeur, il est indifférent qu'il s'agisse d'un homme ou d'une femme, pour la fonction du nonce, il y a de prime abord exclusion de genre féminin à cause du sacrement de l'ordre. A cause de son ordination épiscopale, le nonce occupe une place particulière dans la constitution hiérarchique de l'Eglise et toute son action sera imprégnée de son être sacerdotal. C'est pourquoi le nonce est d'abord un pasteur avant d'être un diplomate. Son statut juridique possède un *quid pluribus* qui le différentie ontologiquement de l'ambassadeur à cause du caractère théologique, ecclésial et spirituel de son être. Avec l'ambassadeur, il est soumis aux normes internationales, mais en plus dans son être et sa fonction, il est sujet et destinataire des normes canoniques. Ce qui n'est pas le cas de l'ambassadeur qui, même chrétien ne conçoit pas sa mission comme un office ecclésiastique.

Au niveau du statut de fonction, le fait de considérer l'office du nonce comme un office ecclésiastique met en avant le but spirituel et rend typique sa mission de représentation qui prend, du coup, un caractère religieux et public. A contrario, ce caractère religieux n'apparait pas dans l'office public de

---

[206] E. G. KOUVEGLO, *Le gouvernement dans l'Eglise au regard des principes de démocratie,* Lateran University Press, Città del Vaticano, 2014, p. 337.

l'ambassadeur, celui-ci pouvant être athée, agnostique ou d'une autre religion. Le nonce, lui, est forcément catholique, baptisé et de surcroit évêque. En rapport avec la personne de l'ambassadeur, la religion qui peut être une question personnelle privée, devient pour le nonce une question personnelle publique, communautaire et ecclésiale. Ce caractère ecclésial amène à reconsidérer tout l'office du nonce ainsi que les relations interpersonnelles et institutionnelles. Si l'ambassadeur est un haut fonctionnaire de l'administration publique, il entretient des rapports d'employé à employeur avec le ministère des affaires étrangères qui lui donne un salaire. Dans l'activité, il nait de ce fait une proportionnalité entre la prestation et la rétribution. Ce type de relation est propre aux sociétés qui se forment par l'agrégation nécessaire[207] comme la société civile nous en donne l'exemple.

Au contraire, l'Eglise, la *Ἐκκλησία*, peuple de Dieu, est une société à adhésion volontaire. Par conséquent, la relation entre le nonce et la Secrétairerie d'Etat ne peut être un rapport d'employé-employeur. Sa mission ne peut pas non plus être considérée avec les catégories de la prestation-rétribution mais avec les catégories de la *communio sacramentalis*. Au sens ecclésial, le nonce ne travaille pas, il témoigne de sa foi et de son sacerdoce. Il n'a donc pas un rapport de subordination hiérarchique de droit public comme dans les Etats. Certes, il reçoit un traitement pour sa mission mais pas un salaire[208]. En

---

[207] Cf. P. GHERRI, *Introduzione al diritto amministrativo canonico,* Giuffrè Editore, Milano, 2015, pp. 81-83. L'auteur fait une différence entre les concepts de société et de communauté, relativement à ce qu'est l'Etat et ce qu'est l'Eglise : *« Si tratta di evidenziare la differenza strutturale e funzionale tra appartenenza necessaria (tupica di una società) ed adesione volontaria (tipica di una comunità), in una dinamica in cui l'estrinsecità o la volontarietà del proprio "essere parte di" costituisce l'elemento imprescindibile e qualificante nel delineare la posizione e la condizione di ciascuno, sia rispetto agli altri che alla struttura istituzionale, ed alla qualità dei rapporti di cui si partecipa » (Ibid.* p.81). Voir aussi P. VALDRINI, *Comunità, persone, governo,* Lateran University Press, Citta del Vaticano, 2013, pp. 19-20.

[208] Paolo Gherri souligne qu'on ne peut pas appliquer aux prêtres les critères d'un rapport de travail : *« La posizione dei chierici nella Chiesa e rispetto ad essa non è in nessun modo comparabile ad alcuna di quelle conosciute nel*

ce qui concerne le nonce, il convient plutôt de parler d'obéissance ministérielle dite encore obéissance hiérarchique, non assimilable à l'obéissance qu'un travailleur donne à son employeur. Ici, il s'agit pour le nonce apostolique de partager la *missio ecclesiae* dans une totalité existentielle selon les dynamiques de la *communio*, réalisant une participation et un engagement différent de celui d'un fonctionnaire avec l'Etat, donc différent de celui de l'ambassadeur. Alors, s'il est vrai que l'ambassadeur et le nonce ont un rôle de représentation, il est aussi indubitable qu'il n'est pas question de la même représentation. Aussi, le nonce est le doyen du corps diplomatique selon la *praxis* coutumière, tandis que l'ambassadeur peut acquérir la préséance suivant les accords particuliers entre Etats.

Au niveau des principes inspirateurs de leurs diplomaties, il n'est donc pas étonnant de retrouver chez le nonce les principes de la communion et de la pastorale. Tandis que chez l'ambassadeur on n'a pas intrinsèquement ces dimensions. En définitive, les actions diplomatiques de l'ambassadeur et du nonce peuvent être concordantes et même parfois identiques mais les présupposés doctrinaux et juridiques sont tout à fait différents[209]. Ces présupposés doctrinaux et juridiques sont importants aux yeux du juriste, car ce sont eux qui définissent le

---

diritto del lavoro ; allo stesso modo per quanto concerne l'attività dei religiosi all'interno degli istituti di appartenenza. In merito è significativo quanto fissato in Italia in sede concordataria proprio in tema di sostentamento del clero:gli iscritti al sistelma di sostentamento del clero in Italia [...] non ricevono quello che tecnicamente -e giuridicamente- si configura e chiama "salario" o "stipendio"ma una semplice "remunerazzione" mensile... » (P. GHERRI, *Introduzione al diritto amministrativo canonico,* p. 275).

209 Jean-Yves Rouxel, tout en soulignant l'importance des présupposés ecclésiologiques, explique que le nonce ne diffère pas des autres diplomates quant à sa fonction auprès des gouvernements : « Lorsqu'il s'agit d'entretenir des relations avec le gouvernement de l'Etat auprès duquel il est accrédité, la mission du nonce ne diffère pas de celle de l'agent diplomatique d'un quelconque Etat dont les droits et les devoirs sont les mêmes. Mais, sa mission présente des nuances propres, des perspectives originales qui découlent de la nature particulière du Saint-Siège et du droit qui lui est reconnu d'exercer la représentation active et passive » (J.-Y. ROUXEL, *Le Saint-Siège sur la scène internationale,* p. 66).

profil juridique véritable de l'ambassadeur et du nonce. Ce sont eux qui donnent sens à leurs actions sur la scène internationale. On peut donc dire de l'ambassadeur que sa diplomatie est un service public et du nonce apostolique que sa diplomatie est un sacerdoce au sens plénier du terme. Alors, la présence de l'élément religieux dans la diplomatie est-elle une chance ou un danger ? Dans quelle mesure l'ambassadeur et le nonce pourraient-ils collaborer ? Le phénomène religieux ne pose-t-il pas le problème de la diplomatie et de la laïcité ?

3.1.2 Diplomatie et laïcité

L'ancien ministre français des affaires étrangères, Laurent Fabius, affirmait :

> « Nombre des crises internationales actuelles restent inintelligibles et d'ailleurs insolubles quand le fait religieux n'est pas pris en compte. L'analyse des évolutions en matière religieuse est un outil important pour comprendre le monde »[210].

Cette assertion peut surprendre dans le contexte français où le credo de la laïcité est partout appréhendé comme l'attitude de démarcation du religieux et du politique. Alors, faut-il comprendre la laïcité comme le refus de toute expression religieuse ou la négation de l'Etat confessionnel ?

Le système international issu des traités de Westphalie en 1648, mettant fin à la guerre de Trente ans, ultime guerre de religion en Europe occidentale, a permis le surgissement d'un ordre nouveau qui allait cristalliser l'autonomisation du politique par rapport au religieux. L'antique imbrication du religieux et du politique selon le principe du *« cujus regio, ejus religio »* laisse la place à une progressive séparation de la religion et de la politique. On comprend dès lors pourquoi les diplomaties européennes éprouvent un certain embarras face au fait religieux puisqu'en réalité, ces diplomaties sont nées de la « mise à l'écart » du religieux, de son exclusion du champ politique. Ce clivage s'est accentué au point que les conflits qui

---

210 D. LACORNE – J. VAISSE, J.-P. WILLAIME, *La Diplomatie au défi des religions,* p. 13.

ont suivi n'étaient plus vus comme des guerres de religion mais des conflits opposant des Etats souverains. L'émergence des nationalismes et des idéologies de masse du XIXème et du XXème siècles a relégué les antagonismes religieux à une place résiduelle au point que, durant la période de la guerre froide, la carte géopolitique du monde était dessinée non par des critères religieux, mais, par des critères d'ordres économique et politique.

Cependant, la question religieuse[211] qu'on croyait définitivement enterrée refait surface au dernier quart du XXème siècle, notamment avec la révolution iranienne, l'expansion de l'extrémisme islamiste, le zèle des prosélytes chrétiens et les conflits communautaires et confessionnels qui ont déchiré les Balkans. La paix mondiale se trouve menacée par trois sortes de fléaux qui sont, par ricochet, des défis auxquels doit se mesurer la diplomatie. Il y a en premier lieu le piège de l'instrumentalisation de la religion à des fins

---

[211] Par exemple, en août 2013, le Département d'Etat américain a annoncé la création d'un nouvel *Office of Faith-Based Community Initiatives* (Bureau d'initiatives des associations communautaires confessionnelles). Rattaché au cabinet du Secrétaire d'Etat, ce bureau vise à s'assurer que les voix des communautés religieuses soient entendues par les acteurs politiques afin de définir ensemble les objectifs de la diplomatie américaine ainsi que les programmes de développement. C'est une manière d'associer les confessions religieuses dans la définition de la politique étrangère. L'administration américaine a été cependant confrontée à trois défis majeurs : 1) la difficulté à définir et à conceptualiser la place et l'importance de la religion dans la politique étrangère, 2) l'existence d'un biais sécularistе au sein des institutions diplomatiques constituait un obstacle, 3) le problème des contraintes constitutionnelles et des limites qu'elles imposent à la prise en compte du phénomène religieux. Toutefois, il convient de préciser que ces interrogations au sein du Département d'Etat sont, en fait, un écho des travaux universitaires qui ont mis en exergue l'importance sans cesse croissante de la religion dans les affaires internationales. Dans un ouvrage de 2011, Monica Duffy Toft, Daniel Philpott et Tim Shah ont soutenu la coïncidence de l'avènement du nouveau millénaire avec l'entrée dans le « siècle de Dieu » *(God's century)* : M. DUFFY TOFT - D. PHILPOTT – T. M. SHAH, *God's Century : Resurgent religion and Global politics*, W. W. Norton, New York, 2011. Cf. D. LACORNE – J. VAISSE – J.-P. WILLAIME, *La Diplomatie au défi des religions*, pp. 221-223.

politiques[212]. Il porte les différents acteurs à se déterminer pour un camp ou pour un autre en fonction de la religion et souvent au détriment de leurs convictions ou de leurs intérêts. De cette façon, l'extrémisme religieux pénètre les conflits locaux et les exacerbe en les radicalisant comme en témoigne le cas de la Tchétchénie, du Cachemire et du Xinjiang, sans oublier celui de la Syrie. Experts de cette instrumentalisation, les groupes terroristes internationaux liés à *Al-Qaida* perpétuent les guerres de religion d'antan. Par exemple *Daesh* (l'Etat islamique en Irak et au levant), exploitant la rancœur des sunnites écartés du jeu politique par le pouvoir central, annexe la ville de Mossoul en 2014 et y érige un califat autoproclamé. Une stratégie analogue est employée au Moyen-Orient lorsqu'on fait mention de la bataille de Karbala en 680, pour dresser les chiites contre les sunnites. Et à l'intérieur même du sunnisme, la revendication d'un « islam des origines » divise entre, d'une part, les fondamentalistes quiétistes apolitiques récusant la légitimité du pouvoir en place, et d'autre part la mouvance prêchant le recours à la violence afin d'asseoir l'hégémonie du groupe (djihadistes et takfiristes). Dans un autre registre de l'instrumentalisation de la religion, on pourrait aussi citer la volonté de la communauté ultraorthodoxe ou des millénaristes chrétiens d'avoir le contrôle exclusif de Jérusalem, point de discorde entre Juifs, chrétiens et musulmans.

Le deuxième défi que pose le problème de la religion dans le droit international concerne le sort des minorités[213]. Les

---

[212] Cf. ADONIS, *Printemps arabes, religion et révolution,* Editions de la différence, Paris, 2014 ou M. CAMPANINI, *Oltre la democrazia, temi e problemi del pensiero politico islamico,* Mimesis edizioni, Milano, 2014.

[213] Nous savons que ce sont les traités multilatéraux et bilatéraux en plus des déclarations unilatérales qui ont fourni le fondement juridique du système de la Société Des Nations (SDN). Les puissances alliées imposèrent à plusieurs pays de l'Europe centrale des traités sur les minorités. Ce fut le cas pour la Pologne, la Roumanie, la Tchécoslovaquie, la Grèce…En ce qui concerne la Bulgarie, la Hongrie, l'Autriche, la Turquie, des clauses portant sur la protection des minorités furent introduites dans les différents traités de paix avec chaque Etat. La Lettonie, la Lituanie, l'Albanie, la Finlande et l'Estonie se sont engagées à travers les déclarations unilatérales. Les clauses de garantie insérées dans les documents des différents traités ont fait du système de la

minorités religieuses ont des traitements divers dans les pays selon que la liberté religieuse y est promue, bridée, sévèrement limitée ou inexistante. Certains groupes subissent des brimades, des harcèlements et carrément des persécutions comme les chrétiens en Irak, au Pakistan, au Nigéria, les communautés musulmanes en Birmanie ou d'autres entités comme les bahaïs en Iran ou les Rohingyas en Indonésie. Il n'est pas inutile de rappeler ici ce que le président Wilson disait de l'importance à accorder aux minorités dans l'expérience de la Société Des Nations : « Rien, oserais-je dire, n'est plus près de déranger la paix mondiale que le traitement qui pourrait, dans certaines circonstances, être infligé aux minorités »[214]. Dans l'encyclopédie Universalis, à l'occasion d'une étude pour l'ONU en 1991, Francesco Capotorti et Jules Deschênes définissaient le terme « minorité » comme :

> « Un groupe numériquement inférieur au reste de la population d'un Etat, en position non dominante, dont les membres - ressortissants de l'Etat- possèdent, du point de vue ethnique, religieux ou linguistique, des caractéristiques qui diffèrent de celles de la population et manifestent, même de façon implicite, un sentiment de solidarité, à l'effet de préserver leur culture, leurs traditions, leur religion ou leur langue »[215].

L'intérêt de notre travail se focalise sur les groupes minoritaires[216] discriminés à cause de l'élément religieux. Ceci montre que la religion peut être un facteur de conflit.

SDN le prototype de supervision des droits des minorités par un organisme permanent de stature internationale.

214 Conférence de Paix de Paris, huitième session plénière, 31 mai 1919. *Rapers Reinting to the foreign Relations of the United States: The Paris Peace Conference*, vol. III (Washington 1943), p. 406.

215 In Y. PLASSERAUD, « Minorité », in URL : < http//www.universalis.fr/encyclopedie/droit des minorités >, consulté le 3 mai 2018, à 9h01.

216 De façon générale, la tutelle des droits des minorités est une exigence de la démocratie en ce sens que l'observance de ces droits détermine la qualité de la démocratie qu'elle préserve de l'écueil consistant à devenir une dictature de la majorité : « En réalité, si la démocratie est de plus en plus invoquée comme un présupposé dans la construction d'un ordre juridique étatique où le droit protège les droits, le modèle constitutionnel démocratique trouve en revanche dans la tutelle des personnes et des minorités une des conditions

Le troisième défi suscité par la recrudescence du phénomène religieux[217] se situe au niveau même de la diplomatie et des normes internationales. Certains Etats font de la promotion de la religion officielle un élément structurant de leur politique étrangère (Iran, Arabie Saoudite), d'autres en font l'outil d'une diplomatie d'influence en vantant les particularités de leur modèle (Indonésie, Turquie), d'autres encore s'emploient à créer des cadres propices au dialogue interreligieux (Russie,

---

fondamentales pour ne pas se transformer en une pure dictature de la majorité » (E. G. KOUVEGLO, *Le gouvernement dans l'Eglise au regard des principes de démocratie,* p. 295).

[217] INSTITUT DE RELATIONS INTERNATIONALES ET STRATÉGIQUES (IRIS), *Revue internationale et stratégique 2020/1 (N° 117)*, Armand Colin, Paris, 2020, pp. 66-135. Cette revue consacre un dossier intitulé : « Religions : l'ère des nouvelles influences » sous la direction de François Mabille et Christophe Ventura : « S'il est coutumier d'évoquer le « retour du religieux » dans nos sociétés, cette affirmation dit néanmoins peu de choses du rôle des facteurs et des acteurs religieux dans les mutations politiques contemporaines, les relations internationales, la géographie des pouvoirs globaux, les conflits et les guerres. Le religieux constitue-t-il un déterminant des relations internationales ? Quelle cartographie mondiale des religions se dessine progressivement à travers l'étude des concurrences religieuses et des bouleversements démographiques internationaux ? … ce numéro de *La Revue internationale et stratégique* aborde ces sujets dans une perspective transversale et régionale. Il tente d'en délimiter les contours et de laisser entrevoir certaines des réactions étatiques, au cœur même des appareils diplomatiques ». Les thèmes développés sont les suivants :

- Les religions dans les relations internationales/ François Mabille (pp. 66-73)
- Comment les diplomaties appréhendent-elles le fait religieux ? Le cas de la France : retour sur l'expérience du pôle Religions du Quai d'Orsay/ Entretien avec Joseph Maila (pp.75-85)
- L'essor des nationalismes religieux : le cas de l'Inde/Olivier Da Lage (pp.87-97)
- La diplomatie du Pape François, entre révolution et réactions/ Blandine Chelini-Pont (pp.99-107)
- Un bilan des islamistes au pouvoir : religion et politique à l'épreuve des soulèvements arabes/ François Burgat (pp. 109-118)
- Entre deux mondes : Israël, le sionisme et la religion juive/Dominique Vidal (pp. 119-128)
- « La montée des mouvements religieux ne peut être dissociée de la mutation néolibérale »

Entretien avec Gilbert Achcar, propos recueillis par Christophe Ventura et Marc Verzeroli (pp.129-135)

Qatar, Malaisie). Des Etats séculiers, à l'instar de la Chine, intègrent la religion dans leur stratégie pour toucher la diaspora à travers l'organisation des fêtes et cérémonies taoïstes ou en cultivant des relations privilégiées avec les Eglises protestantes évangéliques chinoises en dehors de ses frontières. Même au sein des Nations Unies, la religion s'est invitée au cœur des débats, notamment avec les questions du blasphème. Il suffit de rappeler les nombreux remous occasionnés par les caricatures de Mahomet en 2005 au Danemark, l'autodafé du Coran en 2010 en Floride ou le film *Innocence of muslims* en 2012. Les organisations internationales multilatérales n'ont guère été épargnées par les polémiques jusqu'à vouloir introduire dans le droit international la notion de « diffamation des religions ». Cette proposition fut abandonnée en 2011 grâce à la synergie d'actions menées conjointement par la France, les Etats-Unis et le Royaume-Uni. Alors, pour contrer cette montée en puissance de la religion, certains Etats, épousant la maxime du poète latin Lucrèce *« Tantum religio potuit suadere malorum »*[218], proposent la laïcité comme parade. Qu'est-ce donc que la laïcité ?

3.1.3 Le concept de laïcité[219]

L'idée de laïcité au sens politique tire son origine de celle de démocratie et revêt trois dimensions : la laïcité de juridiction, de justification et de présentation. La laïcité de Juridiction dérive de ce concept que Mark Lilla nomme *Great Separation* et qui a donné naissance à la politique moderne. Elle consiste en une séparation nette entre les domaines spirituel et séculier de sorte que l'Etat, édictant les règles communes de la coexistence sociale, s'occupe uniquement du temporel, inapte à régenter la sphère du spirituel (le salut des âmes). Par ricochet, les institutions religieuses ne sont guère aptes à produire des lois

[218] « De combien de maux la religion n'est-elle pas la cause ».

[219] Pour approfondir, G. DALLA TORRE, *Europa quale laicità?*, Edizioni san Paolo, Milano, 2003 ou R. BIN - G. BRUNELLI - A. PUGIOTTO - P. VERONESI, *La laicità crocifissa? Il nodo costituzionale dei simboli religiosi nei luoghi pubblici,* G. Giappichelli editore, Torino, 2004.

pour tous, du moins dans le domaine de l'intérêt public, d'où naturellement la question de la légitimité des partis religieux dans le système démocratique.

Quant à la laïcité de justification, elle se situe au niveau des principes fondateurs du sécularisme qui préconise une forme de neutralité constitutionnelle et politique vis-à-vis du phénomène religieux. L'idéologie de base demeure le libéralisme qui fonde l'Etat non plus sur des textes divins (théocratie) mais sur les principes communs de raison, principes acceptés de tous (démocratie). John Rawls et Jürgen Habermas parlent à ce propos de raison publique. Ainsi, la coexistence pacifique serait le fruit de la neutralité religieuse de l'Etat et des institutions publiques. Mais il est à noter que, ni la séparation des domaines spirituel et temporel comme cela advient pour la laïcité de juridiction, ni la neutralité religieuse spécifique à la laïcité de justification, ne proscrivent la reconnaissance du fait religieux. Par exemple, en France, l'un des ministères de la Vème République demeure sans conteste le ministère de l'intérieur et des cultes qui œuvre à organiser les concertations avec les différentes communautés religieuses, à garantir le paiement des salaires, la sauvegarde de la liberté religieuse dans les armées, les centres hospitaliers, les pensionnats. Cette forme de laïcité n'exclut pas le droit à l'expression religieuse des citoyens, même dans le domaine public. De fait, les principes de la laïcité s'imposent surtout aux agents de l'Etat dans l'exercice de leurs fonctions et non aux citoyens comme tels. Car, outre le principe de neutralité, aux fonctionnaires de l'Etat est enjointe une obligation d'apparence symbolique de neutralité.

Cela nous conduit à la laïcité de présentation qui fait écho à la dimension symbolique de la laïcité. Dans plusieurs pays d'Europe et d'Amérique (Québec), certains gouvernements ont pris des mesures prohibant le port de signes religieux dans les lieux emblématiques de l'Etat ou dans les institutions publiques. La laïcité de présentation fait référence à ce qu'on désigne dans le langage juridique comme la fonction « expressive » du droit et de la politique : la symbolique des uniformes, des signes, des symboles, des langues. Les uniformes des agents publics (le policier dans sa tenue ou le juge dans sa toge) rendent immédiatement visible l'impartialité de l'Etat. Toutefois, le port d'un signe religieux de la part d'un agent public n'infirme pas pour autant sa capacité d'être impartial. Ce qui est en cause, ce n'est pas le signe religieux mais la garantie formelle et extérieure de son impartialité. C'est donc l'apparence d'impartialité qui est incriminée. Comme le symbolique est un langage originaire, tributaire des traditions, des cultures et des peuples, le risque du communautarisme ethno-national hante toute laïcité protectrice des « valeurs de la République ». Car, même si on le nomme laïcité de présentation, le fond du problème est celui de la représentation, notamment de l'Etat. Pour les nations dans lesquelles, pendant des siècles, la religion a été facteur de clivage socio-politique, il est facile de comprendre que l'impartialité soit entendue ainsi que le désignent les américains, comme un *« naked public sphere »* (un espace public nu). L'apparence d'impartialité est importante pour les fonctions représentatives (primature, ministre, juge...) ou éducatives (enseignant) qui exigent un devoir de réserve religieuse.

L'application extensive de ces mesures à d'autres sujets pourrait dénoter la violation de la liberté de conscience partant de la liberté de religion. A ce propos, en France, le Conseil d'Etat, dans son avis du 23 décembre 2013, déclarait injustifiable l'interdiction du voile islamique (*hijab*) pour les mères accompagnatrices des sorties scolaires.

> « Il est à craindre que l'imposition d'une laïcité de présentation ciblée sur les signes « ostentatoires » des minorités religieuses ne serve qu'à les exclure, de manière ouvertement discriminatoire, d'un nombre croissant d'emplois publics »[220].

Dans la laïcité de présentation, comme l'ont étayé les controverses concernant la présence du crucifix dans les écoles italiennes (arrêt CEDH, *Lautsi et autre c. Italie,* 3 novembre 2009 et 18 mars 2011) et l'Assemblée nationale du Québec, comment justifier le rejet des signes religieux minoritaires alors que tolérance est faite aux signes religieux majoritaires ? En

---

220 D. LACORNE – J. VAISSE – J.-P. WILLAIME, *La Diplomatie au défi des religions,* p. 174.

définitive, l'Etat doit être neutre et permettre aux citoyens de pratiquer leurs religions ou de n'en pratiquer aucune.

Une saine laïcité[221] nous renvoie aux notions d'autonomie du temporel et du spirituel que nous avons étudiées dans le deuxième chapitre. En ce sens, la laïcité n'est, ni séparation, ni confusion. Dans les documents du Magistère social de l'Eglise, les vocables « laïc »[222] ou « laïcité » ne sont pas souvent usités.

---

[221] A l'occasion du centenaire de la loi de 1905 (loi de séparation de l'Eglise et de l'Etat en France), le Pape Jean-Paul II écrivit aux évêques de France et parla de saine laïcité comme Pie XII l'avait fait : « Le principe de laïcité, [...] s'il est bien compris appartient à la doctrine sociale de l'Eglise. Il rappelle la nécessité d'une juste séparation des pouvoirs (Cf. *compendium de la doctrine sociale de l'Eglise,* nn. 571-572) qui fait écho à l'invitation du Christ à ses disciples : " rendez à César ce qui est à César, et à Dieu ce qui est à Dieu " (Luc 20,25) [...]. Mais, dans le même temps, il importe que tous travaillent dans l'intérêt général et pour le bien commun. C'est ainsi que s'exprime aussi le Concile : "La communauté politique et l'Eglise, quoique à des titres divers, sont au service de la vocation personnelle et sociale des mêmes hommes. Elles exercent d'autant plus efficacement ce service pour le bien de tous qu'elles recherchent davantage entre elles une saine coopération" » (In E. TAWIL, *Laïcité de l'Etat et liberté de l'Eglise,* Editions Artège, Paris, 2013, p. 112)

[222] En ce qui concerne le droit canonique, Le Tourneau explique comment le concile Vatican II en est arrivé à mettre en relief le laïcat : « Il faut rappeler en effet, écrit-il, que le laïc est d'abord et avant tout un fidèle. C'est précisément sa condition de *fidelis,* antérieure à celle de *laicus,* qui est la source des devoirs et des droits [...]. Etant donné que les laïcs sont des fidèles courants, leurs droits et devoirs ne peuvent être qu'une application et une détermination de ceux qui appartiennent à tous les baptisés. D'où l'hésitation de la Commission codificatrice sur l'opportunité de dresser un catalogue distinct. Si elle a finalement tranché en sa faveur, c'est notamment pour respecter la mise en valeur du laïcat prônée par le concile » (D. Le TOURNEAU, *Droits et devoirs fondamentaux des fidèles et des laïcs dans l'Eglise,* Wilson & Lafleur Ltée, Montréal, 2011, pp. 254-255). Cependant le même code qui a défini le fidèle au canon 207 §1 n'a pas pu définir le laïc, malgré le désir initial de la Commission codificatrice. Pourtant, ce ne sont pas les ressources qui manquent dans les textes conciliaires. Ainsi, par exemple, cette définition du laïc selon *Lumen gentium* : « Sous le nom de laïcs, on entend, ici l'ensemble des chrétiens qui ne sont pas membres de l'ordre sacré et de l'état religieux sanctionné dans l'Eglise, c'est-à-dire les chrétiens qui, étant incorporés au Christ par le baptême, intégrés au peuple de Dieu, faits participants à leur manière de la fonction sacerdotale, prophétique et royale du Christ, exercent pour leur part, dans l'Eglise et dans le monde, la mission qui est celle de tout le peuple chrétien » (n°39). Cette définition a été curieusement reprise pour définir le fidèle dans le canon 204 §1 avec des nuances significatives à savoir

L'Eglise utilise le terme « laïcité » en rapport avec la reconnaissance des valeurs du monde profane. En effet, Paul VI, dans son allocution du 22 mai 1968, affirmait qu'il fallait distinguer la laïcité du laïcisme. Le premier a trait à la sphère spécifique des réalités temporelles régie par la loi de la relative autonomie issue des exigences intrinsèques à ces réalités au niveau scientifique, technique, administratif, politique. Le second, c'est- à- dire le « laïcisme » se veut un mouvement politico-juridique voué à soustraire les institutions civiles et sociales de l'influence religieuse. De tout ordonnancement humain, il prône l'exclusion des repères moraux et anthropologiques qui sont les postulats de relations irréductibles avec la religion[223]. Ce courant explique l'intervention croissante de l'Etat dans les domaines de la sexualité, de la santé, de l'éducation, de la famille, au point de vouloir obliger les groupes religieux ou les associations caritatives à appliquer les normes de non-discrimination (femmes, homosexuels) et d'égalité au sein de leurs organisations ou dans la prestation de service.

Par ailleurs, il est interdit d'aborder des arguments religieux lors des débats publics au sujet de réalités contestées comme la bioéthique (euthanasie, gestation assistée, clonage, avortement). Face aux abus de la laïcité, au problème de son extension, Cécile Laborde propose la laïcité critique qu'elle oppose aux précédentes. Elle s'ingénie à tenir compte de deux extrémismes tout en les évitant : la laïcité militante et la laïcité « culturelle ». Elle se réfère principalement aux contextes français et canadien

---

que le laïc, participe à la mission ecclésiale « dans l'Eglise et dans le monde », tandis que le fidèle l'accomplit dans l'Eglise afin que celle-ci accomplisse sa mission dans le monde. En plus, le laïc est un chrétien n'appartenant pas à l'ordre sacré ni à la vie consacrée. *Lumen gentium* précise que « le caractère séculier est le caractère propre et particulier des laïcs » (n°31). Cf. *Ibîd.* p. 61). Avec ce *background*, on comprend la délicatesse du concept de laïc qui, en dehors du cadre ecclésial, revêt des significations inattendues et parfois inconciliables. Appliqué au contexte international, le concept de laïc se rattache à l'autonomie du temporel et du spirituel, mais aussi à la liberté de conscience et de religion.

[223] G. DALLA TORRE, *La città sul monte, contributo ad una teoria canonistica delle relazioni fra Chiesa e comunità politica,* Editrice AVE, Roma 2007, p. 69.

dans lesquels la laïcité militante affirme que la sphère publique est déjà laïque mais qu'elle subit les assauts de demandes répétées de la part des groupes religieux. Par conséquent, il faut, selon elle, militer pour conserver les institutions déjà existantes et affirmer les mêmes valeurs que dans le passé. Quant à la laïcité culturelle, elle soutient que la laïcité est une culture, celle post chrétienne étant appelée catho-laïcité. Le mode de vie européen reste porteur de la culture chrétienne, dénommée « christianitude » par Emile Poulat. Pourtant, face à la conception militante et culturelle de la laïcité, le multiculturalisme, prenant appui sur le discours des droits de l'homme distille un pessimisme au sujet de la possibilité d'une sphère commune et préconise plutôt le retour à un pluralisme juridique connu sous l'appellation de particularisme juridique *(ius proprium)*.

A l'opposé, la laïcité critique exige dans chaque controverse un discernement pour distinguer ce qui est de l'universel de ce qui est du particulier, de façon à voir les principes fondamentaux d'une part, et d'autre part leur application contingente dans une culture donnée. En un mot, il faut s'élever jusqu'aux idéaux universels de la laïcité afin d'échapper à sa culturalisation. Cela entraine une critique permanente des constructions déjà existantes dans les sphères publiques dites laïques. A terme, l'idéal serait de parvenir à un consensus citoyen sur ces principes cardinaux du vivre ensemble contenus dans les droits constitutionnels des Etats. Il apparait donc intéressant d'examiner à ce titre deux types de laïcité, tantôt concurrents, tantôt complémentaires, que sont les modèles français et américain.

3.1.4 Les laïcités française[224] et américaine : approche critique et comparative

Aussi bien en ce qui concerne le modèle français que celui américain, le principe de la séparation entre les Eglises et les Etats est un principe laïc commun. Il est inscrit dans la clause dite *« establishment clause »* du premier amendement de la Constitution américaine qui cite: « Le Congrès ne fera aucune loi qui touche à l'établissement d'une religion (clause d'établissement) ou qui en interdise le libre exercice (clause de libre exercice) »[225]. Ce principe, enraciné dans la tradition jeffersonienne du « mur de séparation entre l'Eglise et l'Etat »[226], induit qu'il ne devrait pas exister aux Etats-Unis une religion officielle ni de soutien public à une religion ou à une croyance et même pas de privilèges ou de subventions accordés aux institutions gérées par les confessions religieuses. La jurisprudence de la cour suprême n'a cessé d'affirmer depuis

---

[224] Cf. Entretien réalisé par P. PIETTRE entre L. JAUME et B. BOURDIN, « *Aux sources de la laïcité et de la Nation française : Emancipation ou influence du religieux ?* in *Revue de l'institut Catholique de Paris,* n° 142, juillet-septembre 2017, pp. 99-122. Voir également l'interview du professeur P. Valdrini sur la question de la laïcité dans laquelle le professeur affirme, contrairement à ce que l'on croit, que la laïcité française permet des relations pacifiées entre l'Eglise et l'Etat, in URL : < http://www.famillechretienne.fr/politique-societe/politique/mgr-valdrini-professeur-de-droit-canonique-a-l-universite-pontificale-du-latran-la -laicite francaise-permet-des-relations-pacifiees-entre-l-eglise-et-l-etat-17091 >, consulté le 25 octobre 2017 à 9h34.

[225] D. LACORNE – J. VAISSE – J.-P. WILLAIME, *La Diplomatie au défi des religions,* p. 206.

[226] Cette célèbre métaphore est de T. Jefferson et se trouve dans sa lettre aux baptistes de Danbury du 1 janvier 1802. Il y parle de *wall of separation between church and state.* Il écrit: *« I contemplate with sovereign reverence that act of the whole American people which declared that their legislature should make no law respecting an establishment of religion, or prohibiting the free exercise thereof, thus building a wall of separation between Church & State. Adhering to this expression of the supreme will of the nation in behalf of the rights of conscience, I shall see with sincere satisfaction the progress of those sentiments which tend to restore to man all his natural rights, convinced he has no natural right in opposition to his social duties »* : in URL: < https://www.loc.gov/loc/lcib/9806/danpre.html >, consulté le 23 décembre 2017 à 22h50.

1940 que la mise en pratique de la *« establishment clause »* implique nécessairement la neutralité de l'Etat.

En plus, comme déjà vu dans le premier amendement, la clause d'établissement se double d'une clause de libre exercice qui n'est pas seulement propre aux Américains puisqu'on la retrouve aussi dans la tradition française. L'article 10 de la Déclaration des droits de l'homme du 26 août 1789 la garantissait en ces termes : « Nul ne doit être inquiété pour ses opinions, mêmes religieuses, pourvu que leur manifestation ne trouble pas l'ordre public établi par la loi »[227]. En 1905, la loi de séparation des Eglises et de l'Etat, en son article premier affirmait que « la république assure la liberté de conscience ». Elle garantit le « libre exercice des cultes » au sein des établissements publics tels « les lycées, collèges, écoles, hospices, asiles et prisons ». Des garanties analogues sont données dans le paragraphe 2 de l'article 9 de la convention européenne des droits de l'homme : « La liberté de manifester sa religion ou ses convictions ne peut faire l'objet d'autres restrictions que celles qui, prévues par la loi, constituent des mesures nécessaires, dans une société démocratique, à la sécurité publique, à la protection de l'ordre, de la santé ou de la morale publiques, ou à la protection des droits et libertés d'autrui »[228].

Les gouvernements français et américains sont tous deux pris dans la tension entre ces deux principes de la séparation et du libre exercice. Les institutions qui ont en charge de les faire respecter sont les mêmes : le législateur (assemblée élective) et les tribunaux (juges). Cependant, on aboutit à des résultats différents. En Amérique, le législateur, en raison de la pression des lobbys religieux, se fait le gardien et le défenseur du principe de libre exercice. Par contre, le pouvoir judiciaire est beaucoup plus restrictif et tient au respect du principe de la neutralité de l'Etat. Ainsi, on doit à la Cour Suprême l'interdiction des prières à l'Ecole (*Engel v. Vitale*, 1962), des

---

227 D. LACORNE – J. VAISSE – J.-P. WILLAIME, *La Diplomatie au défi des religions*, p. 206.

228 H. OBERDORFF - J. ROBERT, *Libertés fondamentales et droits de l'homme,* 14° édition, Lextenso éditions, LGDJ, Issy-les-Moulineaux, 2016, p. 34.

crèches dans les lieux publics (*Country of Allegheny v. ACLU*, 1989), de l'affichage des dix commandements dans les tribunaux (*McCreary v. ACLU*, 2005), du port de la kippa dans l'armée de l'air (*Goldman v. Weinberger*, 1986), et de l'enseignement du créationnisme dans les écoles publiques (*Edwards v. Aguillard*, 1987). Dans l'affaire *Employment Division v. Smith*, 1990, le Congrès, sous l'influence des lobbys, a invalidé la décision de la Cour Suprême qui avait rejeté le principe d'un droit constitutionnel à une exemption religieuse au cas où une croyance entrait en conflit avec une loi neutre et universelle. En effet, une petite Eglise amérindienne de l'Oregon, pour des pratiques rituelles, s'arrogeait le droit de consommer de la mescaline en violation d'une loi prohibant l'ingestion de stupéfiants. Le Congrès, à l'opposé de la Cour Suprême, a promulgué un droit à une telle dérogation, en votant majoritairement une nouvelle loi de défense des libertés religieuses (*Religious Freedom Restoration Act*, RFRA) de 1993[229].

En France, contrairement aux Etats-Unis, c'est le législateur qui se fait défenseur d'une laïcité rigoureuse[230], stricte, tandis

---

229 En 1997, la Cour Suprême a retenu inconstitutionnelle l'application de la RFRA aux Etats fédérés (*City of Boerne v. Flores*, 1997) mais la loi reste toujours en vigueur pour l'Etat Fédéral.

230 Le principe de laïcité est explicitement inscrit dans la Constitution française de 1958, à l'article 1er qui est, en fait, une reprise de l'article 1er de la Constitution de 1946. Originairement, le mot laïc serait apparu dans les années 1870 pour qualifier l'enseignement laïc à un moment où l'Etat français voulait promouvoir la laïcité de l'enseignement public et restreindre la place de l'Eglise catholique dans ce domaine. Ainsi, la loi du 30 octobre 1885 interdisant le recrutement d'un enseignant clerc ou religieux, imposa la laïcité de l'enseignement primaire. L'article 1er de la Constitution de 1946 qui fut repris en 1958, provient d'un amendement déposé par les députés du groupe communiste au cours des débats ayant abouti à la rédaction du premier projet de Constitution de 1946. Ce premier projet avait été rejeté par *référendum*. L'amendement en question était précédé par un exposé des motivations définissant ou justifiant la laïcité : « Il est nécessaire que la laïcité de l'Etat, qui se traduit par la séparation de l'Eglise et de l'Etat, et le principe que l'Etat ne reconnaît ni ne protège aucun culte ni aucune religion soient inscrits dans la Constitution » (J-B. TROTABAS, *La notion de laïcité dans le droit de l'Eglise catholique et de l'Etat républicain,* LGDJ., coll. « Bibliothèque de droit public », Paris, 1961, p. 13). Il est intéressant de noter comment à la même

que les tribunaux, plus souples, s'attèlent à la défense des

---

période, le 23 mars 1958, le Pape Pie XII, dans son allocution prononcée à la colonie des Marches à Rome, parle de la légitime et saine laïcité : « Il y a des gens en Italie, dit-il, qui s'agitent parce qu'ils craignent que le christianisme n'enlève à César ce qui est à César. [...] Comme si la légitime et saine laïcité de l'Etat n'était pas un des principes de la doctrine catholique » (in E. TAWIL, *Laïcité de l'Etat et liberté de l'Eglise*, p.110). En dehors de la coïncidence des dates entre l'allocution de Pie XII et l'entrée en vigueur de la Constitution française, il serait hasardeux de dire que Pie XII a voulu réagir ou mettre en garde les autorités de la république française ou italienne, ce qui n'est peut-être pas le cas des évêques de France qui, dès le 13 novembre 1945, ont fait une déclaration pour montrer quels sens de la laïcité étaient compatibles avec l'entendement catholique du terme. Les évêques ont dénoncé deux sens de la laïcité qu'ils ne peuvent accepter : Le premier définit la laïcité comme une « doctrine philosophique qui contient tout une conception matérialiste et athée de la vie humaine et de la société et un système de gouvernement politique qui impose cette conception aux fonctionnaires jusque dans leur vie privée, aux écoles de l'Etat, à la nation toute entière ». Le second définit la laïcité comme « la volonté de l'Etat de ne se soumettre à aucune morale supérieure et de ne reconnaitre que son intérêt comme règle de son action ». Dans le premier cas, les évêques évoquent comme motifs, le sens du bien commun ainsi que la dérive totalitaire et persécutrice de l'Etat contre la liberté religieuse. Ils évoquent en plus l'indépendance de l'Eglise en ce qui concerne la *tria munera* (enseignement, gouvernement et sanctification), un droit originel qu'elle ne peut abdiquer (Pie XI). Dans le second cas, les évêques avancent trois motifs à savoir, d'abord la dangerosité de la laïcité ainsi entendue, car elle justifierait les excès du despotisme, conduirait l'autorité à l'absolutisme et à la dictature ; ensuite, l'obsolescence d'une telle vision des relations entre l'Etat et l'Eglise en ce sens que ce serait un retour à l'Etat païen avec l'empereur maître absolu des consciences et des vies ; enfin, la fausseté de la thèse, car il y a une séparation entre la *lex* (loi) et le *ius* (droit). Les évêques le disent en ces termes : « La thèse est radicalement fausse. Rien ne peut l'emporter sur la morale et le droit. L'Etat, comme les individus, doit les reconnaître et s'y soumettre. Il fait des lois, mais la légalité n'est pas, par elle-même, le droit. Ce n'est pas parce qu'une loi est votée par une majorité, même l'unanimité, qu'elle est nécessairement juste et s'impose à l'obéissance des citoyens : il faut qu'elle soit conforme au droit et ne contienne rien de contraire à la loi naturelle » (In *Ibid.* p.106). Par ailleurs, les évêques ont indiqué deux sens de la laïcité qu'ils acceptent. Le premier conçoit la laïcité comme « la souveraine autonomie de l'Etat dans son domaine de l'ordre temporel, son droit de régir seul toute l'organisation politique, judiciaire, administrative, fiscale, militaire de la société temporelle, et d'une manière générale, tout ce qui relève de la technique politique et économique ». Le second sens accepté se formule comme suit : « La laïcité de l'Etat peut aussi être entendue en ce sens que, dans un pays divisé de croyances, l'Etat doit laisser chaque citoyen pratiquer librement sa religion » (in *Ibid.* p. 104).

libertés et à l'accommodement des pratiques religieuses. Le Conseil d'Etat, le 27 novembre 1989, a rendu un avis selon lequel le port du voile à l'école ne serait pas contraire aux principes de la laïcité, (avis n° 346.893). On peut signaler également l'arrêt n° 536 du 19 mars 2013 de la chambre sociale de la Cour de cassation qui a invalidé le renvoi pour « faute grave » de la directrice adjointe de la crèche Baby Loup, accusée d'avoir violé le règlement intérieur de la crèche pour avoir porté le voile islamique. Dans son argumentaire juridique, la Cour a soutenu que « le principe de laïcité instauré dans l'article 1 de la Constitution n'est pas applicable aux salariés des employeurs de droit privé qui ne gèrent pas un service public ». Il est clair que ce concept de laïcité entraine, au sein même de l'Etat, un conflit institutionnel entre les divers organes de pouvoir.

Du côté français, les critiques pointent du doigt l'importance toujours croissante accordée aux organes judiciaires en matière religieuse aux Etats-Unis sans oublier l'influence des lobbys religieux sur le Congrès. Alors, la laïcité américaine serait-elle vraiment réelle ? Rappelons que, par l'arrêt *Zelman v. Simmons-Harris* de 2002, la Cour a établi la constitutionalité des aides aux écoles (*school voucher*) dans le Cleveland (Ohio), mettant ainsi en relief le financement public des établissements confessionnels. Les critiques soulignent aussi la confusion entre le juridique et le symbolique aux Etats-Unis, notamment avec la présence de symboles religieux dans l'espace public et cette devise *« In God we trust »* que l'on retrouve imprimée sur les billets de banque et les pièces de monnaie. Jean Baubérot écrit finalement que « La séparation américaine n'est pas une vraie séparation et […] la confusion du religieux et du politique règne aux Etats-Unis »[231].

Du côté américain, certains penseurs comme Joan Scott ou Philip Crowley, dénoncent de la part de la France une laïcité de séparation « excessive, révélatrice d'une hostilité générale à la religion ». Philip Crowley, porte-parole du département américain s'insurge contre cette forme d'autoritarisme : « Nous

---

[231] In D. LACORNE – J. VAISSE – J.-P. WILLAIME, *La Diplomatie au défi des religions*, p. 212.

ne pensons pas qu'il faille légiférer sur ce que les gens ont le droit ou non de porter en fonction de leurs croyances religieuses »[232]. La politologue Martha Nussbaum de l'université de Chicago estime, elle, que la laïcité à la française est une laïcité asymétrique dans la mesure où elle semble discriminatoire en faveur de valeurs séculières. Ces prises de position montrent comment s'est subtilement produit le glissement d'une laïcité[233], au départ juridiquement assurée, à une laïcité sujette à la volonté politique des Etats en quête de définition. Alors comment les Etats confessionnels se situent-ils face à cette crise de la laïcité ?

La question de fond est de savoir quelle place donner à la croyance en Dieu dans un monde où le pluralisme des points de vue occupe une place centrale. Beaucoup d'Etats ont répondu en choisissant la solution laïque. Les pays d'Europe (Pays-Bas, Belgique, Autriche, Allemagne) ont adopté un régime de séparation plus souple. D'autres Etats comme la France ont opté pour un régime de séparation stricte. Enfin d'autres pays, tels les Etats Scandinaves, le Royaume Uni ou la Grèce se sont déclarés « Etats confessionnels » en ce sens qu'ils obéissent à deux principes essentiels. D'une part, il y a le principe de hiérarchisation des religions en indiquant l'une d'elles comme la « religion d'Etat », « religion dominante », « religion officielle » ou « religion du peuple ». Ainsi par rapport aux autres religions présentes sur le territoire national, la religion officielle bénéficie de certaines responsabilités et jouit de

[232] *Ibid.*, p. 210. Voir la conférence de presse de Philip. Crowley, « Daily Press Briefing), Département d'Etat américain, 14 juillet 2010.

[233] Outre la question du droit à la liberté religieuse, on pourrait étudier l'influence qu'ont eu ces approches française et américaine de la laïcité sur leurs déclarations respectives des droits de l'homme en général. Nous devons affirmer que l'assise de ces droits diffère selon la nature de la laïcité avec laquelle on a affaire. En effet, Jacques Maritain fait une remarque intéressante : « La Déclaration française des Droits de l'Homme a présenté ceux-ci (en y portant pour autant l'équivoque) dans la perspective toute rationaliste de la philosophie des lumières et de l'encyclopédie. La Déclaration américaine, marquée qu'y soit l'influence de Locke et de la religion naturelle, était restée plus près du caractère originairement chrétien des droits humains » (J. MARITAIN, *Christianisme et démocratie (suivi de) les droits de l'homme,* Desclée de Brouwer, Paris, 2005, p. 180).

certaines immunités bien que soient reconnues aux autres des libertés d'organisation et de communication. D'autre part, existe le principe d'intervention grâce auquel l'Etat s'autorise à émettre des dispositions et oblige l'Eglise nationale à les observer. Ainsi, l'Etat la contrôle et limite l'indépendance de l'Eglise nationale.

L'exemple du Danemark illustre de ce que nous venons d'asserter : l'article 4 de la Constitution danoise, repris de l'article 3 de la Constitution de 1849 et 1866, récite : « L'Eglise évangélique Luthérienne est l'Eglise nationale du Danemark ; elle bénéficie à ce titre du soutien de l'Etat ». Ce soutien s'actualise à deux niveaux : symbolique et financier. A l'Eglise Luthérienne revient l'organisation de la cérémonie du sacre royal dans laquelle transparaît le caractère chrétien de l'imaginaire national. C'est à elle qu'est aussi confiée la gestion et l'administration des cimetières et de l'Etat civil, étant convenu que les mariages célébrés par les cultes possèdent une valeur légale. En sus, l'instruction religieuse évangélique est considérée comme une matière ordinaire des programmes éducatifs publics. Sur le plan économique, tirant profit de la taxe confessionnelle perçue auprès des luthériens, l'Etat assume presque la totalité des frais de fonctionnement, d'approvisionnement et d'équipement de l'Eglise nationale. Aux autres confessions, l'Etat n'accorde que des subventions sporadiques. Mais, comme nous l'avons relevé, la reconnaissance officielle s'est faite au prix de la liberté en ce sens que c'est le gouvernement qui dicte les règles internes de l'Eglise nationale *(folkerkirke)*. On le voit en 2012, lorsque le législateur a ordonné à cette Eglise de procéder au mariage des personnes de même sexe.

Les pasteurs, eux, sont intégrés dans l'administration d'Etat dont ils sont salariés. Ils sont recrutés suivant des lignes idéologiques et théologiques selon le schéma inclusiviste mis au point par Nicolas Grundtvig, à la moitié du XIXème siècle. On retrouve les mêmes caractéristiques dans la zone orthodoxe avec la Grèce. Toutefois, ces dernières décennies ont enregistré dans la plupart des Etats confessionnels et ceux de vieille catholicité comme l'Italie ou l'Espagne une mutation du droit des religions, soit par réinterprétation des anciens modèles, soit simplement par abrogation. On peut évoquer ici la Constitution espagnole de 1978 et les accords signés avec le Saint-Siège en 1979 qui affirment qu'« aucune confession n'est religion d'Etat » (article 16). Il en va de même pour l'Italie avec les accords de Villa Madame de 1984 qui ont modifié les accords du Latran. Le droit étatique s'est émancipé des dispositions du droit canonique sur certaines questions touchant à la famille et aux mœurs en raison du fait que désormais la population est séduite par la tendance du *believing without belonging*.

A ce motif s'ajoutent les conséquences du flux migratoire, chaotiquement géré par les différents gouvernements européens tiraillés entre gestion des frontières de façon protectionniste et observance des normes internationales en matière de migration et de droits fondamentaux. Ce phénomène migratoire redessine les contours de la cartographie religieuse des nations puisque les migrants migrent avec leurs religions. Réfléchir sur la laïcité et son extension revêt une dimension importante pour la diplomatie qui doit éviter les incidents et les amalgames. En ce sens, la collaboration du nonce apostolique et de l'ambassadeur dans le domaine de la diplomatie offre des chances pour mieux comprendre et mieux gérer le phénomène religieux. Du 29 août au 2 septembre 2016 s'est tenue à Paris la semaine des ambassadeurs. Le thème des débats du troisième jour était formulé comme suit : « Etat laïc, fait religieux et diplomatie ». Cela indique le lien étroit qui existe entre ces questions.

En conclusion de notre étude sur la laïcité, nous pouvons dire que, puisque les normes internationales consacrent le droit inaliénable à la religion, tous les Etats signataires de ces normes doivent respecter trois exigences : d'abord le principe d'égalité, ensuite celui de la positivité et enfin celui de patrimonialité. L'égalité assure une parité de traitement entre les diverses religions sans discrimination basée sur le fait qu'elles soient minoritaires ou majoritaires. La positivité demande que la neutralité de l'Etat ne soit pas synonyme d'indifférence face au phénomène religieux qu'il doit pouvoir soutenir symboliquement et financièrement sans néanmoins tomber dans le contrôle juridictionnaliste. Quant à la patrimonialité, elle permet aux peuples de garder leur identité culturelle tout en évitant les tentations d'une citoyenneté multiculturelle (hybride) faite de juxtaposition sinon de contraposition des cultures. Au contraire, la patrimonialité, promeut l'intégration véritable des peuples dans le respect des différences[234].

La collaboration du nonce apostolique et de l'ambassadeur aura pour objectif de créer un cadre favorable à la sauvegarde du droit à l'expression religieuse. C'est pourquoi une juste intelligence de la laïcité[235] s'avère nécessaire à cette coopération, car l'enjeu n'est pas la séparation de l'Etat et des confessions religieuses, mais la question cruciale de la place de la religion dans l'espace public[236]. L'ancien président français,

---

[234] Il n'existe pas de *laïcité « ex nihilo »,* sans références historiques, culturelles et même géographiques (*britishness* en Grande Bretagne, ou *Leitkultur* en Allemagne, ou identité nationale en France). Ainsi, il y a toujours un devoir d'adaptation de la part des Etats mais aussi de la part des groupes religieux. Plutôt que de parler de double tolérance, on doit arriver à une heureuse imbrication réciproque qui rende compte de l'interaction entre le religieux et le politique. C'est au nom de cette patrimonialité qu'il est difficile de comprendre ce déni historique qui a consisté au refus, en 2004, d'inscrire dans la Constitution européenne la mention des racines chrétiennes de l'Europe. Le concept de double tolérance *(twin tolerations)* a été introduit par Alfred Stepan pour qualifier les rapports entre la religion et la sphère publique dans le monde contemporain. Il désigne « les frontières minimales de la liberté d'action qui doit, d'une manière ou d'une autre, être accordée aux institutions politiques vis-à-vis des autorités confessionnelles, ainsi qu'aux individus et groupes religieux vis-à-vis des institutions publiques » (A. STEPAN, *Religion, Democracy, and the twin tolerations,* in *Journal of Democracy,* vol. 11, n. 4, 2000, p. 37). La double tolérance, selon l'entendement de Stepan, érige l'impossibilité d'édifier un « infranchissable mur de séparation » entre la religion et la politique. Mais le concept reste dans la logique du combat puisqu'on ne tolère que ce que l'on voudrait rejeter ou bannir. Tandis que l'heureuse imbrication montre comment les deux sphères ont besoin l'une de l'autre dans une saine coopération.

[235] Il s'agit de tenir à la fois la distinction et la collaboration entre l'Eglise et l'Etat en vue du bien commun. La laïcité ainsi appréhendée « garantit à la politique d'opérer sans instrumentaliser la religion, et à la religion de vivre librement sans s'alourdir du politique dicté par l'intérêt, et quelque peu conforme, voire même contraire, à la croyance. C'est pourquoi la saine laïcité (unité-distinction) est nécessaire, et même indispensable aux deux » (BENEDICTUS XVI, adhortatio apostolica post synodalis, *ecclesia in Medio Oriente*, 14 septembre 2012, in *AAS*, 104, (2012), n. 29, p. 764).

[236] Pour approfondir cet aspect, se rapporter à MINISTÈRE DE L'INTÉRIEUR FRANÇAIS, *l'expression du religieux dans la sphère publique, comparaisons internationales,* Editions de la Direction de l'information légale et administrative, Paris, 2016, pp. 91-119.

François Hollande, en janvier 2014, dans son message de vœux aux autorités religieuses, disait :

> « Nous avons beaucoup à attendre de ce dialogue entre l'Etat et les religions. Nous avons aussi le sentiment qu'il y a un besoin de spiritualité dans notre pays. On ne peut pas se réduire simplement aux considérations matérielles, même si elles sont essentielles. Parce qu'il y a une crise, il y a aussi le besoin d'avoir une conscience, de comprendre le sens et vous y contribuez »[237].

Son diagnostic est pertinent, mais cette crise dépasse largement le cadre intra-étatique et devient trans-étatique avec l'arrivée massive de migrants impliquant par ricochet l'action diplomatique. D'où le défi de la collaboration entre l'ambassadeur et le nonce en vue de la liberté religieuse.

3.2 LA LIBERTE RELIGIEUSE

La collaboration du nonce apostolique et de l'ambassadeur sur la question de la liberté religieuse suppose entre les deux un dialogue de vérité qui permette de dissiper les malentendus. Les mêmes mots ont-ils les mêmes sens pour chacun des deux acteurs de la scène internationale ? Après avoir mis en exergue la question de la liberté religieuse dans le droit international et dans l'Union européenne, nous étudierons la question au sein de l'Eglise pour rendre explicite la vision du Saint-Siège concernant la liberté religieuse. Ensuite, nous verrons la possibilité de la coopération entre le nonce et l'ambassadeur.

3.2.1 La liberté religieuse dans le droit international et dans l'union européenne

Avant tout, il est intéressant de relever qu'il s'agit d'une liberté fondamentale protégée, reconnue plutôt qu'octroyée. C'est pourquoi les divers ordonnancements juridiques, prenant acte de la subsistance de la liberté religieuse, la formalisent

---

[237] D. Lacorne – J. Vaisse – J.-P. Willaime, *La Diplomatie au défi des religions*, p. 201.

comme un droit individuel que chaque Etat est tenu de respecter. L'ordonnancement international recèle une multitude de normes contenues dans des Actes approuvés par l'ONU au nombre desquels nous avons la Déclaration universelle des droits de l'homme du 10 décembre 1948. L'article 18 de cette déclaration porte sur la liberté religieuse et récite :

> « Toute personne a droit à la liberté de pensée, de conscience et de religion ; ce droit implique la liberté de changer de religion ou de conviction ainsi que la liberté de manifester sa religion ou sa conviction seule ou en commun, tant en public qu'en privé, par l'enseignement, les pratiques, le culte et l'accomplissement des rites ».

La liberté religieuse concerne donc toutes les religions, pas seulement celles chrétienne, musulmane, bouddhiste, ou hindouiste. Elle concerne aussi les religions des groupes minoritaires ou indigènes. Si l'article 18 de la Déclaration universelle parle de la liberté de changer de religion, cela s'entend également de la liberté de n'avoir pas de religion, donc la liberté de ne pas choisir et de ne pas croire. On peut citer aussi la résolution 2200 de l'Assemblée Générale ratifiant le Pacte international des droits civils et politiques du 16 décembre 1966 au sujet du génocide, du droit des mineurs, de la discrimination des femmes. Ce pacte à caractère juridique plus contraignant, entré en vigueur le 23 mars 1976, reprend en son article 18 la teneur de l'article 18 de la Déclaration universelle des droits de l'homme, avec quelques spécifications[238]

---

[238] Article 18 du Pacte international : « 1. Toute personne a droit à la liberté de pensée, de conscience et de religion ; ce droit implique la liberté d'avoir ou d'adopter une religion ou une conviction de son choix, ainsi que la liberté de manifester sa religion ou sa conviction, individuellement ou en commun, tant en public qu'en privé, par le culte et l'accomplissement des rites, les pratiques et l'enseignement. 2. Nul ne subira de contrainte pouvant porter atteinte à sa liberté d'avoir ou d'adopter une religion ou une conviction de son choix. 3. La liberté de manifester sa religion ou ses convictions ne peut faire l'objet que des seules restrictions prévues par la loi et qui sont nécessaires à la protection de la sécurité, de l'ordre et de la santé publique, ou de la morale ou des libertés et droits fondamentaux d'autrui. 4. Les Etats parties au présent Pacte s'engagent à respecter la liberté des parents et, le cas échéant, des tuteurs légaux de faire assurer l'éducation religieuse et morale de leurs enfants

concernant l'interdiction de contrainte par la violence en matière religieuse et le devoir de respecter la liberté des parents dans le choix de l'éducation religieuse de leurs progénitures.

A cela s'ajoute la déclaration du 25 novembre 1981 pour l'élimination de toutes les formes d'intolérance et de discrimination fondées sur la religion ou la conviction (résolution 36/55). Les organisations d'intégration régionale telles l'Union européenne (UE) ou l'Union africaine (UA) ont accueilli dans leurs chartes des droits de l'homme ces principes de la liberté religieuse approuvés au niveau des instances internationales. De particulière importance, sont à mentionner la convention européenne pour la sauvegarde des droits de l'homme et des libertés fondamentales de 1950 (article 9), la charte de Nice de 2000, aujourd'hui englobée dans le Traité de Lisbonne de 2009 (article 10). L'inscription de la liberté religieuse parmi les droits fondamentaux a contribué à son extension à toutes les aires géographiques du monde, en Asie, en Europe, en Afrique[239], en Amérique[240], sans oublier l'Océanie[241]. Les différentes chartes, qu'elles soient

---

conformément à leurs propres convictions » (H. Oberdorff - J. Robert, *Libertés fondamentales et droits de l'homme,* p. 400).

239 La charte africaine des droits de l'homme déclare la liberté de religion et de conscience. Cependant, dans le texte, elle omet le fait de pouvoir changer : « *Unfortunately, the freedom to change is not pronounced in the African Charter. The significant Article 8, simply declares: "Freedom of conscience, the profession and free practice of religion shall be guaranteed. No one way, subject to law and order, be submitted to measures restricting the exercise of these freedoms"* » (G. ZIELINSKI, *The right to freedom of belief: a conceptual framework,* Lateran University Press, Città del Vaticano, 2017, p. 367).

240 L'article 12 de la convention américaine des droits de l'homme prévoit : « *1. Everyone has the right to freedom of conscience and of religion. This right includes freedom to maintain or to change one's religion or beliefs, and freedom to profess or disseminate one's religion or beliefs, either individually or together with others, in public or in private. 2. No one shall be subject to restrictions that might impair his freedom to maintain or to change his religion or beliefs. 3. Freedom to manifest one's religion and beliefs may be subject only to the limitations prescribed by law that are necessary to protect public safety, order, health, or morals, or the rights or freedoms of others* » (*ibid.,* p. 366).

241 Considérons par exemple ce qu'écrit l'Observatoire de la Liberté Religieuse sur la liberté religieuse en Nouvelle-zélande : « Selon la

internationales, régionales ou continentales, soulignent le lien existant entre le droit de la liberté religieuse et les autres droits de l'homme[242]. L'Observatoire de la Liberté Religieuse est très

Déclaration des droits de Nouvelle-Zélande, "toute personne a droit à la liberté de pensée, de conscience, de religion et de croyance, y compris le droit d'adopter et d'avoir des opinions sans ingérence". L'expression religieuse est sans restriction : "toute personne a le droit de manifester sa religion ou ses convictions dans un culte, une observance, une pratique ou un enseignement, individuellement ou collectivement, en public ou en privé", à condition que les pratiques religieuses ne perturbent pas la paix. Bien qu'il n'y ait pas de religion d'État, une prière chrétienne est récitée lors de l'ouverture de chaque session parlementaire. La loi précise que l'enseignement dans les écoles primaires publiques "est exclusivement laïc". Cependant, dans certaines circonstances, elle autorise l'instruction et les observances religieuses dans les écoles primaires publiques à condition que la participation soit facultative. La discrimination fondée sur la religion ou les convictions éthiques (pour les sans religion) est interdite. Les plaintes de discrimination illégale, y compris sur la base des convictions religieuses, peuvent être présentées à la Commission des droits de l'homme (CDH) qui est un organisme financé par l'État. Les actions interdites par la Loi sur les droits de l'homme peuvent également donner lieu à des poursuites en vertu d'autres lois. La CDH a poursuivi la mise en œuvre de sa Déclaration sur la diversité religieuse de 2007 qui "souligne que l'État ne vise qu'à traiter tous les groupes confessionnels et ceux qui ne professent aucune religion de manière égale devant la loi, et que la Nouvelle-Zélande n'a pas de religion officielle ou établie. La CDH encourage l'enseignement de nos diverses traditions religieuses et spirituelles, le dialogue respectueux et des relations positives entre l'État et les groupes confessionnels". Dans son rapport annuel 2015 (pour la période se terminant le 30 juin 2015), la CDH a signalé 49 demandes d'enquête et de plaintes de discrimination illégale liée aux convictions religieuses. Dans l'année précédente, se terminant le 30 juin 2014, la CDH avait reçu 69 demandes d'enquête et de plaintes concernant les convictions religieuses. La Déclaration des droits garantit la protection des minorités religieuses : "Une personne qui appartient à une minorité ethnique, religieuse ou linguistique en Nouvelle-Zélande ne peut pas être privée du droit, avec d'autres membres de cette minorité, de jouir de la culture de cette minorité, ainsi que de professer et de pratiquer sa religion ou d'utiliser sa langue" », in URL : < http://www.liberte-religieuse.org/nouvelle-zelande >, consulté le 18 décembre 2017 à 9h10.

242 Plusieurs auteurs ont réfléchi sur ce lien qu'entretien le droit à la liberté religieuse avec les autres droits. John Witte et Christian Green font ressortir ce lien dans leur livre *Religion and human rights,* précisément dans la deuxième partie intitulée *Religion and Modern human Rights issues ;* on a donc le lien avec la liberté de conscience, liberté de choix, liberté d'expression, égalité et non discrimination, liberté d'association, droit à l'autodétermination, droits des femmes, des enfants, droits économiques et socio-culturels, droit de

actif dans plusieurs pays du monde, incluant ceux d'Asie[243] comme le Laos ou le Vietnam.

l'environnement, droit à la paix et relations internationales. Cf. J. WITTE-C. GREEN (dir), *Religion and human rights,* Oxford university Press, Oxford, 2012, pp. 155-360. La première partie du livre traite de l'apport de certaines religions à la question des droits de l'homme : *human rights and religions traditions.* On y parle de l'apport du judaïsme, du christianisme, de l'Islam, de l'hindouisme, du confucianisme, du boudhisme, de la religion indigène. (*Ibid.* pp. 25-135). Si la religion est souvent promotrice des droits de l'homme, l'histoire montre qu'elle peut être source de leur violation ou fournir la justification de leur bafouement. Tel fut le cas pour l'apartheid en Afrique du Sud: « *The apartheid system in South Africa (and consequently Namibia) was funded on the Afrikaners' Testament Christianity of Calvinist origin. Afrikaners believed that they were the chosen people with a divine mission to rule over all others, and from this followed their belief in white supremacy and a policy of racial segregation and discrimination. The ICJ refused to allow South africa to present factual evidence to prove both South Africa's "good faith" concerning apartheid and its intention to promote the well-being and progress of the inhabitants [...]. The Court found that no motive or intent, whatever the source, could justify such systematic discrimination and denial of human rights under the Charter* » (C. W. HOWLAND, in G. ZIELINSKI, *The right to freedom of belief: a conceptual framework*, p. 109-110).

243 L'Observatoire de la Liberté Religieuse décrit le cadre juridique de la liberté religieuse et son application effective au Laos, système similaire à celui du Vietnam : « La liberté de religion et de croyance est inscrite dans les lois du Laos. La Constitution de 1991, révisée en 2003, décrit en détail les droits du peuple, et la liberté de croire ou ne pas croire arrive au premier rang de ceux-ci. En pratique cependant, la vision de la liberté au Laos, au moins en ce qui concerne la liberté religieuse, est, à bien des égards, similaire à celle de son voisin, le Vietnam. Cette similitude n'est pas un hasard compte tenu de la proximité idéologique entre les deux partis communistes au pouvoir à Vientiane et à Hanoï. On peut la résumer comme un système de pétition et de concession dans lequel les organisations religieuses demandent l'autorisation des autorités de l'État pour faire telle ou telle chose, et le rôle de ces mêmes autorités est d'accorder – ou de ne pas accorder – les autorisations demandées. Plus précisément, le système est fondé sur un décret signé par le Premier ministre en 2002, connu sous le nom de "Décret 92" sur les "pratiques religieuses", qui régit toutes les questions religieuses dans le pays. Cependant, au lieu de définir les conditions pour exercer la liberté religieuse, telles qu'elles sont inscrites dans la Constitution, le décret et ses 20 articles couvrent les procédures permettant à l'État de contrôler et d'interférer dans le domaine religieux. Il comporte l'obligation pour toutes les organisations religieuses de s'inscrire auprès des autorités, des restrictions imposées à la propagation des religions, ainsi que le contrôle de l'État sur la publication et l'impression de la documentation religieuse. Dans un pays où les appartenances religieuses ont

Pour compléter cette évocation des sources normatives, nous nous devons de citer l'Organisation pour la Sécurité et la Coopération en Europe (OSCE)[244] dans laquelle le Saint-Siège œuvre en tant que membre effectif. Cette coopération à caractère éminemment diplomatique a permis le traité d'Helsinki du 1er août 1975. On ne peut non plus négliger l'énorme activité jurisprudentielle en faveur de la liberté religieuse menée aussi bien par la Cour de justice de l'Union européenne qui siège au Luxembourg que par la Cour européenne des droits de l'homme basée à Strasbourg. Cela dit, il ne faut pas perdre de vue que l'objectif de l'Union européenne n'était pas de porter l'attention sur la question religieuse mais celle économique, monétaire et commerciale.

Originairement on note l'absence des mots « Eglise » ou « communauté religieuse » dans les documents. Ce n'est qu'à partir du traité de Maastricht (1992), que s'opère un changement dû au fait que l'Union commençait à avoir compétence dans certains domaines marqués déjà par la présence religieuse. L'Union choisit d'abord de s'intéresser à la garantie du droit individuel de liberté religieuse et décide

---

tendance à suivre les frontières ethniques, ce décret consacre également un certain degré de discrimination en faveur du bouddhisme par rapport aux autres religions. À peu près 55 % de la population du Laos est d'ethnie lao, et la majorité d'entre eux sont bouddhistes. Ce groupe ethnique domine la vie politique nationale, car même s'ils le nient et insistent sur le caractère laïc de l'État, les dirigeants politiques du Laos appartiennent en fait, au moins sur le plan culturel, au bouddhisme theravada. La conséquence directe de cette influence fortement bouddhiste, malgré 40 ans de régime officiellement communiste, est que le Décret 92 comporte un certain nombre d'exceptions pour le bouddhisme. En pratique, cela signifie que les moines bouddhistes et les pagodes ne sont pas soumis aux mêmes restrictions que les membres et les lieux des autres religions. Sur le plan national, cette proximité entre le bouddhisme et l'État signifie que Sangkharat, le patriarche suprême du bouddhisme au Laos, a des liens étroits avec les principales personnalités politiques du pays. Le gouvernement favorise la culture laotienne, aux racines bouddhistes. Dans les provinces, il n'est pas rare que des représentants du gouvernement invitent les moines bouddhistes à bénir leurs nouveaux bâtiments », in URL : < http://www.liberte-religieuse.org/laos >, consulté le 18 décembre 2017 à 8h48.

[244] Cette organisation est née des cendres de l'ancienne conférence sur la sécurité et la coopération en Europe (CSCE).

ensuite de garder le régime traditionnel et constitutionnel des relations que chaque Etat entretient avec les confessions religieuses. Le traité renonce à définir positivement, même pour les éléments essentiels, la condition juridique des confessions religieuses auxquelles il refuse de reconnaître un rôle paritaire aux autres institutions civiles. Le préambule du traité se contente de les ravaler au même niveau que les groupes philosophiques ou non confessionnels. Toutefois, il rappelle « l'héritage culturel, religieux et humaniste » de l'Europe[245].

La perspective est celle qui consiste à maintenir un dialogue[246] « ouvert, transparent et régulier » avec les

---

[245] Jean-Paul II, dans son allocution aux participants au 3ème Forum International de la Fondation Alcide De Gaspari, le 23 février 2002, ne cache pas sa déception de ne pas voir inscrit dans la Constitution Européenne une mention expresse des racines chrétiennes de l'Europe. Il affirme : *« La mia preoccupazione piu grande per l'Europa è che essa conservi e faccia fruttificare la sua eredità cristiana. Non si puo, infatti, negare che il continente affondi le proprie radici, oltre che nel patrimonio greco-romano, in quello giudaico-cristiano, che ha costituito per secoli la sua anima piu profonda. Gran parte di quello che l'Europa ha prodotto in campo giuridico, artistico, letterario e filosofico ha un'impronta cristiana e difficilmente puo essere compreso e valutato se non ci si pone in una prospettiva cristiana. Anche i modi di pensare e sentire, di esprimersi e di comportarsi dei popoli europei hanno subito profondamente l'influsso cristiano. Purtroppo, alla metà dello scorso millennio ha avuto inizio, e dal settecento in poi si è particolarmente sviluppato, un processo di secolarizzazione che ha preteso di escludere Dio e il cristianesimo da tutte le espressioni della vita umana »* (in G. DALLA TORRE, *Europa quale laïcità?*, Edizioni san Paolo, Milano, 2003, p. 125). Jean-Paul II voit dans la référence aux racines chrétiennes de l'Europe, non l'expression d'une nostalgie, mais un devoir de mémoire historique et une boussole pour l'Europe contemporaine, appelée à être maître d'un vrai progrès, à promouvoir une globalisation dans la solidarité et sans marginalisation, à concourir à l'édification d'une paix juste et durable en son sein et dans le monde entier. Cette Europe est aussi appelée à enlacer les diverses cultures pour donner vie à un humanisme dans lequel le respect des droits, la solidarité, la créativité, permettent à chacun de réaliser ses plus nobles aspirations. Cf. le discours de Jean-Paul II, aux participants du séminaire européen d'étude, le 20 juin 2002, in G. DALLA TORRE, *Europa quale laïcità ?*, p. 130).

[246] Voir la déclaration n° 11 annexe du traité d'Amsterdam.

confessions sans pour autant leur donner un rôle majeur[247]. C'est pourquoi Perluigi Consorti parle de bilatéralité inaccomplie. Le traité de l'Union européenne porte les séquelles de la dimension conflictuelle des relations avec les religions. Il fait les comptes avec les guerres de religion entre chrétiens, le processus de sécularisation, mais aussi avec la présence islamique et hébraïque. On ne peut nier aujourd'hui que le judaïsme et l'islam constituent des religions européennes. Il existe un islam européen différent de celui méditerranéen ou oriental ; face au judaïsme, l'Europe pense devoir réparer le préjudice causé par son comportement discriminatoire qui a culminé dans l'holocauste[248]. L'article 9 de la charte européenne des droits de l'homme prévoit pour les Etats le droit de limiter la liberté religieuse « pour la protection de l'ordre public, de la santé ou de la morale publique, ou la protection des droits et des libertés d'autrui ».

Le traité de Lisbonne reprend cet article 9 de la CEDH, mais sans les restrictions sus-indiquées. Cela démontre l'évolution du concept de liberté religieuse, car, après la seconde guerre mondiale, on le pensait limitable par des lois ou pour des circonstances bien déterminées. Mais la liberté religieuse apparaît de nos jours plus ferme si bien que pour son effectivité il est prévu un certain nombre de normes de précaution et de garantie comme l'objection de conscience, la liberté d'information et d'expression (pluralisme des médias, article 11), la liberté de réunion et d'association (article 12), le principe d'égalité devant la loi (article 20), l'interdiction de discrimination (article 21), le respect de la diversité culturelle, religieuse et linguistique (article 22). En définitive, au-delà des garanties, il faut se demander comment les confessions ont ressenti cette « négligence » de l'aspect communautaire dans les normes européennes. Comment est appréhendée la liberté religieuse au sein des confessions religieuses ? Par exemple quelle approche le Saint-Siège fait-il de la liberté religieuse ?

---

[247] Cf. F. BOTTI, *Le confessioni religiose et il principio di sussidiarietà nell'unione europea: un nuovo giurisdizionalismo attraverso il mercato, in* "Stato, chiese e pluralismo confessionale", 2011, pp. 1-38.

[248] P. CONSORTI, *Diritto e religione,* Editori Laterza, Roma 2014, pp. 62-72.

3.2.2 La diplomatie pontificale et la liberté religieuse

A travers la figure du nonce apostolique, nous avons montré que la tâche principale de ce que le Jésuite Pierre Blet appelle « la représentation pontificale » consiste à défendre et promouvoir la *« libertas ecclesiae »* et notamment celle des membres de la communauté catholique dans monde. Depuis le XIème siècle, la *« libertas ecclesiae »* indique explicitement la revendication d'indépendance du pouvoir ecclésiastique par rapport à tout pouvoir étatique ou politique. Dans l'enseignement conciliaire (Vatican II), la *dignitatis humanae* au numéro 13 pose cette indépendance comme principe fondamental des relations entre l'Eglise et l'Etat tout en mettant en lumière l'importance du respect de la liberté religieuse non seulement pour les catholiques mais aussi pour tout homme en tant que droit fondamental de la personne humaine. Cela conduit à se demander si la *« libertas ecclesiae »* coïncide avec la liberté religieuse. En effet, pour certains auteurs, la *« libertas ecclesiae »* ne serait que la liberté religieuse reconnue à l'Eglise en tant que réalité collective. Au contraire, d'autres estiment que la conviction du christianisme d'être la vraie religion est ce qui semble sous-jacent à la *« libertas ecclesiae »* tandis que la liberté religieuse serait à l'origine du relativisme et de l'indifférence religieuse. C'est le concile Vatican II, lui-même qui fournit la ligne de démarcation en proclamant solennellement qu'entre la liberté de l'Eglise et la liberté religieuse, il existe une « concorde ».

Mais justement concorde ne signifie guère identité, car nous avons affaire à deux réalités différentes. Le cardinal Bertone[249] précise que la liberté religieuse fait référence à une réalité propre à l'ordre naturel, connaissable par la raison humaine. Ainsi, de liberté religieuse on peut en discuter et en convenir avec tous les hommes indépendamment de leurs credo religieux, en suivant simplement les orientations de la raison droite. Tandis que la *« libertas ecclesiae »* fait référence à une réalité surnaturelle qu'est l'Eglise, connaissable à partir de la Révélation et de la foi. Pour l'auteur, au regard de la *« dignitatis*

---

[249] T. BERTONE, *La diplomazia pontificia,* pp. 143-144.

humanae », la liberté religieuse est un concept négatif qui consiste dans le droit à l'immunité de toute coercition externe en matière religieuse. A l'opposé, la *« libertas ecclesiae »* est un concept positif en ce sens qu'elle affirme la liberté de l'Eglise face à la communauté politique[250]. Ensuite, les

---

[250] Nous devons signaler que le déploiement de la *libertas ecclesiae* rencontre des difficultés dans certaines contrées comme la Chine populaire avec laquelle le Saint-Siège entretient des relations diplomatiques tumultueuses faites de ruptures et de tentatives de rapprochement. Nicolas Sénèze et Christophe de Galzain dressent, dans *la Croix,* une chronologie intéressante des évènements : « 1 octobre 1949 : La proclamation de la république populaire de Chine marque le début d'une intense propagande athée en Chine. L'année suivante, en 1950, le mouvement des "trois autonomies "est lancé : il vise à affirmer l'indépendance des chrétiens en Chine. Puis, en 1951, le Bureau gouvernemental des Affaires religieuses est créé. 4 septembre 1951 : Mgr Antonio Riberi, qui était nonce apostolique en Chine depuis 1946 est expulsé. Toujours avec lui, la nonciature rouvrira l'année suivante à Taipei, à Taiwan. 7 octobre 1954 : Par l'Encyclique *ad sinarum gentes*, Pie XII condamne le mouvement des "trois autonomies". L'année suivante, la résistance catholique est décapitée avec l'arrestation des principaux évêques. 15 juillet 1957 : les autorités communistes mettent sur pied l'Association patriotique des catholiques chinois, non reconnue par Rome. Elle leur permet d'organiser et de contrôler le clergé et les fidèles chinois. 10 juillet 1970 : Dans le cadre de la détente des relations sino-américaines, Mgr James Edward Walsh, évêque américain, condamné en 1958 à 20 ans de prison est libéré. Le mois suivant, Paul VI tente d'ouvrir un dialogue avec la Chine. En 1971, la cathédrale catholique de Pékin est rouverte. 21 décembre 1979 : Apres avoir été "démocratiquement élu", Mgr Fu Tieshan est illicitement ordonné évêque de Pékin. Il deviendra président de la conférence des évêques de Chine, non reconnue par Rome, créée en juin 1980. A cette époque, dans le cadre des libérations voulues par le nouveau président Deng Xiao Ping, de nombreux prêtres sont libérés et réhabilités. 16 mai 1981 : Jean-Paul II nomme Mgr Dominique Tang Yee-ming archevêque de Canton. Cela provoque de violentes protestations de la part de l'Association patriotique et du gouvernement. En retour, de nouvelles consécrations épiscopales illicites ont lieu. 21 novembre 1981 : création de la conférence épiscopale clandestine par des évêques fidèles à Rome. Tous seront arrêtés par la suite. 28 juin 1991 : Jean-Paul II annonce que Mgr Gong Pin-mei, évêque de Shanghaï et alors en exil aux Etats-Unis, a été créé cardinal *in pectore* lors du consistoire de 1979. 6 janvier 2000 : Après plusieurs années de détente, des ordinations illicites organisées par l'Association patriotique viennent saboter les négociations entre Rome et Pékin. Le 1er octobre 2000, la canonisation de 120 martyrs à Rome, le jour de la fête nationale chinoise, provoque la colère de Pékin. 2005 : Après l'élection de Benoît XVI, les relations entre Rome et Pékin sont réactivées. En 2007, Benoît XVI, publie sa lettre aux catholiques chinois.

destinataires ne sont pas les mêmes : pour la liberté religieuse, il s'agit de la personne humaine, prise singulièrement ou dans une formation sociale (famille, association...) désignée dans la *« dignitatis humanae »* sous l'appellation de « groupe religieux ». La *« libertas ecclesiae »* concerne l'Eglise en tant qu'institution, d'ordonnancement juridique primaire.

Dans cette lettre, il plaide pour l'unité des catholiques de Chine, ne voulant pas reconnaître la division entre les "Eglises de Chine". Il précise que contrairement à ce que veut Pékin, "les principes d'indépendance et d'autonomie, d'administration autogérée et démocratique de l'Eglise, sont incompatibles avec la doctrine de l'Eglise". 15 novembre 2010 : Une ordination illégitime d'un évêque, à Chengde (province du Hebei) est jugée "gravement illégitime" par Rome. Quant aux pressions exercées sur les évêques qui avaient pris part à la cérémonie d'ordination, le Saint-Siège parlait de "violation grave de la liberté de religion et de la liberté de conscience". Les relations sont à nouveau tendues. 3 juillet 2012 : la Congrégation pour l'évangélisation des peuples rappelle que toute ordination sans mandat pontifical est illégitime. Quatre jours plus tard, Mgr Thaddeus Ma daqin, ordonné évêque auxiliaire de Shanghai avec l'accord de Rome, annonce qu'il rompt avec l'Association patriotique. Depuis, il est empêché d'exercer son ministère. 14 mars 2013 : Le jour de l'élection du nouveau président Xi Jinping, le porte-parole du ministère chinois des affaires étrangères félicite "le cardinal Bergoglio pour son élection en tant que nouveau Pape. Le Pape François avait été élu la veille. 4 mars 2014 : François révèle un échange de lettres avec Xi Jinping. Trois mois plus tard, en juin 2014, une délégation de responsables chinois se rend à Rome pour rencontrer de hauts responsables catholiques. 13 août 2014 : Au retour de son voyage en Corée du Sud, le Pape est autorisé à survoler la Chine à laquelle il souhaite, dans un télégramme, "harmonie et prospérité". Au même moment, au cours de la conférence de presse qu'il donne dans l'avion, il souligne que "nous respectons le peuple chinois" mais que "l'Eglise demande seulement la liberté pour sa mission, pour son travail". Octobre 2015 : Une délégation vaticane se rend à Pékin mi-octobre. A son retour, le cardinal Pietro Parolin, secrétaire d'Etat du Saint-Siège, déclare que cette rencontre a été "très positive" et fait partie d'"un processus devant aboutir à un accord, comme espéré". Le cardinal Parolin est devenu un excellent connaisseur des relations sino-vaticanes alors qu'il était secrétaire pour les relations avec les Etats de 2002 à 2009. 25 janvier 2016 : Un "accord de travail" a été établi entre la République populaire de Chine et le Saint-Siège, à la suite de la visite, la semaine du 25 janvier, d'une délégation chinoise au Vatican. En vertu de cet accord sur la nomination des évêques dans les diocèses chinois vacants, le Pape sélectionnerait lui-même un nom sur une liste de personnalités agréées proposée par la Chine », in URL : < https://www.la-croix.com/Religion/Monde/ CHRONOLOGIE-Chine-Vatican-relations-difficiles-2016-02-05-1200737953 >, consulté le 18 décembre 2017 à 12h 20.

Historiquement, la liberté religieuse naît comme une revendication des croyants[251] du droit de professer librement leur propre foi, sans empêchement de la part de l'autorité civile ni des privés, individus ou groupes. Déjà au IIème et IIIème siècle, les chrétiens, s'appuyant sur des arguments philosophiques, enseignaient que tout homme a le devoir de rechercher la vérité et d'y adhérer pleinement: « Faites attention, disait Tertullien aux persécuteurs païens, que ce ne soit déjà un crime d'impiété que d'enlever aux hommes la liberté de religion et de leur interdire le choix de leurs propres divinités...Il n'y a personne, en vérité, qui voudrait des hommages forcés, ni les dieux ni un homme » (*Apologeticum* XXIV, chapitre 6). Et Lattanzio de renchérir : « Dans la seule religion la liberté a élu sa propre demeure » (*Epitome divinarum institutionum*, 54)[252].

Il apparaît clairement donc, au moins pour le monde occidental, que la liberté religieuse était à l'origine conçue comme une liberté des croyants. Ce n'est que suite à l'expansion de l'athéisme et au mouvement de sécularisation qu'elle fut revendiquée par des non croyants comme liberté en matière religieuse. Aujourd'hui, on considère la liberté de conscience comme présupposé de la liberté religieuse qui n'est pas non plus à confondre avec la tolérance religieuse. Du point de vue conceptuel, la tolérance religieuse représente cette

---

[251] Il est hors de doute que l'Eglise a un grand intérêt à ce que soit respecté le droit à la liberté religieuse parce qu'il conditionne aussi celui de la *libertas ecclesiae* : « La révendication de la liberté religieuse en tant que droit civil comme moyen nécessaire en vue d'assurer la *libertas ecclesiae* semble acquise, et cette revendication est largement reçue non seulement dans mais hors de l'Eglise catholique » (E. TAWIL, Laïcité de l'Etat et liberté de l'Eglise, p. 121). Dans son exhortation apostolique post-synodale, *Ecclesia in Medio Oriente*, Benoit XVI, met en relief la possibilité d'un dialogue sur ce point avec les juifs et les musulmans : « La liberté religieuse s'enracine dans la dignité de la personne ; elle garantit la liberté morale et favorise le respect mutuel. Les juifs qui ont longtemps subi les hostilités souvent meurtrières ne peuvent oublier les bienfaits de la liberté religieuse. Pour leur part, les musulmans partagent avec les chrétiens la conviction qu'aucune crainte en matière religieuse, et encore moins par la force n'est permise » (BENEDICTUS XVI, adhortatio apostolica post synodalis, *ecclesia in Medio Oriente,* 14 septembre 2012, in *AAS,* 104, (2012), n. 26, p.762).

[252] Cf. G. DALLA TORRE, *La città sul monte,* p. 81-99.

attitude de l'autorité politique qui, pour des raisons d'opportunité, décide de ne pas poursuivre un phénomène religieux qu'elle aurait aimé en principe réprimer. La tolérance s'inscrit dans une logique d'acceptation du moindre mal pour éviter un mal plus grand.

Le Magistère ecclésiastique, lui aussi, a connu une sensible évolution en matière de liberté religieuse car, si l'on compare le *syllabus (1864)* de Pie IX, document pontifical contenant la liste des erreurs modernes, au document conciliaire *dignitatis humanae (1965)*, on a l'impression que l'Eglise passe de la condamnation de la liberté religieuse à sa reconnaissance, un siècle plus tard. Cependant à y regarder de près, il n'y a pas de contradiction entre les deux documents en ce sens que dans le *syllabus* lié à l'encyclique *Quanta cura* était récusée une certaine conception de la liberté religieuse comme seulement une question philosophique et non juridique. Cette conception qui était diffuse dans la culture laïque de l'époque tirait son origine de l'illuminisme et du libéralisme et avait pour conséquence le relativisme, le syncrétisme ou l'indifférence en matière religieuse. Ces doctrines étaient évidemment inadmissibles pour l'Eglise qui se voit « colonne de vérité », « éducatrice » et « missionnaire ». Alors, sans rien nier de l'histoire, la *dignitatis humanae* aborde la liberté religieuse sous un angle moral et juridique. Moralement, chaque homme a le devoir de chercher la vérité ; juridiquement, il est du devoir de l'Etat d'assurer à tous les conditions objectives nécessaires à l'exercice de cette pleine liberté qui se décline en liberté psychologique et en l'absence de coercition[253].

---

[253] Dalla Torre explique que la liberté religieuse s'inscrit dans la catégorie des droits publics subjectifs dont la protection n'incombe plus seulement à l'autorité publique mais aussi aux autorités privées, vu que le développement de la société contemporaine a entrainé une désarticulation des pouvoirs traditionnels et créé de nouveaux pouvoirs privés, transversaux et souvent transnationaux. Ce qui fait que les transgressions de la liberté religieuse proviennent de moins en moins de l'Etat ou des pouvoirs publics, mais de plus en plus de ces pouvoirs privés. L'auteur justifie cela par le fait de la globalisation : *« Anche la libera determinazione dell'individuo in materia religiosa subisce effetti negativi dai fenomeni di globalizzazione. Il fatto è che mentre nei confronti dell'autorità publica piu di due secoli di esperienza giuridica sono riusciti sia a forgiare strumenti di tutela efficaci, sia a erodere*

D'ailleurs, le code de droit canonique exclut toute coercition dans l'œuvre d'évangélisation et dans l'administration des sacrements[254]: canons 748 § 2 et 865. Il existe donc une parenté entre le code et le document conciliaire, convergeant dans l'affirmation de la liberté religieuse comme un droit naturel fondamental, devant être protégé par l'Etat. Ce droit se fonde non sur une disposition subjective de la personne mais sur la nature de ce droit qui a son fondement dans la dignité de l'homme. Ceci explique la permanence de ce droit même pour les sujets qui ne l'exercent pas. En quelque sorte, l'interlocuteur visé par le document conciliaire est l'autorité publique qui ne doit contraindre les consciences. Quant au contenu que l'Eglise donne à la liberté religieuse, il convient de rappeler d'abord ce que le Pape Jean Paul II déclarait aux chefs d'Etat à Helsinki en 1980 : La liberté religieuse « rejoint la sphère la plus intime de l'esprit, on peut dire également qu'elle soutient la raison d'être intimement ancrée en toute personne, des autres libertés »[255].

La liberté religieuse est la matrice et le fondement de toutes les autres libertés. Cela dit, sur le plan individuel la liberté religieuse comporte pour chacun le droit d'agir selon sa propre conscience, de professer sa propre foi religieuse, d'exercer le culte en privé ou en public[256]ou celle de n'avoir aucune religion. Au plan communautaire, la liberté religieuse comprend la liberté d'auto gouvernement de l'institution religieuse selon ses propres normes, liberté d'organiser sa vie interne, de se doter de structures adéquates à la promotion de la vie spirituelle, liberté de choisir, d'éduquer, de nommer et de transférer ses ministres, de communiquer, de construire des édifices religieux, d'acquérir et d'administrer des biens, liberté de témoigner et d'enseigner publiquement la foi (de vive voix ou par écrit), de manifester librement l'efficacité de sa religion à ordonner la

---

le pretese di Cesare in ambiti non di sua competenza, nei confronti dei poteri privati, la strumentazione in possesso si rivela spesso insufficiente e lacunosa » (G. DALLA TORRE, *Europa quale laïcità?,* p. 41).

254 Enseignement renforcé par l'autocritique que l'Eglise fait d'elle-même pour purifier l'histoire, notamment en ce qui concerne le mouvement des croisades (le glaive ou la foi).

255 Cf. G. DALLA TORRE, *La città sul monte,* p. 92.

256 Paragraphe 3 de la *Dignitatis humanae.*

société, à revitaliser l'activité humaine, liberté d'initier des activités éducatives, culturelles, caritatives et sociales[257], enfin, liberté de la famille de choisir sa religion, ses écoles ou autres moyens d'éducation[258].

En outre, l'Eglise distingue la liberté religieuse de l'objection de conscience, de la raison de conscience et de l'option de conscience. L'objection de conscience est le refus d'obéir à la norme positive en raison du contraste qui existe entre la norme juridique externe et la norme interne de la conscience. L'objecteur ne met pas en cause la légitimité de l'autorité émanatrice de la loi, mais exprime son adhésion à une loi plus haute, celle inviolable de sa propre conscience. Pour cela, de façon explicite ou implicite, il accepte la sanction, conséquence de son refus. Quant à la raison de conscience, elle désigne toutes les situations dans lesquelles le législateur entrevoit la possibilité d'une dissension entre la norme juridique et celle interne de la conscience et dispose à cet effet d'exonérer l'individu de l'observance du précepte légal.

Enfin, le législateur, reconnaissant légalement l'objection de conscience peut commander une alternative. On pense par exemple aux Etats dans lesquels le service militaire est obligatoire. Il conviendrait alors de parler plutôt d'option de conscience qui consiste à choisir entre deux modalités de satisfaire une exigence de la loi, le choix devant être fait par option de conscience. Pour illustrer notre propos, il suffit de rappeler le numéro 79 de *Gaudium et Spes* sur la possibilité d'accomplir de la part des clercs un autre service que l'usage des armes. Déjà en 1987, la Congrégation pour la doctrine de la foi, dans son instruction *donum vitae* précisait que la législation civile de beaucoup d'Etats donne aujourd'hui une légitimation indue à certaines pratiques. Cette législation se montre incapable de garantir la moralité conforme aux exigences naturelles de la personne humaine et « aux lois non écrites » imprimées par le Créateur dans le cœur de l'homme, si bien que

---

[257] Paragraphe 4 de la *Dignitatis humanae*.
[258] Paragraphe 5 de la *Dignitatis humanae*.
Pour approfondissement voir T. Bertone, *La diplomazia pontificia,* p. 141-148.

l'objection de conscience doit être soulevée et reconnue devant de telles lois[259]. Cependant l'Eglise préconise la prudence dans l'usage de l'objection de conscience mais aussi la sagesse dans l'édiction des normes afin d'éviter la fragmentation sociale, l'anarchie, la dissolution de la communauté politique, privée alors non seulement de règles éthiques communes mais aussi de règles juridiques communes. C'est pourquoi l'action diplomatique du Saint-Siège vise à promouvoir la liberté religieuse, condition de la paix entre les peuples et au sein des nations.

De ce parcours, il est frappant de voir comment la conception ecclésiale de la liberté religieuse a influencé grandement sa réception comme droit inviolable dans les différentes chartes des droits de l'homme au niveau international. Si l'on ne peut affirmer que ce droit est une invention de l'Eglise, il faut tout de même reconnaître qu'elle a contribué à son enracinement et à son essor. Nous avons auparavant fait allusion à la collaboration du Saint-Siège avec L'OSCE. Pour se rendre compte de la qualité de l'action diplomatique du Saint-Siège en faveur de la liberté religieuse dans le monde, il serait intéressant d'étudier l'impact qu'a eu par exemple l'action du cardinal Agostino Casaroli dans l'Europe de l'Est, avec son *Ostpolitik (1963-1989).* Son action diplomatique s'est déroulée au service de cinq pontifes romains : Pie XII, Jean XXIII, Paul VI, Jean Paul I, Jean Paul II.

Casaroli fut un fin négociateur du Saint-Siège, doté d'une indubitable capacité de médiation, un homme de dialogue, un homme d'écoute, habile tisserand de relations et chercheur infatigable de possibles accords. Il a été l'artisan des accords de Helsinki (1973-1975)[260], négociateur en Pologne et en Hongrie

---

[259] Cf. G. DALLA TORRE, *La città sul monte,* p. 98.

[260] Cf. G. BARBERINI, *L'ostpolitik della Santa Sede, un dialogo lungo e faticoso,* Il Mulino, Bologna, 2007, p. 360, n°52. En 1973, un aide-mémoire de la Secrétairerie d'Etat fut remis à l'ambassadeur français confirmant le fait que la formule « liberté de pensée, de conscience et de religion » concernait non seulement les catholiques et les chrétiens en général, mais aussi les autres croyants ou non croyants. Casaroli a présidé la conférence d'Helsinki et a œuvré pour la reconnaissance de la liberté religieuse.

pour le cardinal Mindszenty. Il a jeté un pont entre Rome et Moscou en proposant un dialogue direct avec le monde soviétique[261]marqué à l'époque par le régime communiste, restrictif sur le plan de la liberté religieuse. Sans nous attarder sur la chronologie des faits qui ont certainement un intérêt historique indéniable, il convient de relever les retombées politico-juridiques de cette longue et fastidieuse négociation avec les autorités communistes soviétiques qui a abouti à l'instauration de relations diplomatiques faites d'échange de représentants entre Rome et Moscou[262]. La rencontre historique entre Gorbatchev et Jean Paul II eut lieu le 1er décembre 1989. Dès le 15 mars 1990, le jour de la prise de fonction de Gorbatchev à la tête de l'exécutif, le Saint-Siège et l'URSS échangeaient des représentants.

Ensuite sur le plan législatif, une mutation importante allait s'opérer en faveur de la liberté religieuse puisque, le 1er octobre 1990, le soviet votait très majoritairement une loi de rupture par rapport à l'ancienne législation. Cette loi, votée à 341 voix pour, 1 contre, 1 abstention, octroyait aux soviets le droit à la liberté religieuse. Sa portée juridique et symbolique fut comparée à l'édit de Milan[263]. Pour un parlement pluraliste sur un sujet aussi complexe, ce fut comme « une sorte d'exploit »[264]. Des accords furent signés, à la suite, avec d'autres pays tels la Pologne, la Hongrie, la Tchécoslovaquie et la Roumanie (démocraties populaires), la Bulgarie et l'Albanie. La diplomatie pontificale qui s'accomplit à travers le Pape, la Secrétairerie d'Etat, les représentants (nonces) et les dicastères est une diplomatie qui se tient en éveil dès qu'il s'agit de la

---

[261] Pour la chronologie des faits, se rapporter à A. DUPUY, *Le courage de la vérité, Jean Paul II et la diplomatie pontificale. Les grands dossiers,* Les éditions du Cerf, Paris 2014, pp. 190-205.

[262] Jean-Yves Rouxel affirme qu'aux yeux de l'opinion, les relations du Saint-Siège avec les pays de l'Est visent à instaurer entre le Saint-Siège et ces Etats non un *modus vivendi* mais surtout un *modus non moriendi* pour les catholiques de ces pays. Cf. J.-Y. ROUXEL, *Le Saint-Siège sur la scène internationale,* p. 248.

[263] Cf. E. LE BOUCHER, *La revanche des croyants en URSS,* in *Le monde,* 3 octobre 1990.

[264] *La croix,* 22 novembre 1990, Voir aussi C. ORTI, *Chiesa e stato nell'Europa comunista*, in *Apollinaris, 1993,* p. 540.

dignité de l'homme. Du coup, la dignité de l'homme devient le terrain imprescriptible d'une collaboration continue entre le nonce et l'ambassadeur. En effet, la *« sana cooperatio »* y trouve son fondement ; elle commande le passage d'une diplomatie seulement technique à une diplomatie éthique qui rende compte du sens de la création. Les points de rencontre deviennent alors multiples parce qu'en définitive le nonce et l'ambassadeur sont appelés à mettre en œuvre une diplomatie intégrale.

3.2.3 Quelques champs possibles de la *« sana cooperatio »*

Parmi les terrains les plus propices à la rencontre du nonce et de l'ambassadeur, nous nous intéresserons succinctement à celui de la lutte contre l'extrémisme religieux et celui des questions actuelles sur l'environnement. Tous ont en commun d'avoir un lien avec le phénomène religieux : Ce lien est explicite en ce qui concerne l'extrémisme religieux. Mais il est implicite en ce qui concerne les questions environnementales, car, notre rapport à la terre et à ses ressources révèle nos croyances, du moins, nos opinions. L'ambassadeur et le nonce apostolique, s'ils sont tous les deux des promoteurs de la liberté religieuse, se doivent d'unir leurs forces pour combattre l'extrémisme religieux quelle que soit son origine. L'extrémisme religieux est une doctrine radicale sur des préceptes religieux dont les adeptes se montrent intolérants vis-à-vis d'autres positions. Il se caractérise par ses méthodes préconisant la violence, la révolution, les assassinats à des fins idéologiques, politiques et religieuses.

Le terrorisme est une conséquence de l'extrémisme. Bertrand Badie écrit :

> « Le mot terrorisme sert aujourd'hui de charpente à la plupart des discours diplomatiques. Tour à tour cible prioritaire, instrument privilégié de convergence entre politiques étrangères concurrentes, légitimation parfois commode de toute initiative par trop

scabreuse, ce mot qui fait peur sert à couvrir toutes les audaces »[265].

L'auteur évoque les différents attentats commis par des groupes terroristes comme *Al qaïda,* ou *Boko Aram*[266] et critique les représailles qui s'en sont suivies. En référence par exemple à l'invasion de l'Irak par Georges Bush à la suite des attentats du 11 septembre, Badie parle des « effets pervers de la nouvelle croisade »[267] et montre que la violence engendre la violence. La voie diplomatique lui semble la solution idéale. Le droit international aborde le terrorisme dans le cadre des quatre conventions de Genève sur le droit humanitaire de 1949 et des deux protocoles additionnels de 1977. Le mot terrorisme apparait dans la IVème convention, article 33, 4 qui interdit les « actes de terrorisme » contre les personnes ne participant pas au combat. L'objectif est de montrer que, ni les personnes, ni la population civile, ne doivent subir des punitions collectives occasionnant un état de terreur. Il y a aussi la convention d'Ottawa (1997) sur les mines antipersonnel.

Au niveau de l'ONU, depuis 1972, l'Assemblée Générale a adopté deux instruments de lutte contre le terrorisme : la convention sur la prévention et la répression des infractions contre les personnes jouissant d'une protection internationale y compris les diplomates (1973) et la convention contre les prises d'otages (1979). Plus récemment, le Conseil de sécurité a adopté les résolutions 1269 (1999) et 1368 (2001) et demandé aux Etats de réprimer le financement du terrorisme, puis de prendre les mesures adéquates pour éradiquer ce phénomène. Un comité de lutte contre le terrorisme a été créé en 1996. Le 14 septembre 2005 fut également signée la convention pour la répression des actes de terrorisme nucléaire. Il existe donc un foisonnement de normes antiterroristes qui montre la préoccupation en termes de sécurité internationale. La

---

265 B. BADIE, *Un monde de souffrances, ambivalence de la mondialisation,* Editions Salvator, Paris, 2015, p. 109.

266 Pour approfondir, voir L. KOUNGOU, *Boko haram, parti pour durer,* L'Harmattan, Paris, 2016.

267 B. BADIE, *La diplomatie des droits de l'homme, entre éthique et volonté de puissance,* Fayard, Paris, 2002, p. 155.

collaboration du nonce apostolique et de l'ambassadeur dans ce domaine peut offrir une alternative diplomatique à la politique jusque-là utilisée de la répression. Car, comprenant les mécanismes d'action des groupes extrémistes religieux, on peut initier une approche diplomatique qui s'attache à prévenir en éliminant les causes de ces barbaries et en proposant un dialogue pacifié avec ces différents groupes. Il ne s'agit pas de faire preuve d'angélisme et de naïveté, mais surtout de rompre la logique de rétribution du talion : « œil pour œil, dent pour dent ».

Le second domaine de collaboration du nonce et de l'ambassadeur concerne l'environnement[268]. A première vue, la question de l'environnement semble une question subsidiaire. Cependant, au fur et à mesure que progresse le processus d'auto-conscience de la famille humaine, elle est devenue, au cours de ces dernières décennies, un sujet principal qui alimente les débats entre technocrates et politiques. Sur le plan juridique, la question de l'environnement se classe dans la catégorie des *self-contained regimes* ou encore *lex specialis* en raison de la spécificité de son applicabilité[269]. Le nonce et l'ambassadeur doivent travailler à la promotion d'une diplomatie de l'écologie[270] puisque l'homme fait partie de la nature et sa vie

---

[268] Cf. E. DR LAOUROU, *La diplomatie de l'environnement : déterminants juridiques, politiques et économiques*, Editions Golias, Villeurbanne, 2017.

[269] Cf. V. BUONOMO, *Il diritto della comunità internationale,* Lateran University Press, Città del Vaticano, 2010, p. 236.

[270] Cela se constate déjà au niveau architectural où on parle de plus en plus d'ambassades vertes ou de nonciatures écologiques. C'est d'ailleurs ce qu'a déclaré Mgr Giovanni Angelo Becciu, substitut de la Secrétairerie d'État, à l'inauguration de la nouvelle nonciature apostolique, « écologique », à Kuala Lumpur, en Malaisie, le 23 novembre 2017, comme le rapporte *Zenith* : « La nouvelle nonciature, a dit Mgr Becciu, est un signe de la mission internationale du Saint-Siège et de sa sollicitude pour la communauté catholique de cette nation, ainsi que pour le bien de tous les Malaisiens ». Il a particulièrement souligné que la nouvelle nonciature « avait été construite conformément aux principes de construction écologique de la Malaisie (*Green Building Index)* » et « elle représente donc une contribution modeste, mais réelle à cette *écologie intégrale* préconisée par le Pape François dans son encyclique *Laudato si* », in URL : < https://fr.zenit.org/articles/malaisie-mgr-becciu-inaugure-une-nonciature-ecologique-a-kuala-lumpur/ >, consulté le 1 décembre 2017 à 17h30.

dépend du fonctionnement ininterrompu des écosystèmes naturels, source d'énergie et de produits alimentaires[271]. La législation mondiale comprend plus de 500 traités et autres accords internationaux sur l'environnement dont 300 sont régionaux. Loin de nous l'idée d'énumérer ces traités, nous nous contenterons, ici, d'en rappeler quelques-uns et surtout de recueillir les grands principes qui régissent le domaine.

C'est à Rio, du 3 au 14 juin 1992, que 183 Etats et institutions intergouvernementales se sont réunis pour la conférence mondiale sur l'environnement et le développement (UNCED). La conférence avait pour but de tracer les lignes d'un programme d'action visant à résoudre de façon organique et réaliste les problèmes environnementaux. Parmi les thèmes abordés[272], on peut citer: les rapports entre pauvreté et environnement, les conséquences du sous-développement sur l'environnement, l'explosion démographique et la disponibilité des ressources, l'influence sur l'environnement des nouveaux besoins et de la consommation dans les pays développés, l'environnement du travail et de la santé des populations dans les zones rurales ou marginales, les obstacles contre la protection de l'environnement liés à la dette extérieure de la majorité des pays en voie de développement. D'autres éléments ont fait l'objet d'analyse et de discussion à savoir le réchauffement climatique dû à l'émission de gaz à effet de serre dans la couche d'ozone. La désertification, le problème d'extraction des minerais, la pénurie d'eau potable ont été également au cœur des débats.

La nouveauté de la conférence de Rio, dite « Sommet de la terre », réside dans la manière d'élaborer les orientations de la politique internationale en matière d'environnement, un processus marqué par la participation coordonnée des représentants des organisations intergouvernementales ainsi que les organisations de la société civile, composées des techniciens de l'environnement, des mouvements écologistes, des

---

[271] Cf. Préambule de charte mondiale de la nature (résolution 37/7 de l'Assemblée générale du 28 octobre 1982).

[272] Nous nous inspirons de la liste du professeur V. Buonomo. Cf. V. BUONOMO, *Il diritto della comunità internationale,* pp. 141-142.

confessions religieuses et des derniers descendants de ces indigènes brésiliens dont la situation fut présentée à la fois comme une photographie du concept d'environnement mais aussi l'image d'une mauvaise gestion des ressources naturelles. Alors, il est ressorti de cette rencontre que l'enjeu n'est pas la question de la survie comme le pensaient certains, mais celui de la pérennité ou de la continuité de la vie. Quelle planète allons-nous léguer à nos héritiers ? Avant Rio, se sont tenues les conférences de Stockholm (du 5 au 16 juin 1972) et de Nairobi (1982). Ensuite, après Rio, ont suivi le protocole de Kyoto (1997), les conférences de Johannesburg (2002), de Rio encore (2012) et plus récemment de Paris 2015[273] (la COP 21, COP 22, COP 23...conférence des parties signataires de la convention-cadre des Nations Unies pour l'environnement).

Ces concertations mondiales ont permis de dégager certaines règles que nous préférons énoncer comme des principes : 1) le principe de souveraineté permanente sur les ressources naturelles, corollaire du principe de la souveraineté territoriale qui légitime l'Etat à exploiter les sols, les eaux, ou les richesses minières, 2) le principe de ne pas faire usage du territoire d'un Etat pour causer du tort à d'autres. C'est un problème de souveraineté mais aussi de protection de l'environnement, 3) le principe de prévention, qui formule l'obligation juridique pour chaque Etat de veiller à l'équilibre des écosystèmes en son sein. Cela les amène à agir avec responsabilité, 4) le principe de précaution qui implique d'évaluer en amont les risques environnementaux d'un comportement donné en termes scientifiques et techniques, pour établir s'il ne nécessite pas au préalable une autorisation expresse, 5) le principe de la responsabilité commune mais différenciée qui tient compte de la situation socio-économique de chaque Etat dans l'attribution des responsabilités, 6) le principe du dédommagement ou de la réparation du tort environnemental (pollueur-payeur), qui veut que celui qui trouble l'équilibre de l'environnement par son activité soit obligé de réparer son tort de sorte à retrouver

[273] En ce qui concerne les nouvelles perspectives ouvertes par les accords de Paris, voir E. DECAUX, O. FROUVILLE, *Droit international public*, Dalloz, Paris, 2016, pp. 360-364.

l'équilibre initial, 7) enfin le principe de la coopération qui est lié au concept de développement durable, exigeant d'assurer le développement tout en respectant l'environnement. Ces principes sont à la base des instituts du droit international en matière d'environnement.

Même si tendanciellement, ils sont de *iure condendo*, ils imposent des obligations absolues *« erga omnes »* et doivent être considérés comme faisant partie du *jus cogens* du droit international. C'est à ce si haut degré de responsabilité que nous devons placer la question écologique, car, comme le montre l'étymologie « éco - logie », il s'agit de donner des règles qui protègent notre maison commune qu'est la terre. L'encyclique du Pape François, *« Laudato si »,* se veut un document-guide dans cette quête d'une diplomatie intégrale et écologique : « l'écologie intégrale est inséparable de la notion de bien commun, un principe qui joue un rôle central et unificateur dans l'éthique sociale »[274]. L'idée d'intérêt commun de l'humanité sous-tend cette diplomatie intégrale en ce sens que l'écologie n'est plus abordée sous un angle fragmentaire mais plutôt holistique parce qu'elle ne se limite plus aux problèmes strictement environnementaux. Elle s'intéresse désormais à toutes les dimensions de la vie de l'homme dans le cosmos. Les négociations diplomatiques en la matière, menées aussi bien par le nonce que l'ambassadeur, visent le bien commun au-delà des intérêts nationaux.

Cette troisième partie de notre étude a mis en relief les similitudes et les différences entre les profils juridiques de l'ambassadeur et du nonce tout en soulignant l'importance des questions de la laïcité et de la liberté religieuse dans la diplomatie et dans le droit international. En ce qui concerne les divers domaines de possible collaboration donc de rencontre entre le nonce et l'ambassadeur, notre attention s'est portée sur la lutte contre l'extrémisme religieux (le terrorisme) et l'écologie (diplomatie intégrale). Il apparait clairement que la présence du caractère religieux dans l'être et l'action du nonce ne fait cependant pas de sa diplomatie une diplomatie

---

274 François Pape, *Laudato si,* n°156, Bayard Editions, Mame, Editions du Cerf, Paris, 2015, p. 125.

confessionnelle, car il s'agit avant tout d'une diplomatie centrée sur la dignité humaine et la recherche du bien commun. L'ambassadeur, lui aussi, est appelé à développer une « diplomatie des droits de l'homme »[275] nécessairement fondée sur la dignité de l'homme et la paix. Les droits de l'homme deviennent donc le terrain par excellence de la *« sana cooperatio »* du nonce et de l'ambassadeur et, par ricochet, la mesure concrète du bien commun.

[275] Cf. B. BADIE, *La diplomatie des droits de l'homme*, p. 5.

CONCLUSION GÉNÉRALE

Du point de vue de sa structure, notre réflexion s'est articulée en trois parties interdépendantes comme dans des vases communicants. En clair, nous avons voulu identifier, sur le plan juridique, les clés d'une *sana cooperatio* entre le nonce apostolique et l'ambassadeur. Mais auparavant, il nous a fallu d'abord comprendre comment fonctionne l'institution de la légation dans le droit diplomatique (I), ensuite appréhender la réalité du Saint-Siège dans la Communauté internationale (II). Puis, nous avons esquissé une comparaison entre la figure du nonce et celle de l'ambassadeur : il est apparu incontournable de prendre conscience de l'importance du phénomène religieux dans la diplomatie, ce qui a nécessité une bonne compréhension d'une part de la laïcité et d'autre part de la liberté religieuse (III) qui est le plus fondamental des droits. Dès lors, les droits de l'homme apparaissent comme le terrain privilégié de la collaboration entre le nonce et l'ambassadeur, dont les statuts sont régis par la convention de Vienne.

Sur la base de la convention de Vienne (1961) relative à l'établissement des rapports diplomatiques entre les Etats, nous nous sommes demandé quel était le statut du Saint-Siège puisqu'il n'est pas un Etat comme les autres. Il ressort que le Saint-Siège est un sujet de droit international *pleno iure* avec une tradition diplomatique multiséculaire. Ainsi envoie-t-il des agents diplomatiques dans les différents Etats avec lesquels il entretient des rapports de coopération. La figure du nonce apostolique se détache des représentants pontificaux en raison de sa double fonction de représentation auprès des Eglises locales et des Etats. Il représente le Saint-Siège et traduit la pastorale de proximité du ministère pétrinien auprès des Eglises et des communautés politiques (Etats). La convention de Vienne mise à part, sa fonction est aussi régie par les dispositions du droit canonique ainsi que les orientations du Magistère ecclésiastique, surtout à travers le *Motu Proprio* « *Sollicitudo omnium Ecclesiarum* ».

Le statut de l'ambassadeur, en tant que représentant de son Etat, est régi par la convention de Vienne ainsi que par la législation interne de son pays traitant du statut des fonctionnaires et des orientations politiques de son gouvernement. Le nonce et l'ambassadeur sont tous deux « chefs de la mission diplomatique » et bénéficient, à ce titre, des immunités inhérentes. Toutefois, l'élément majeur de différentiation reste l'identité sacerdotale du nonce qui porte à considérer les présupposés ecclésiologiques et théologiques de sa diplomatie. Cela donne nécessairement une coloration spécifique à cette diplomatie puisée dans la foi. La présence du caractère religieux ne fait cependant pas de cette diplomatie une diplomatie confessionnelle car il s'agit avant tout d'une diplomatie centrée sur la dignité humaine et la recherche du bien commun. L'ambassadeur, lui aussi, est appelé à développer une diplomatie des droits de l'homme, nécessairement fondée sur la dignité de l'homme et la paix. Tel est le terrain de la *« sana cooperatio »* du nonce et de l'ambassadeur. La laïcité ne s'avère pas contraire à la liberté religieuse. Elle est plutôt la quête d'un espace de pluralisme religieux et politique au sein duquel chacun a le droit d'exercer sa liberté religieuse, liberté protégée par le droit interne des Etats en actuation des droits fondamentaux de la personne promus dans les conventions internationales. La *« sana cooperatio »* suppose le respect de la « *libertas ecclesiae* » et le respect de la souveraineté des Etats. L'indépendance et l'autonomie des institutions sont garanties dans le droit international en dépit des changements de régime ou de gouvernement.

L'idée d'intérêt commun de l'humanité sous-tend une diplomatie intégrale en ce sens qu'elle s'occupe de toutes les dimensions de la vie sociale, économique, politique et spirituelle de l'homme. Le Saint-Siège entend jouer un rôle moral de premier ordre, une magistrature de conseil. Il met en œuvre une diplomatie de l'écologie qui en appelle à la responsabilité de tous les acteurs. Le nonce et l'ambassadeur sont les premiers artisans de cette nouvelle conscience de l'humanité. La scène internationale devient l'aréopage de notre temps ; la tribune des Nations Unies devient le lieu où s'accomplit la tâche propre de toute diplomatie, à savoir servir de filtre à l'œuvre de médiation entre la conscience et la vie concrète pour dire le droit. C'est à ce discernement éthique que doivent s'atteler le nonce et l'ambassadeur s'ils veulent être ensemble les sentinelles de la paix mondiale. Par conséquent, leur collaboration est donc plus que nécessaire face à la montée de l'extrémisme religieux, à une certaine compréhension de la laïcité persécutrice de la liberté religieuse et aux questions actuelles de l'environnement. Par leur engagement au service de la paix et de la justice, ils bâtiront une diplomatie *spes contra spem,* en définitive, une diplomatie solide et crédible parce que prophétique.

BIBLIOGRAPHIE

I. SOURCES

ASSEMBLÉE GÉNÉRALE DES NATIONS UNIES, *Résolution* A/RES/61/295, sur les droits des peuples autochtones, 13 septembre 2007, pp.105-151.

BENEDETTO XVI, Discorso: *L'uomo è l'unico vero capitale da salvare, 12 giugno 2010,* in *L'Osservatore Romano,* domenica 13 giugno 2010, 8.

BENEDETTO XVI, discorso: *senza una solida base etica i diritti umani rimangono fragili,* Mercoledì 10 dicembre 2008, in L'Osservatore Romano, Venerdì 12 dicembre 2008, 6.

BENEDETTO XVI, Discours à cinq nouveaux ambassadeurs accrédités près le Saint Siège : *Per una convivenza armoniosa,* 16 décembre 2010, in *L'Osservatore Romano,* 17 décembre 2010, 3.

BENEDETTO XVI, *Legge N. CXXXI sulla cittadinanza, la residenza e l'accesso*, 22 febbraio 2011, in *Ius Ecclesiae*, XXIII 2 (2011).

BENEDICTUS XVI, adhortatio apostolica post synodalis : *ecclesia in Medio Oriente*, 14 septembre 2012, in AAS, 104, (2012), n. 29.

CONCILE OECUMENIQUE VATICAN II, Constitutions, Décrets, Déclarations, Editions du Centurion, Paris, 1967.

CONFÉRENCE DE PAIX DE PARIS, *Rapers Reinting to the foreign Relations of the United States : The Paris Peace Conference*, vol III, huitième session plénière, 31 mai 1919, (Washington 1943), pp. 406-444.

COUR INTERNATIONALE DE JUSTICE en 1962, affaire *sud-ouest africain* in *Recueil*, 1962, pp. 319-347.

COUR INTERNATIONALE DE JUSTICE, *Affaires du Sud-Ouest Africain (Namibie)* CJI, 11 juillet 1950, *recueil, 1950 ou des activités militaires ou paramilitaires au Nicaragua et contre celui-ci*, CJI, 26 Novembre 1984, *Recueil,1984,* pp. 392-443.

FRANCISCUS PP, Adhortatio apostolica: *Evangelii Gaudium*, 6 decembris 2013, in *AAS*, 105 (2013), 1-119.

FRANCISCUS PP, litt. Encycl. : *Laudato si,* 24 Maii 2015, in *AAS*, 107 (2015), 847-945.

I. C. J., *Reports 1951,* pp. 15-30.

JOANNES PAULUS II, *Codex Iuris Canonici*, 25 Ianuarii 1983, in *AAS*, 75/II (1983), 1-301.

JOANNES PAULUS II, *Codex Iuris Canonici*, 25 Ianuarii 1983, in *AAS*, 75/II (1983), p. 64).

JOANNES PAULUS II, Litt. Encycl : *Evangilium vitae,* 25 Martii 1995, in *AAS*, 87 (1995), 401-522.

JOANNES XXIII, Litt. Encycl. : *Pacem in terris,* 11 aprilis 1963, in *AAS*, 55 (1963), 257-304.

PAULI PP.VI, Litt. Apost. m. p. datae: *Sollicitudo omnium Ecclesiarum*, 8 angusti 1969, in *AAS,* 61 (1969), 473-484.

PAULUS PP. VI, Const. Dogm. : *Lumen Gentium*, 22 Novembris 1964, in *AAS* 57 (1965), 5-71.

PAULUS PP. VI, Const. Pastor. : *Gaudium et Spes*, 7 Decembris 1965, in *AAS* 58 (1966), 1025-1120.

RAPPORT DU GROUPE D'ÉTUDES SUR LES OPÉRATIONS DE PAIX DE L'ORGANISATION DES NATIONS UNIES, A/55/305-S/2000/809, 20 août 2000, pp. 1-68.

SUPPLÉMENT À L'AGENDA POUR LA PAIX, (paragraphe 33), A/50/60/S/1995/1, janvier 1995.

VIENNA DECLARATION, paragraphe 1, (Document A/CONF. 157/23 du 12 juillet 1993.

II. DICTIONNAIRES ET ENCYCLOPEDIES

AA. VV., *Encyclopédie juridique d'Afrique, t. I, Etat et droit,* Nouvelles éditions africaines, Abidjan, 1982, pp. 453-455.

AA. VV., *Vocabulaire juridique*, Presses Universitaires de France, Paris, 2012.

ANDRIANTSIMBAZOVINA J. - GAUDIN H. – MARGUÉNAUD J-P. – RIALS S. – SUSRE F., *Dictionnaire des droits de l'homme*, Presses Universitaires de France, Paris, 2012.

BATTISTELLA D. - PETITEVILLE F.- SMOUTS M.-C. - VENNESSON P.(dir), *Dictionnaire des relations internationales*, Dalloz, Paris, 2012.

BOUSSAGUET L. - JACQUOT S. - RAVINET P. (dir.), *Dictionnaire des politiques publiques*, Presses de Sciences Po, Paris, 2010.

BUONOMO V., « Vatican » in ROBBERS G. (ed), *Encyclopedia of world Constitutions*, Vol. 3, New York, 2007, pp. 1006-1011.

COHEN-JONATHAN G., « Déclaration universelle des droits de l'homme », in ANDRIANTSIMBAZOVINA J. - GAUDIN H. – MARGUÉNAUD J-P. – RIALS S. – SUSRE F., *Dictionnaire des droits de l'homme*, Presses Universitaires de France, Paris, 2012, pp. 249-258.

CORNU G., *Vocabulaire juridique*, Presses Universitaires de France, Paris, 1987.

DANSETTE A., « Minorité », in AA. VV., *Encyclopaedia Universalis,* France S.A., vol 11, huitième publication, 1976, pp. 72-77.

MARGUENAUD J-P., « Cour européenne des droits de l'homme », in ANDRIANTSIMBAZOVINA J. - GAUDIN H. – MARGUÉNAUD J-P. – RIALS S. – SUSRE F., *Dictionnaire des droits de l'homme*, Presses Universitaires de France, Paris, 2012, pp. 222-228.

OGIEN R., « Ethique (grandes doctrines de l'éthique et droits de l'homme) », in ANDRIANTSIMBAZOVINA J. - GAUDIN H. – MARGUÉNAUD J-P. – RIALS S. – SUSRE F., *Dictionnaire des droits de l'homme*, Presses Universitaires de France, Paris, 2012, pp. 398-402.

III. OUVRAGES

AA. VV., (LES YEUX DU MONDE), *Perspectives diplomatiques, les politiques étrangères au XXIe siècle,* Les Editions du Net, St Ouen, 2017.

ADONIS, *Printemps arabes, religion et révolution,* Editions de la différence, Paris, 2014.

ALIX C., *Le Saint-Siège et les nationalismes en Europe (1870-1960)*, Sirey, Paris, 1962.

BADIE B., *La diplomatie des droits de l'homme, entre éthique et volonté de puissance,* Editions Fayard, Paris, 2002.

BADIE B., *Un monde de souffrances, ambivalence de la mondialisation*, Editions Salvator, Paris, 2015.

BALLESTEROS A., *Diplomacia y relaciones internacionales*, Plaza edición, Madrid, 2010.

BARBERINI G., *L'ostpolitik della Santa Sede, un dialogo lungo e faticoso*, Il Mulino, Bologna, 2007.

BARBERINI G., *Le Saint-Siège, sujet souverain de droit international*, Les éditions du Cerf, Paris, 2003.

BELLINI V., *Note storico-giuridiche sulla evoluzione della diplomazia permanente*, ISPI, Milano, 1968.

BENVENISTE E., *Il vocabolario delle istituzioni indoeuropee. Potere, diritto, religione,* vol. II, Einaudi, Torino, 2001.

BENVENISTE E., *Le vocabulaire des institutions indo-européennes, II. Pouvoir, droit, religion,* Editions de Minuit, Paris, 1969.

BERTONE T., *La diplomazia pontificia in un mondo globalizzato,* Libreria Editrice Vaticana, Città del Vaticano, 2013.

BIN R. - BRUNELLI G. - PUGIOTTO A. - VERONESI P., *La laicità crocifissa? Il nodo costituzionale dei simboli religiosi nei luoghi pubblici,* G. Giappichelli Editore, Torino, 2004.

BOBBIO N., *Teoria generale del diritto,* G. Giappichelli Editore, Torino, 1993.

BOUGEANT P., *Histoire du Traité de Westphalie, ou des Négociations*, vol.4, Forgotten Books, Paris, 1951.

BUKASA-MUTEBA P. K., *Privilèges, immunités diplomatiques et consulaires sont-ils dépassés ?* Editions Publibook, Paris, 2014.

BUONOMO V., *Human rights, People rights, Paths of refection*, Pontificia Università Lateranense, Roma, 2002.

BUONOMO V., *Il diritto della comunità internazionale*, Lateran University Press, Città del Vaticano, 2010.

CAMBON J., *Le diplomate*, Hachette, Paris, 1926.

CAMPANINI M., *Oltre la democrazia temi e problemi del pensiero politico islamico,* Mimesis edizioni, Milano, 2014.

CANTORI M, *La diplomazia pontificia, Aspetti Ecclesiastico-canonistici*, Tau editrice, Todi, 2016.

CARDINALE I., *Le Saint-Siège et la diplomatie*, Desclée et Cie, Paris, 1962.

CARREAU D., *Droit international,* 9ème Edition, Editions A. Pedone, Paris, 2007.

CASSESE A., *Diritto internazionale*, seconda edizione, il Mulino, Bologna, 2013.

CASSESE A., *Lineamenti di diritto internazionale penale*, Il mulino, Bologna, 2005.

CASSIA P., *Dignité(s), une notion juridique insaisissable ?* Editions Dalloz, Paris 2016.

CHARLES-ROUX F., *Souvenir diplomatique d'un âge révolu*, Fayard, Paris, 1956.

CHESNAIS J-C., *Histoire de la violence,* Robert Laffont, Paris, 1981.

CHEVALLIER J., *l'Etat post-moderne,* L'extenso Editions, Issy-les-Moulineaux, 2014.

CHIAPPETTA L., *Il codice di diritto canonico, commento giuridico-pastorale, voll. 1, 2, 3,* Edizione Dehoniana, Bologna, 2011.

CLARK E, *Corps diplomatique*, Allen Lane, Londres, 1973.

COHEN R. - WESTBROOK R., *Amarna Diplomacy, The beginnings of international relations*, Johns Hopkins University Press, Baltimore, 2000.

COLLARD C.A. - MANIN A, *Droit International et Histoire Diplomatique, documents choisis, tome premier,* Editions Montchrestien, Paris, 1971.

CONSORTI P., *Diritto e religione,* Editori Laterza, Roma, 2014.

COSTANTINI F., *Les relations internationales en fiches,* Ellipses Editions Marketing S. A., Paris, 2009.

COUR PERMANENTE D'ARBITRAGE, 4 avril 1928, *Recueil des sentences arbitrales*, vol 2.
D'AGOSTINO F., *corso breve di filosofia del diritto,* G. Giappichelli Editore, Torino, 2011.
D'AGOSTINO F., *Filosofia del diritto,* G. Giappichelli Editore, Torino, 1984
D'AGOSTINO F., *Un magistero per i giuristi, riflessioni sugli insegnamenti di Benedetto XVI*, Edizioni san Paolo, Milano, 2011
D'AQUIN T. (*Summa Theologica,* I-II question 64, art.2).
D'AQUIN T., (*De veritate,* question 25, art. 6, 2°).
DAILLIER P. - FORTEAU M. - PELLET A., *Droit international public,* 8ème édition, LGDJ-Lextenso éditions, Paris, 2009.
DALLA TORRE G., *Europa quale laicità?*, Edizioni san Paolo, Milano, 2003.
DALLA TORRE G., *La città sul monte, contributo ad una teoria canonistica delle relazioni fra chiesa e comunità politica,* Editrice AVE, Roma, 2007.
DE KONINCK T., *Dignité de la personne et primauté du bien commun,* Edition Universitaire Européenne, Saarbrücken, 2016.
DE MACEDO, M.V.B., *La diplomacia pontificia como servicio Petrino y su participaciòn en la organizaciòn de las naciones unidas,* Libreria Editrice Vaticana, Vatican City, 2010.
DE MARCHI G., *Le nunziature apostoliche dal 1800 al 1956,* Libreria Editrice Vaticana, Città del Vaticano, 2006.
DE ROSA, G., "Le nunziature apostoliche. Natura e fini della diplomazia pontificia", *La civiltà cattolica* 149/1, 1998.
DECAUX E., FROUVILLE O., *Droit international public*, Dalloz, Paris, 2016,
DELCORDE R. - LIEGEOIS M. - ROOSENS C., *La carrière diplomatique en Belgique. Guide du candidat au concours,* presses Universitaires de Louvain, Bruxelles, 2011.
DELMAS-MARTY M., *Résister, responsabiliser, anticiper,* Editions du seuil, Paris, 2013.
DESPAIGNE A., *Comprendre la doctrine sociale de l'Eglise,* Editions Traditions monastiques, Flavigny-sur-Ozerain, 2008.

DONIS, *Printemps arabes, religion et révolution,* Editions de la différence, Paris, 2014.

DR LAOUROU E., *La diplomatie de l'environnement : déterminants juridiques, politiques et économiques*, Editions Golias, Villeurbanne, 2017.

DRAIN M., *Relations internationales,* 21ème édition, Edition Larcier, Bruxelles, 2016.

DUGUIT L., *Souveraineté et Liberté,* Editions La Mémoire du Droit (réimpression de l'édition de 1921), Paris, 2002.

DUPUY A., *La diplomatie du Saint-Siège*, Téqui, Paris, 1980.

DUPUY A., *Le courage de la vérité, Jean Paul II et la diplomatie pontificale. Les grands dossiers,* Les éditions du Cerf, Paris, 2014.

DUPUY J., *« La mer, héritage commun de l'humanité »,* in *Pays en voie de développement et transformation du droit international ;* colloque de la SFDI (Aix en Provence 1973), Pedone Paris, 1974.

EDWARDS R. D., *« Staffing in »,* in *True Brits. Inside the foreign office*, BBC Books, London, 1994.

FIAT E., *Petit traité de la dignité,* Editions Larousse, Mayenne, 2012.

FILIPAZZI A. G., *Rappresentanze e rappresentanti pontifici dalla seconda metà del secolo XX,* libreria Editrice Vaticana, Città del Vaticano, 2006.

FLAUSS J.F. - Lambert-Abdelgawad E., (dir.), *L'application nationale de la Charte africaine des droits de l'homme et des peuples,* Bruylant, Bruxelles, 2004.

FLORIO F., *Nozioni di diplomazia e diritto diplomatico,* A.Giuffré Editore, Milano, 1978.

FRANÇOIS PAPE, *Laudato si, n°156,* Bayard Editions, Mame, Editions du Cerf, Paris, 2015.

FRANÇOIS PAPE, *Rencontre avec Dominique Walton, Politique et société*, Editions de l'Observatoire, Paris, 2017.

GAUDEMET, J., *Église et cité. Histoire du droit canonique*, Editions Montchrestien, Paris, 1994.

GHERRI P., *Introduzione al diritto amministrativo canonico,* Giuffrè Editore, Milano, 2015.

GHERRI P., *Lezioni di Téologia del diritto canonico,* Lateran University Press, Citta del Vaticano, 2010.

GLELE M.A., *Naissance d'un Etat noir, l'évolution politique et constitutionnelle du Dahomey* (actuel Bénin), *de la colonisation à nos jours,* LGDJ, Paris, 1969.

GLENNON J. - SUR S., *Terrorisme et droit international, (Académie de droit international de la Haye),* Martinus Nijhoff Publishers, Boston, 2008.

GRAHAM R.A., *Vatican diplomacy. A study of church and state on the international plane*, Princeton University Press, Princeton, 1959.

GROSSI P., *L'Europa del diritto*, Editori Laterza, Bari, 2007.

GROTIUS H., *Du droit de la guerre et de la paix,* II, 17, 1, traduction de Pradier-Fodere P., Alland D., (dir), Presses Universitaires de France, Paris, 1999.

GUENEL J., *La dernière guerre du Pape,* Presses universitaires de Rennes, Rennes, 1998.

GUILHAUDIS J. F., *Relations internationales contemporaines*, 4ème édition augmentée, LexisNexis, Paris, 2017.

GUILHAUDIS J.F. - BALMOND L., *Relations internationales contemporaines,* LexisNexis, Paris, 2017.

HÄRLE W., *Dignità, Pensare in grande dell'essere umano,* Editrice Queriniana, Brescia, 2013.

HOBBES T., *Leviathan, éditions Gallimard,* Paris, 2014.

HOBBES T., *Léviathan, ou matière, forme et puissance de l'Etat chrétien et civil,* traduction et introduction de Gérard Mairet, Gallimard, paris, 2000.

HOTMAN De VILLIERS J., *De la charge et dignité de l'ambassadeur*, Essec Iréné, centre de recherche de l'Essec, Paris-Cergy, 2003.

HOURQUEBIE F., *Pluralisme juridique et droit fondamentaux, collection « kultura »,* Institut Universitaire Varenne, lextenso éditions, Paris, 2017.

HUTCHINSON ALLAN C., *Waiting for Coraf: a critique of law and rights*, University of Toronto Press, Toronto 1994.

INNOCENT XI, *Sa correspondance avec ses nonces,* Forgotten Books, London, 2017.

INSTITUT DE RELATIONS INTERNATIONALES ET STRATÉGIQUES (IRIS), *Revue internationale et stratégique 2020/1 (N° 117)*, Armand Colin, Paris, 2020, pp. 66-135

JOBLIN J., *Paul VI et les institutions internationales,* Actes du colloque de l'Ecole Française de Rome, 1981.

KANT I., « Projet de paix perpétuelle » in *Œuvres complètes,* vol. 3, Gallimard, coll. « la pléiade », Paris, 1986.

KANT I., *Grundlegung zur Metaphysik der Sitten (1785)*, BA 66s.[trad.it.*fondamenti della metafisica dei costumi,*Laterza, Bari, 2010.

KERE A., *La relation entre l'Eglise et la communauté politique aujourd'hui,* imprimerie de la Savane, Bobo Dioulasso, 2015.

KESSLER C., *Les ambassadeurs*, Presses de Sciences Po, Paris, 2012.

KIS J., *L'égale dignité, essai sur les fondements des droits de l'homme,* Editions du Seuil, Paris, 1989.

KOUNGOU L., *Boko haram, parti pour durer,* L'Harmattan, Paris, 2016.

KOUVEGLO E. G., *Le gouvernement dans l'Eglise au regard des principes de démocratie,* Lateran University Press, Città del Vaticano, 2014.

KYELEM DE TAMBELA A. J., *Relations diplomatiques et souveraineté,* L'Harmattan, Paris, 2007.

LACORNE D. - VAISSE J. - WILLAIME J-P, *La Diplomatie au défi des religions, tensions, guerres, médiations,* Odile Jacob, Paris, 2014.

LAMY P. - GNESOTTO N. - BAER J.M., *Où va le monde ? le Marché ou la Force ?* Odile Jacob, Paris, 2017.

LE FUR I., *Précis de droit international public*, Dalloz, Paris, 1937.

LE GRAND G., *Registrum Epistolarum*, II, 285.

LE TOURNEAU D., *Droits et devoirs fondamentaux des fidèles et des laïcs dans l'Eglise,* Wilson & Lafleur Ltée, Montréal, 2011.

LEVI M., *« The state of the study of the state »*, in KATZNELSON I. - MILLER H. (eds), *Political science: The state of the Discipline,* Washington (D.C.), APSA et New York (N.Y.), Norton, 2002.

LLORENTE J.-A., *Portrait politique des Papes,* Forgotten Books, London, 2015.

LUTHER KING M., *Il sogno della non violenza,* Giangiacomo Feltrinelli Editore, Milano, 2006.

MARCHISIO S., *L'ONU Il diritto delle Nazione Unite,* Società editrice il Mulino, Bologna, 2012.

MARITAIN J., *Christianisme et démocratie (suivi de) les droits de l'homme,* Desclée de Brouwer, Paris, 2005.

MARITAIN J., *L'Homme et l'Etat,* Desclée de Brouwer, Paris, 2009.

MARRET J.L., *La fabrication de la paix, nouveaux conflits, nouveaux acteurs, nouvelles méthodes,* Ellipses Edition Marketing, Paris, 2001.

MINISTÈRE DE L'INTÉRIEUR FRANÇAIS, *L'expression du religieux dans la sphère publique, comparaisons internationales,* Editions de la Direction de l'information légale et administrative, Paris, 2016.

MIRANDA A., *Santa Sede e società delle nazioni. Benedetto XVI, Pio XI e il nuovo internazionalismo cattolico*, Edizioni Studium, Roma, 2013.

MONNET M., (dir), *La source théologique du droit,* Domuni-Press et Presses Universitaires de l'institut Catholique de Toulouse, Toulouse, 2016.

MONTESQUIEU, *De l'esprit des lois,* Flammarion, Paris, 2013.

NACCI M., *Origini, sviluppi e caratteri del jus publicum ecclesiasticum*, Lateran University Press, Roma, 2009.

NGOM B.S., *Les droits de l'homme et l'Afrique*, Editions Silex, Paris, 1984.

NOUVEAU LAROUSSE UNIVERSEL 2, Librairie Larousse, Paris, 1949.

OBERDORFF H.- ROBERT J., *Libertés fondamentales et droits de l'homme,* 14° édition, Lextenso éditions, LGDJ, Issy-les-Moulineaux, 2016.

OLIVERI M., *Natura e funzioni dei legati pontefici nella storia e nel contesto ecclesiologico del vaticano II*, Roma, 1982.

OLIVERI M., *Natura e funzioni dei legati pontifici nella storia e nel contesto ecclesiologico del Vaticano II,* Marietti Editori, Torino, 1979.

ORLANDIS J., *Le istituzioni della Chiesa Cattolica,Storia, diritto, attualità,* Editioni San Paolo, Milano, 2005.

Oxford, 2011.

PASETTO F., *Pacifismo profetico e pacifismo politico,* Arti Grafiche Cianferoni, Pratovecchio Stia, 2017.

PLANTEY A., *La Négociation internationale au XXIe siècle,* CNRS Editions, Paris, 2002.

PLANTEY A., *La négociation internationale. Principes et méthodes, Editions du CNRS,* Paris, 1994.

PLANTEY A., *Principes de diplomatie*, nouvelle édition, Editions Pedone, Paris, 2000.

PLEBANI E. - VALERI E. - VOLPINI P., *Diplomazie, linguaggi, negoziati e ambasciatori fra XV e XVI secolo,* FrancoAngeli, Milano, 2017.

POUPARD P., *Connaissance du Vatican,* Beauchesne, Paris, 1967.

PRODI P., *Il sovrano pontefice,* Società editrice il Mulino, Bologna, 2006.

PUEL H., *Les souveraineté, pouvoirs religieux. Pouvoirs séculiers*, Cerf, Paris, 2012.

RACINE J.B., *Droit de l'arbitrage,* Presses Universitaires de France, Paris, 2016

ROUXEL J.-Y., *Le Saint-Siège sur la scène internationale,* Editions L'Harmattan, Paris, 1998.

SACHS J., *The end of Poverty,* Penguin, Londres, 2005.

SANTUS I., *Il contributo della Santa Sede al diritto internazionale,* CEDAM, Padova, 2012.

SARAIS A., *La cittadinanza vaticana*, Libreria Editrice Vaticana, Vatican City, 2012.

SCHILLER F., *Über Anmut und Würde (*1793), in ID., *Sämtliche Werke* 5, Darmstadt 1993, [traduzione italiana, *Grazia e dignità,* Studio Editoriale, Milano 2010.

SINGER P., *Praktische ethik (*nuova edizione), Cambridge 1993, Stuttgart 1994 [trad. It., *Etica pratica,* Liguori, Napoli, 1988.

SMOLINSKA A.M. *(*dir*), Droit international des relations diplomatiques et consulaires,* Editions Bruylant, Bruxelles, 2015.

TAWIL E., *Laïcité de l'Etat et liberté de l'Eglise,* Editions Artège, Paris, 2013.

TAWIL E., *Relations internationales*, Magnard-Vubert, Paris, 2017,

TOMASI S. M., *The Vatican in the family of Nations,* Cambridge University Press, Cambridge, 2017.

TREZZI G., *La posizione giuridica della Santa Sede nel diritto internazionale. Studio giuridico-critico*, Desclée & Co - Editori Pontifici, Roma, 1929.

TROTABAS J-B., *La notion de laïcité dans le droit de l'Eglise catholique et de l'Etat républicain,* LGDJ., coll. « Bibliothèque de droit public », Paris, 1961.

UNIVERSITÉ PANTHÉON-ASSAS, *Les fondateurs du droit international,* Editions Panthéon Assas, Paris, 2014.

VALDRINI P., *Comunità, persone, governo*, Lateran University Press, Città del vaticano, 2013.

VIGOUROUX C., *Du juste exercice de la force,* Odile Jacob, Paris, 2017.

VILLANI U., *Dalla Dichiarazione universale alla Convenzione europea dei diritti dell'uomo*, Cacucci Editore, Bari, 2016.

VILLATE L, *La république des diplomates. Paul et Jules Cambon, 1843-1935,* Science infuse, Paris, 2002.

VILMER J.B.J - CHUNG R., *Ethique des relations internationales,* Presses Universitaires de France, Paris, 2013.

VIRALLY M., *L'organisation mondiale*, A. Collin, Paris, 1972.

WEBER M., *Economie et société,* Collection Pocket Agora, 2003.

WERNZ, *Ius Decretalium*, t.II, Romae, 1928.

WITTE-C. GREEN J. (dir), *Religion and human rights,* Oxford university Press, Oxford, 2012.

WOJTYLA K., *La dottrina sociale della Chiesa,* Lateran University Press, Città del Vaticano, 2007.

ZAPPALÀ S., *La tutela internazionale dei diritti umani*, Società editrice il mulino, Bologna, 2011.

ZIELINSKI G., *The right to freedom of belief: a conceptual framework,* Lateran University Press, Città del Vaticano, 2017.

IV. ARTICLES

AKASHI Y., *The limits of UN diplomacy and the future of conflict mediation,* in DAWS - SAM and PAUL TAYLOR, *The United Nations Vol. II*, Ashgate Publishing Company, Burlington, 2000, pp. 105-120.

ANNAN K., *« Dans une plus grande liberté : développement, sécurité et respect des droits de l'homme pour tous »* (A/59/2005, 24 mars 2005), pp. 29-64.

ANNUAIRE FRANÇAIS DE DROIT INTERNATIONAL, année 1962, Volume 8, numéro 1, pp. 277-284.

BOTTI F., *Le confessioni religiose et il principio di sussidiarietà nell'unione europea: un nuovo giurisdizionalismo attraverso il mercato,* in *Stato, chiese et pluralismo confessionale*, Bologna, 2011, pp. 11-20.

BUONOMO V., *Brevi annotazioni sulla diplomazia multilaterale della Santa Sede",* in *Ius Ecclesiae,* 19, 2007, pp. 671-687.

BUONOMO V., *"The Holy See in the contemporary International community: A juridical approach according to international law end practice"*, in *Civitas et Justitia*, II (2004), pp.7-40.

BUONOMO V., *Annotazioni a margine dell'agenda internationale sul diritto alla pace*, in M. D'AVINO – U. DE SIERVO (cur), *La pace necessaria,* Editione Ave, Roma, 2017, pp. 153-169.

BUONOMO V., *Considerazioni sul rapporto tra diritto canonico e diritto廷 internzionale*, in *Anuario de derecho canonico,* 4 abril 2015, pp. 21-22.

COULON J. - LIEGEOIS M., *Qu'est-il advenu du maintien de la paix ? L'avenir d'une tradition*, Etude préparée pour l'Institut canadien de la défense et des affaires étrangères, Calgary, janvier 2010, pp. 9-17.

DE ECHEVERRIA L., *«Funciones de los legados del Romano Pontefice»,* in *Revista Espanola de Derecho canonico*, 24, 1970, pp. 618-620.

DE ECHEVERRIA L., *Le rappresentanze pontificie*, in *Concilium,* 15, 1979, pp. 94-104.

De RIEDMATTEN H., « *Présence du Saint-Siège dans les organismes internationaux* », in *Concilium*, n° 58, 1970, pp. 67-82.

DECAUX E., *L'actualité de l'œuvre de René Cassin : les leçons internationales*, in *Revue trimestrielle des droits de l'homme*, n° 112, 1er octobre 2017 (28ème année), pp. 799-810.

DEGNI-SEGUI R., *Chapitre XVIII : codification et uniformisation du droit*, in PANIKKAR R., *La notion des droits de l'homme est-elle un concept occidental*, in *Revue québécoise interculture*, n. 82, janvier-mars 1980, pp. 3-27.

DÉPARTEMENT DES OPÉRATIONS DE MAINTIEN DE LA PAIX, *Manuel du subalterne-Opérations de maintien de la paix des Nations unies*, UN/223/TH/JURA97, février 1997, pp. 92-93 et 98.

DOCUMENTATION CATHOLIQUE, n° 1673, 1975.

ETXEBERRIA X., *Fundamentacion y orientacion etica de la proteccion de los derechos humanos*, in F. GOMEZ ISA (dir.), *La proteccion internacional de los derechos humanos en los albores del siglo XXI*, Bilbao 2003, pp. 63-94.

EUSEBI L., *La risposta al reato e il ruolo della vittima*, in *Diritto Penale e Processo*, XIX (5), 2013, pp. 527-531.

FABRIS C., *Aspetti ecclesiologici della diplomazia pontificia*, in *Appolinaris*, 78, 2005, 3-4, pp. 833-919.

FABRIS C., *La diplomazia pontificia come presenza della Santa Sede nella vita delle Chiese locali, presso la comunità nazionale ed internazionale*, in *Angelicum*, 83, 2006, pp. 177-209.

FALL A. B., *La charte africaine des droits de l'homme et des peuples : entre universalisme et régionalisme*, in *Pouvoirs* n.129, 2009, pp 84-85.

FILIPAZZI A. G., *Le rappresentanze pontificie dalla fine della II Guerra Mondiale ad oggi. Dati circa lo sviluppo della loro rete (1945-2002)*, in *Ius Ecclesiae*, 14, 2002, pp. 713-750.

JEMOLO A.C., *La Santa Sede soggetto di diritto internazionale*, in *Rivista di diritto pubblico e della pubblica amministrazione in Italia*, I, 1925, pp. 428-429.

KUPISCH B., *La responsabilità civile da atto illecito nel diritto naturale*, in VACCA L. (dir), *La responsabilità civile da atto illecito nella prospettiva storico-comparatista,* Giappichelli, Torino, 1995, pp. 127-128.

LE BOUCHER E., *La revanche des croyants en URSS*, in *Le monde,* 3 octobre 1990.

Le Monde du 31 janvier 2003.

LE TOURNEAU D., *La mission ad extra des représentants pontificaux,* in *Ius Ecclesiae,* 9, 1997, pp. 485-507.

LE TOURNEAU D., *Les légats pontificaux dans le Code de 1983, vingt ans après le constitution apostolique"Sollicitudo omnium Ecclesiarum",* in *l'année canonique,* 32, 1989, pp. 229-260.

MAMBERTI D., *La Santa Sede punta sul multilateralismo,* in *Avvenire,* giovedi 9 Agosto, 2007, pp. 3-4.

MONTALVO G., *La Pontificia Accademia Ecclesiatica e la missione diplomatica della Santa Sede nel mondo,* in *Ius Ecclesiae,* 9, 1997, pp. 203-219.

NEGRETTO G., *Kant and the illusion of collective security*, in *journal of international affairs, 46, 2, 1993,* pp. 501-523.

PECK C., *Summary of colloquium on new dimensions of peacekeeping*, in WARNER D., *New dimensions of peacekeeping*, Martinus Nijhoff Publisher, Dordrecht/Boston / London 1995, pp. 181-204.

PETTINATO C. M., *I profili metodologici della scienza del jus publicum ecclesiasticum nel secolo XVIII,* in *Diritto e Religione, I (2008),*pp. 103-106.

PIETTRE P. (entretien réalisé par), entre JAUME L. - BOURDIN B., « *Aux sources de la laïcité et de la Nation française : Emancipation ou influence du religieux ?* in *Revue de l'institut Catholique de Paris* n° 142, juillet-septembre 2017, pp. 99-122.

RUIZ G.A., *« Sulla personalità internazionale della Santa Sede »*, in *Rivista di diritto pubblico e della pubblica amministrazione in Italia,* I, 1925, pp. 117-142

STEPAN A., *Religiòn, Democracy, and the twin tolerations,* in *Journal of Democracy,* vol. 11, n. 4, 2000, pp. 37-57.

SUENENS, *Le statut et la mission du nonce*, in *I.C.I.*, n.336 parenth 15.5.1969, *supplément*, XIV.

TAURAN J.-L., Intervention lors de la présentation du livre *Serving the human family,* Rome, 16-04-1998, *30 jours,* 4/1998, pp. 151-161.

THEVENOT-WERNER A.M., *Le projet de paix perpétuelle de Kant,* in INSTITUT DES HAUTES ÉTUDES INTERNATIONALES, *grandes pages du droit international, la guerre et la paix,* Editions A. Pédone, Paris 2017, pp. 193-216.

VIRCOULON T., « *La guerre sans fin des kivu ou les limites de la diplomatie de la paix* », in *Annuaire français des relations internationales,* Vol. X, 2009, pp. 807-823.

WALF K., *The Nature oft he Papal legation,* in *The Jurist,* 63, 2003, pp. 85-105.

V. INTERNET

http://dictionnaire.sensagent.leparisien.fr/
http://fr.zenit.org/
http://fr.zenit.org/
http://legal.un.org/ilc/texts/instruments/
http://upvericsoriano.files.wordpress.com.
http://w2.vatican.va/
http://www. smallwarsjournal.com/
http://www.cnrtl.fr/
http://www.cnrtl.fr/
http://www.docsity.com/it/
http://www.echr.coe.int/
http://www.encyclopedia universalis/
http://www.famillechretienne.fr/
http://www.franceonu.org/
http://www.herodote.net/
http://www.la-croix.com/
http://www.liberte-religieuse.org/
http://www.linternaute.com/
http://www.loc.gov/
http://www.ohchr.org/
http://www.peacekeepingbestpractices.unlb.org/

http://www.persee.fr/
http://www.sidi-isil.org/
http://www.un.org/
http://www.un.org/fr/
http://www.un.org/french/

TABLE DES MATIÈRES

Structures éditoriales du groupe L'Harmattan

L'Harmattan Italie
Via degli Artisti, 15
10124 Torino
harmattan.italia@gmail.com

L'Harmattan Hongrie
Kossuth l. u. 14-16.
1053 Budapest
harmattan@harmattan.hu

L'Harmattan Sénégal
10 VDN en face Mermoz
BP 45034 Dakar-Fann
senharmattan@gmail.com

L'Harmattan Cameroun
TSINGA/FECAFOOT
BP 11486 Yaoundé
inkoukam@gmail.com

L'Harmattan Burkina Faso
Achille Somé – tengnule@hotmail.fr

L'Harmattan Guinée
Almamya, rue KA 028 OKB Agency
BP 3470 Conakry
harmattanguinee@yahoo.fr

L'Harmattan RDC
185, avenue Nyangwe
Commune de Lingwala – Kinshasa
matangilamusadila@yahoo.fr

L'Harmattan Congo
67, boulevard Denis-Sassou-N'Guesso
BP 2874 Brazzaville
harmattan.congo@yahoo.fr

L'Harmattan Mali
Sirakoro-Meguetana V31
Bamako
syllaka@yahoo.fr

L'Harmattan Togo
Djidjole – Lomé
Maison Amela
face EPP BATOME
ddamela@aol.com

L'Harmattan Côte d'Ivoire
Résidence Karl – Cité des Arts
Abidjan-Cocody
03 BP 1588 Abidjan
espace_harmattan.ci@hotmail.fr

L'Harmattan Algérie
22, rue Moulay-Mohamed
31000 Oran
info2@harmattan-algerie.com

L'Harmattan Maroc
5, rue Ferrane-Kouicha, Talaâ-Elkbira
Chrableyine, Fès-Médine
30000 Fès
harmattan.maroc@gmail.com

Nos librairies en France

Librairie internationale
16, rue des Écoles – 75005 Paris
librairie.internationale@harmattan.fr
01 40 46 79 11
www.librairieharmattan.com

Lib. sciences humaines & histoire
21, rue des Écoles – 75005 Paris
librairie.sh@harmattan.fr
01 46 34 13 71
www.librairieharmattansh.com

Librairie l'Espace Harmattan
21 bis, rue des Écoles – 75005 Paris
librairie.espace@harmattan.fr
01 43 29 49 42

Lib. Méditerranée & Moyen-Orient
7, rue des Carmes – 75005 Paris
librairie.mediterranee@harmattan.fr
01 43 29 71 15

Librairie Le Lucernaire
53, rue Notre-Dame-des-Champs – 75006 Paris
librairie@lucernaire.fr
01 42 22 67 13

www.ingramcontent.com/pod-product-compliance
Lightning Source LLC
LaVergne TN
LVHW010928061026
849535LV00007B/2297